HENRI ROCHEFORT

Les Aventures de ma vie

TOME QUATRIÈME

PARIS
PAUL DUPONT, ÉDITEUR
4, Rue du Bouloi

LES AVENTURES DE MA VIE

NOTA

Les Aventures de ma vie, par HENRI ROCHEFORT, sont en vente à la Librairie Paul Dupont, dans le format in-8° cavalier, au prix de 7 fr. 50 le volume.

Il sera tiré de l'édition in-8°, 60 exemplaires numérotés, sur papier de Hollande, au prix de **12 francs** *le volume.*

HENRI ROCHEFORT

Les Aventures de ma vie

TOME QUATRIÈME

PARIS
PAUL DUPONT, ÉDITEUR
4, Rue du Bouloi

DEUXIÈME PARTIE

(Suite.)

CHAPITRE XXI

Les iles Sandwich. — Honolulu. — Morale originale. — Chez le roi. — San-Francisco. — Nouvelles de Brest. — Première interview. — Compagnes de voyage. — Les Mormons. — A New-York. — Cuba. — O'Kelly. — Mon article du « New York Herald ». — Un mot de huit colonnes. — Départ pour l'Europe.

Le steamer sur lequel nous allions être transbordés, et qui nous fit attendre aux Fidji environ dix jours, s'appelait le *Mikado*, ayant été construit pour l'empereur du Japon qui l'avait revendu à une Compagnie anglaise. Il jaugeait trois mille cinq cents tonneaux. Ce qui me frappa au moment de notre embarquement sur ce grand vapeur, ce fut de voir les Fidjiens, avec lesquels nous avions vécu si amicalement pendant plus d'une semaine, détaler tout à coup du côté des montagnes à une allure vertigineuse. Cette façon de nous adresser leurs adieux était réellement surprenante.

Un passager nous expliqua que les naturels de l'île, ayant été souvent attirés par des pirates qui levaient l'ancre dès que leurs victimes étaient à bord, se défiaient de tout navire en partance au point de prendre leurs jambes à leur cou, de peur d'être capturés et vendus comme esclaves sur le marché de

Nouméa. Peut-être était-ce un des leurs qui deux mois auparavant, lorsque j'habitais encore la presqu'île Ducos, m'avait été offert moyennant cent cinquante francs. J'avais beau leur avoir été présenté comme *Touranga*, ils étaient comme Jean Hiroux : ils n'avaient pas confiance.

Nous voguâmes vers les îles Sandwich en forçant de charbon pour regagner le temps perdu. Nous n'en marchâmes pas moins sept longs jours avant d'entrer dans le port d'Honolulu.

L'abordage à cette cité sémillante, toujours en fête et qu'on pourrait presque à la lettre appeler une ville de joie, est gâté par le spectacle de la nature la plus bouleversée. J'en faisais cette description dans ma brochure :

Du côté de l'ouest, où la pluie se fait souvent attendre, les pentes des montagnes colossales étalent leurs flancs brûlés. Des champs de lave solidifiée semblent écumer comme une mer d'où émergent çà et là des pics tordus comme des mèches éteintes. Des boursouflures ignées, dont le temps a fait crouler les dômes, laissent voir à travers leurs crevasses de longues galeries souterraines. De monstrueux blocs de lave apparaissent réunis en troupeaux comme des éléphants qui paissent, ou pressés les uns contre les autres comme des lutteurs qui se heurtent. Vers l'est, la vue se perd dans un chaos de ruines rocheuses, à croire qu'une explosion de dynamite a fait voler la montagne en éclats.

C'est à travers ces déchirements et ce désordre qu'on entre dans le port de Honolulu, la reine des Sandwich, et qu'à ces cataclysmes on voit succéder la plus calme et la plus verdoyante des vallées. La transition est féerique.

Les relations du gouvernement français avec le

gouvernement sandwichien ne laissaient pas que de nous donner quelques appréhensions pour notre sûreté personnelle. Aucun traité d'extradition n'avait été signé entre la Polynésie et la France, mais rien n'empêchait le capitaine du premier navire venu appartenant à notre nation, ou même le consul français à Honolulu, de réclamer la remise immédiate des évadés assez imprudents pour aller du *Mikado* à terre.

De tous côtés, on nous conseilla de passer la relâche à bord du steamer anglais; mais l'idée de voir les passagers se répandre dans la ville, tandis que nous séchions d'ennui sur le seuil de nos cabines, nous poussa à tout braver. Rendre des prisonniers est d'ailleurs un acte déshonorant dont peu d'hommes, même sur le trône, consentent à prendre la responsabilité.

Un certain nombre de nos compagnons de voyage s'offrirent à descendre avec nous et à nous précéder de quelques pas dans nos promenades, prêts à nous avertir et même à nous défendre en cas de danger. Nous refusâmes, comptant sur les sentiments de générosité qu'inspire généralement la confiance que mettent en vous des hommes désarmés. En Europe, nous n'aurions jamais osé débarquer chez un roi. En Océanie, nous n'hésitâmes pas à nous en remettre à sa loyauté, et nous fîmes bien.

Bénédict, Olivier Pain et moi nous nous mîmes donc à parcourir d'un pas insouciant les allées fleuries qui se croisent en tous sens dans cette ville si curieuse. On était précisément arrivé un dimanche et nous pûmes voir dans tous ses atours la population féminine.

Les femmes ne sont pas, comme aux Fidji, dans un état de nudité presque complet. Elles sont vêtues des pieds à la tête, mais d'une façon tellement légère, que la décence n'en est pas beaucoup plus sauvegardée que si elles ne l'étaient pas du tout. Leur costume consiste en une robe, ou plutôt un peignoir de toile d'une couleur tranchée, rouge, verte, jaune ou bleue, qui de loin les fait ressembler à de grosses perruches. Ce vêtement, à manches bouffantes, pend du cou et se continue presque jusqu'à terre, mais sans ceinture aucune et sans le moindre jupon dessous. Ce n'est donc en réalité qu'une longue chemise livrée à tous les hasards et à tous les accidents de la vie.

Ce lin unique est d'autant moins protecteur que, continuellement à cheval, les femmes des Sandwich y montent à califourchon, comme les hommes, ce qui leur met les jambes à nu parfois jusqu'à une certaine hauteur.

Nous nous étions arrêtés pour déjeuner dans un restaurant sur les tables duquel étaient semés plusieurs journaux américains. Nous y lûmes sur notre séjour à Sydney et notre embarquement pour l'Europe, des détails qui nous amusèrent par leur inexactitude et que j'ai rapportés plus haut. Cependant, tout en nous renseignant ainsi sur nous-mêmes, nous aperçûmes, posté devant la porte, un homme énorme, très brun de peau, très noir de cheveux et très sombre d'aspect, dont la mine était celle d'un guetteur qui attend sa proie. Nous fûmes pris d'une certaine angoisse; mais comme il eût été plus périlleux d'attendre que ce personnage à tournure d'alguazil eût reçu du renfort, nous prîmes la résolution de sortir immédiatement et de regagner le bateau.

A peine, en effet, fûmes-nous dehors que je sentis s'abattre sur mon épaule une main puissante. C'était l'homme qui intervenait. Il me dit quelques mots en mauvais anglais, que Bénédict comprit et qui dénoua le quiproquo. Ce prétendu agent était un brave métis, fils d'une blanche et d'un naturel, car les mariages entre Européens et Océaniens sont devenus très fréquents, et qui, possédant ma photographie, m'avait reconnu sur-le-champ et s'offrait à nous montrer la ville. Nous acceptâmes ses offres désintéressées, et nous nous laissâmes conduire aveuglément par cet excellent guide, à qui nous devons d'avoir visité Honolulu dans ses particularités les plus originales.

Dès nos premiers pas, nous entendons des chants partir de plusieurs églises toutes grandes ouvertes. C'est le moment du service catholique, du service protestant et du service canaque; car les Sandwichiens, comme les Fidjiens, ont une religion à eux, qu'ils pratiquent d'ailleurs sans conviction.

On s'occupe trop à Honolulu des choses de la terre pour donner beaucoup d'importance aux choses du ciel. Aussi les missionnaires y font-ils médiocrement leurs frais. Nous prions notre guide de nous introduire dans un temple élevé au Dieu du pays, et nous nous trouvons bientôt au milieu d'un océan de têtes brunes et de costumes diaprés. Notre arrivée produit une telle sensation que l'office en est interrompu et que Dieu est obligé d'attendre, ce qu'il paraît supporter plus patiemment que Louis XIV.

Nous prenons place sur un banc à côté d'une belle jeune fille aux yeux d'Indienne, vêtue d'une vraie robe avec taille, corsage et jupe à volant.

En nous voyant éponger avec nos mouchoirs nos fronts déjà ruisselants après une demi-heure de promenade, elle nous tend gracieusement son bel éventail de nacre, que nous manions comme de simples manolas. Nous le lui rendons avec accompagnement de révérences toutes françaises et, sans chercher à nous expliquer ce que le prêtre peut bien offrir au Seigneur dans le fond de la salle, nous retournons à l'air libre.

C'est alors que notre grand métis, resté debout à la porte du temple, nous dit avec étonnement :

— Pourquoi n'avez-vous pas attendu la demoiselle qui vous a prêté son éventail?

— Mais nous ne la connaissons pas.

— Ça ne fait rien.

— Mais nous sommes trois.

— Ça ne fait rien.

— Mais elle est avec sa mère.

— Ça ne fait rien.

Ces trois « ça ne fait rien » résument toute la morale féminine de Sandwich. On y chercherait vainement, parmi les plus solides vertus, la bouche qui dit : Non!

Il suffit de glisser un mot à une femme pour qu'elle rie et soit complètement désarmée. Et encore, ce mot c'est, la moitié du temps, elle qui se charge de vous le dire.

Chose difficile à décrire, il n'y a de comparable à la complaisance des femmes que l'insouciance des maris.

Les anciens baleiniers qui débarquaient autrefois, les poches pleines d'or, sur ce sol infortuné, y ont probablement apporté des habitudes de plaisir et de dépenses qui y sont devenues indestructibles. Le fait est que, là-bas, un dollar n'est jamais perdu.

Après une sieste d'une demi-heure que nous passâmes chez le bon métis, étendus sur des nattes, et où les femmes de la maison vinrent nous proposer de nous masser, politesse un peu gênante et que nous refusâmes, nous allâmes nous lester de boissons rafraîchissantes dans une manière de posada, à l'ombre d'arbres superbes, à travers le feuillage desquels nous pouvions regarder la mer bleuir au loin. Nous nous serions endormis longtemps dans cette contemplation reposante, si un jeune homme n'était venu nous aborder en qualité d'ambassadeur, de la part de Sa Majesté Kalakaava, roi de toutes les Sandwich.

Cet aide de camp avait été chargé par son souverain de nous inviter à venir passer la soirée au palais où on causerait politique. C'était la première fois qu'un monarque, même de sixième classe, nous faisait l'honneur de nous offrir autre chose que des mois de prison. Nous fîmes observer que l'état de nos costumes nous réduirait à faire une assez piètre figure devant une tête couronnée. Mais Kalakaava tenait peu à l'étiquette. Il nous accueillerait non comme gentilshommes, mais comme naufragés.

La résidence royale était à peine plus luxueuse qu'un chalet en bois de Norvège. Le roi nous y reçut entouré de ses trois ministres qui, comme indice de leur dignité, portaient tous leur portefeuille sous le bras, ce qui ne les empêcha pas de nous débarrasser de nos chapeaux.

Kalakaava ne parlait que la langue hawaïenne que j'ignorais et l'anglais que je ne connaissais pas davantage, mais que comprenait suffisamment notre ami Bénédict. D'ailleurs le jeune aide de camp nous servait d'interprète.

La manie des rois étant de se prétendre plus républicains que les plus condamnés pour la défense de la République, celui-ci nous apprit comment son titre de souverain était purement nominatif, attendu que la

Constitution consacrait le suffrage universel et que les lois édictaient l'instruction gratuite et obligatoire. Enfin, sans nous traiter précisément de suppôts de la réaction, il nous donna à entendre qu'il était bien autrement révolutionnaire que nous.

Puis on déboucha sept ou huit fois plus de bouteilles de champagne que nous n'étions d'invités. Kalakaava, assez bel homme, non pas noir, mais simplement bistré, déjà d'une certaine corpulence et d'une assez forte encolure, en engouffra trois ou quatre à lui seul, bien que l'exemple de son prédécesseur, lequel avait succombé sous les coups réitérés de la veuve Clicquot, eût dû lui servir d'avertisseur.

Très allumé sur les dix heures moins le quart, il nous demanda de chanter la *Marseillaise*, et, bien qu'il m'en coûtât un peu de me produire pour la première fois de ma vie sous les apparences d'un ténor, nous n'osâmes, Olivier Pain et moi, lui refuser cette marque de déférence. Bénédict se mit au piano et nous entonnâmes le chant régicide.

Il tint à nous prouver qu'il pianotait aussi à ses heures, et nous régala d'une musique de bamboula d'ailleurs peu compliquée.

Cette réception qui avait été presque officielle, tout en restant cordiale, cachait des dessous que nous étions à mille lieues de soupçonner. L'ancienne souveraine de l'île, la reine Emma, bien que détrônée, avait laissé de chaleureux souvenirs parmi les Canaques auxquels elle avait, pendant son règne, distribué sa liste civile avec une libéralité qui s'épuisait seulement quand la liste elle-même était épuisée.

Or, sous l'Empire, cette mère des pauvres, étant venue à Paris visiter l'Exposition de 1867, s'était présentée aux Tuileries où Mme Eugénie, dans sa morgue exagérément espagnole, avait refusé de la recevoir.

J'avais, dans un de mes articles, signalé le mauvais goût de ce procédé impérial et je faisais observer à notre souveraine que, étant donné le peu de solidité du bois dont on fait les trônes, elle serait peut-être heureuse un jour d'aller demander asile à celle qu'elle dédaignait aujourd'hui.

La reine Emma avait vu dans cette dissertation sur les fragilités royales une preuve de sympathie à son adresse et avait fait traduire en langue canaque mon premier-Paris, qui fut reproduit dans le journal officiel des Sandwich. Deux ans et demi plus tard, Eugénie était découronnée et Emma l'était également.

Mais le roi Kalakaava, craignant sans doute que je ne me rendisse chez sa rivale politique pour l'assurer de mon respect et de celui de nos amis de France, avait paré la botte en m'invitant le premier. Aussi la bonne Emma avait-elle été un peu désappointée en apprenant que nous avions ainsi passé du côté du manche — à notre insu. Et quand, le lendemain, nous reprîmes notre bateau à destination de San-Francisco, elle se fit conduire sur la jetée pour apercevoir l'homme qui lui avait autrefois rendu hommage et qui semblait maintenant l'abandonner.

Je ne connus que plus tard cette intrigue de palais, sans quoi je me serais fait un devoir d'aller saluer cette Majesté tombée qu'on me montra de loin et que sa chute n'avait pas fait maigrir — au contraire.

Avant notre rembarquement, nous avions eu le temps de passer une après-midi avec le fils du docteur Trousseau, docteur lui-même au titre sandwichien, je crois, et médecin du feu roi. Il vivait à Honolulu et s'y était organisé un gynécée dont le principal meuble était un lit d'une dimension à y coucher les sept filles de l'ogre. L'ogre, c'était lui, et ses ogresses étaient trois ou même quatre indigènes qui se partageaient, sans jalousie aucune, l'immensité des matelas.

Ce demi-harem nous accompagna à cheval dans une belle promenade du côté d'un volcan éteint. Les trois dames du logis, à califourchon sur leurs petits chevaux aux jambes de chamois, tantôt suivaient, tantôt précédaient notre voiture. Elles prenaient subitement un galop effréné, disparaissant dans la poussière de la route pour réapparaître sur une crête de rocher qu'elles redescendaient bride abattue, sans aucun souci du vent qui leur retroussait jusqu'aux hanches leur unique jupe.

Le souvenir de cette cavalcade m'est toujours resté, et c'est là-dessus que nous nous rembarquâmes pour gagner l'Amérique, notre plus importante étape. La traversée d'Honolulu à San-Francisco, Frisco en abrégé, fut de quatre jours qui s'usèrent en organisation de concerts et de représentations au profit de quelques veuves et fils de pêcheurs rapatriés.

Les dames du bord y exhibaient des toilettes généralement démodées et des voix qui n'étaient pas toujours de toute fraîcheur. En notre qualité de Français, nous étions considérés comme les directeurs de ce conservatoire où — de même que pour l'autre — la distribution des prix était passablement difficile, les éloges que nous prodiguions aux unes amenant presque toujours des grimaces sur la figure des autres.

L'entrée en rade de San-Francisco nous permit de résigner ces fonctions. Frisco, à cette époque qui date de vingt-deux ans, représentait encore une ville improvisée et bâtie un peu à la diable, — mais l'abordage n'en était que plus gai, — avec ses maisons se dressant sur des collines ou des terrains vallonnés, tandis que, comme rideau de fond, se développe la grande chaîne des monts Diablo, dont le pic le plus élevé semble protéger la ville qu'il surplombe.

Dès l'arrivée, on se rend compte de cette audace et de cette initiative américaines que rien n'étonne et que le danger attire. Les quais de San-Francisco sont construits sur des pilotis énormes s'avançant dans la mer jusqu'à une invraisemblable profondeur. Il était environ huit heures du matin et, les boutiques n'étant pas encore ouvertes, nous eûmes, Bénédict, Pain et moi, quelque peine à nous orienter dans la ville. D'anciens réfugiés de la Commune, établis dans la cité de l'or, nous avaient, je crois, préparé une réception, mais le *Mikado* avait débarqué ses passagers plus tôt qu'on ne le supposait et, personne ne nous attendant à l'arrivée, nous marchâmes devant nous à la recherche d'un hôtel.

D'ailleurs, proscrits errants, nous prenions le lendemain le train qui traverse toute l'Amérique du Nord, de San-Francisco à New-York, et nous n'avions que le temps nécessaire pour nous préparer à ce voyage écrasant, dont la durée est de sept jours pleins.

Notre plan était d'éviter non seulement les invitations, mais les interviews. Aussi fûmes-nous un peu désappointés quand un liquoriste qui venait d'ouvrir sa boutique nous demanda en français, après nous avoir dévisagés :

— Pardon, messieurs, est-ce que vous n'êtes pas des passagers du *Mikado* ?

— Parfaitement, répondit Bénédict, pendant que je me dissimulais derrière mon mouchoir, dont je me tamponnais la joue.

— Alors, vous étiez avec les évadés de Nouvelle-Calédonie ? insista le liquoriste. On certifie qu'ils sont à bord. Moi qui suis Français comme vous, je me serais fait un plaisir de leur offrir n'importe quoi.

Ce n'importe quoi nous importait énormément. Nous laisser embaucher pour une « tournée », c'était, au bout d'une demi-heure, toute la ville à nos trousses.

— Nous sommes restés dans notre cabine tout le temps, dit négligemment Olivier Pain. Nous venons des Sandwich.

— Cependant vous avez bien vu Rochefort ?

Nous feignîmes d'ignorer de quel personnage on nous parlait, et le marchand de liqueurs retourna à ses petits verres sans aucune conscience du formidable lapin que nous venions de lui poser.

Cependant nous entrâmes chez un coiffeur qui put nous rendre un peu présentables, quoique nous ne tinssions guère à être présentés. Des chuchotements partis de tous les coins du magasin nous indiquèrent que nous étions dépistés et la chasse commença.

Nous battîmes lâchement en retraite devant une armée de photographes qui nous visaient de face, de dos et de profil. Les reporters n'étaient ni moins nombreux ni moins ardents. La *Chronicle* de San-Francisco publiait toutes les heures des éditions destinées à renseigner ses lecteurs sur les résultats de cet hallali.

On nous avait vus partout : dans Montgommery-Street ; chez un marchand de gravures où nous achetions des vues de la vallée de *Yo se mit* ; chez un chemisier, chez un chapelier, chez un tailleur.

Pendant cette poursuite folle, nous étions réfugiés à *Like House*, où nous déjeunions sans remords. La seule lecture des journaux du pays nous donnait un avant-goût de l'invasion dont nous étions menacés. Presque tous, et ils sont nombreux, publiaient une note de ce genre :

« Selon toute probabilité, le *Mikado* arrivera demain. On sait qu'il a à bord quatre des fugitifs de la Nouvelle-Calédonie. Nous avons pris toutes nos mesures pour recueillir de leurs bouches mêmes les détails de cette audacieuse évasion, afin de les transmettre au public. »

Ce fut à *Like House* que nous apprîmes la chute du ministère de Broglie, à laquelle l'excellent tour que nous venions de lui jouer ne fut pas étranger. Il avait voulu nous jeter à l'eau, nous le flanquions par terre. Jamais le retour des choses d'ici-bas — qui comprenait notre retour aussi — ne s'était plus philosophiquement affirmé.

J'y recueillis également une information presque risible, quoique douloureuse, relativement à l'infortune du capitaine Launay, le commandant de la *Virginie*, dont la vie entière ne devait être décidément qu'une longue déception. Après avoir quitté Nouméa sur sa vieille frégate, il avait fait escale à Taïti, où il était resté quinze jours, puis à Sainte-Hélène où il devait, on se le rappelle peut-être, faire avec moi un pèlerinage au tombeau impérial, aujourd'hui vacant.

Toutes ces relâches avaient pris un certain temps. Toutefois il atteignit Brest et se rendit sans délai à l'amirauté pour y rendre compte de l'accomplissement de sa délicate mission.

— Je viens, dit-il à l'amiral, vous faire part de l'arrivée à la presqu'île Ducos du prisonnier que j'avais été chargé d'y conduire.

— Quel prisonnier? avait demandé le préfet maritime.

— Mais Henri Rochefort.

— Lui ! Comment vous ne savez pas qu'il est évadé depuis quinze jours ?

Ainsi chaque fois que ce marin, dont le bateau aurait dû s'appeler la *Déveine*, abordait en France, c'était pour y apprendre quelque nouvelle désastreuse. Celle-là le fut particulièrement pour lui. On le rendit presque responsable de mon évasion, dont il avait eu cependant plus peur que personne. Il ne fut pas, comme il s'y attendait, promu capitaine de vaisseau. On lui retira tout commandement actif et son injuste disgrâce, après tant de beaux rêves amoureusement caressés, l'affecta au point qu'il en mourut au bout de quelques mois.

Aux yeux de l'ordre moral, son crime était sans doute de m'avoir amené vivant à destination. Il lui eût été cependant difficile de recommencer les noyades de Nantes. Il se nommait déjà Launay. Il ne pouvait pas se nommer en même temps Carrier.

Mais de cette battue opérée dans la ville il était résulté pour les reporters une quasi certitude : nous étions vraisemblablement descendus à *Like House* où trois individus avaient, dans un anglais presque incompréhensible, demandé des chambres. L'un d'eux affectant même une crise de dents, gardait constamment son mouchoir sur sa figure.

Nous ignorions qu'on fût sur nos traces et nous reposions dans une sieste réparatrice, car la chaleur était excessive, quand un garçon de la maison nous demanda la permission de faire remonter notre pendule par l'horloger de l'établissement. Nous avions annoncé notre départ pour le lendemain et il était essentiel pour nous de ne pas manquer l'heure du bateau.

Nous n'attachâmes aucune importance à ce remontage et nous continuâmes à échanger nos impressions avec d'autant plus de liberté que nous ne supposions pas que cet horloger comprît le français. Il mit à son travail un soin extraordinaire, consultant sa montre plutôt trois fois qu'une, afin d'obtenir pour notre pendule une exactitude chronométrique.

Enfin il se décida à la replacer avec toutes sortes d'atermoiements et de précautions sous son globe protecteur, puis nous quitta après un salut plein d'humilité. Seulement, une heure plus tard, la sixième édition de la *Chronicle* de San Francisco apprenait au monde attentif que nous logions à *Like House*, dans des chambres à rideaux verts et à meubles en reps de même couleur; que je portais un col droit, tandis que celui d'Olivier Pain était rabattu; que je me promenais en causant avec mes compagnons de route, mais qu'eux restaient plutôt assis et que, tout en gesticulant, je me passais volontiers la main dans les cheveux.

Le doute n'était plus permis : notre remonteur de pendules était un journaliste qui, d'ailleurs, nous l'avoua le lendemain dans le bac à vapeur qui nous menait à la gare où nous devions prendre le train pour New-York.

A peine avions-nous posé le pied dans le chaland que nous y aperçûmes un jeune homme ganté qui nous accueillit par un salut cérémonieux.

— C'est l'horloger! s'écria Olivier Pain.

Je ne veux rien changer à la description que je fis autrefois de cette interview bien américaine, quoique, depuis, ce genre d'interrogatoire ait été développé dans des proportions telles que parfois un publiciste donne les détails les plus précis sur une conversation

ntre lui et un homme célèbre à qui il n'a jamais
dressé la parole.

Sans paraître se souvenir de sa profession de la
veille, le jeune homme ganté m'aborda en ces termes :

— Je suis rédacteur à la *Chronicle* de San-Francisco et j'aurais été bien heureux de pouvoir vous accompagner jusqu'à New-York....

Un frisson nous envahit. Il y a, de San-Francisco à New-York, sept jours de chemin de fer.

— Mais, ajouta le journaliste, je suis malheureusement obligé de faire paraître mon article demain. Je ne pourrai donc vous faire la conduite que pendant une quarantaine de lieues.

C'était déjà grave. Cependant, puisque nous étions lancés, le mieux était d'accepter gaiement la situation. Le chroniqueur s'assit imperturbablement à côté de son « sujet » et tira son carnet et son crayon, avec le sang-froid d'un dentiste qui apprête ses instruments. Nous le priâmes de vouloir bien retarder de quelques instants l'opération. Nous avions sur le railway du Grand-Pacifique une semaine à passer, et il fallait songer d'abord à organiser notre coucher, c'est-à-dire à choisir nos lits pour la nuit.

Les wagons américains ressemblent moins à des voitures qu'à des hôtels meublés. Beaucoup plus élevés qu'en France et beaucoup plus larges, ils permettent aux voyageurs de se développer dans toute leur hauteur et de circuler à leur aise dans les passages qui divisent les compartiments. Des passerelles relient tous les wagons entre eux, et il s'établit ainsi entre les passagers un courant de relations et un système d'exercice physique qui les empêche de s'ankyloser dans leurs *cars*. Au-dessus des portières, deux charnières puissantes soutiennent un fond de lit qui s'abaisse le soir et exhibe un matelas, des draps et des oreillers, tandis qu'au bas du wagon une sorte d'armoire s'ouvre, contenant dans ses flancs un second lit pour un autre voyageur. Celui qui couche en haut est obligé à une ascension quelque peu ridicule. Les hommes s'en tirent encore, mais la dignité des dames souffre passablement de ce trapèze. Des rideaux de serge, qui glissent sur des tringles en fer, dissimulent aux yeux indiscrets dormeurs et dormeuses.

Quelquefois une paire de bottes placée au bas du rideau côte à côte avec une paire de bottines indique un ménage, mais le rapprochement a lieu entre les seules chaussures. En risquant un regard, on apercevrait l'épouse au rez-de-chaussée et l'époux au premier étage.

Le matin, ce sont des prodiges d'équilibre et des miracles d'ingéniosité pudibonde pour revêtir un caraco et passer un jupon. Quand on y est parvenu sans rien montrer que le soleil ne puisse voir, on va faire ses ablutions à l'extrémité du wagon où sont disposés les appareils de toilette nécessaires à la stricte propreté.

Après avoir assuré notre repos pour tout le voyage, nous retournâmes au rédacteur de la *Chronicle* qui, à la suite d'un interrogatoire plus minutieux que jamais juge d'instruction n'en a rêvé, me supplia d'écrire pour le journal californien, non un article, ce qui aurait été peu commode au milieu des secousses et du brouhaha du wagon, mais au moins une lettre qui paraîtrait en français et en anglais, et où l'ancien membre du gouvernement de la Défense nationale donnerait son avis sur la situation politique de la France. J'écrivis avec le crayon du reporter la lettre demandée, et, pendant que je « remuais des idées », le nouvelliste rédigeait, pour les faire télégraphier à la prochaine station, une suite de dépêches du plus haut comique :

Première dépêche. — Ai demandé à Rochefort un résumé de ses opinions sur l'état actuel de son pays. Il a consenti à adresser à la *Chronicle* une lettre spéciale sur ce sujet émouvant.

Deuxième dépêche. — Rochefort réfléchit. Il passe à plusieurs reprises sa main sur son front. Puis, saisissant rapidement le crayon, il écrit fiévreusement quelques lignes et s'arrête en disant : « Voilà trois ans que je n'ai pas fait d'articles ; je suis un peu rouillé. »

Troisième dépêche. — Il s'est remis au travail. Tantôt il lève les yeux au ciel, tantôt il les abaisse vers le parquet. J'ai la lettre. Elle est presque indéchiffrable à cause du mouvement du train, mais je vais la recopier et la mettre sous enveloppe. Vous la recevrez ce soir.

L'article dans lequel notre reconduiseur avait encadré mes lignes écrites sur le pouce nous parvint à Salt-Lake-City, pendant notre séjour chez les Mormons. Il n'avait pas moins de cinq colonnes où s'épanouissait cette phrase étonnante :

Seul de mes confrères j'ai pu obtenir cette intéressante communication. Seul, j'ai pu parvenir jusqu'aux évadés, malgré les précautions qu'ils avaient prises pour n'être vus de personne. Et je ne crains aucun démenti à cet égard, puisque, après avoir été reçu par eux comme horloger, j'ai été, de leurs propres mains, mis à la porte comme chroniqueur.

Les quarante lieues parcourues, ce publiciste consciencieux nous fit des adieux émus, et nous n'eûmes plus de ses nouvelles qu'au lac Salé, où, en nous adressant son journal, il me fit demander quel prix j'exigeais pour ma lettre. Je répondis que j'étais trop payé par les choses flatteuses dont la *Chronicle* l'avait assaisonnée et la correspondance en resta là.

Le train qui nous emportait avait, sur les hauteurs éternellement neigeuses des montagnes californiennes traversé des ponts jetés entre deux pics comme la corde raide de Blondin au-dessus des rapides du Niagara.

Un compagnon de sleeping-car me conta qu'un mois auparavant il avait opéré le même parcours, mais moins heureusement, une partie des wagons de queue étant tombés dans l'abîme à la suite de la rupture du pont. La suture s'était produite juste à son compartiment et il avait assisté au spectacle de l'écrasement d'une centaine de voyageurs roulant wagons par-dessus tête à une profondeur de deux mille mètres.

Mais comme, en Amérique encore plus qu'en Angleterre, le temps c'est de l'argent, le conducteur avait simplement dit aux survivants restés sur le pont :

— Allons, messieurs, dépêchez-vous. La locomotive n'a pas souffert. Nous allons nous remettre en route. Vous avez une demi-heure pour reconnaître vos morts.

On ne connaissait pas encore en Europe le système des lits remisés dans les cloisons du train et se rabattant le soir. Les Américaines installées dans notre wagon-sleeping, quoique probablement aussi bonnes gardiennes de leur honneur que les Françaises, étaient d'allures beaucoup plus libres et « meilleur enfant ». La nuit, j'avais pour voisine de lit, ses cheveux blonds touchant presque à ma tête crépue, une jeune fille de vingt ans, miss Cora, qui voyageait seule de San-Francisco à New-York où elle allait se marier.

La parfaite sécurité où elle vivait au milieu du tas d'hommes que nous étions affectait un caractère vraiment respectable et touchant. Elle se couchait devant nous chastement, mais sans cri d'oiseau effarouché ni affectation de pudeur. Puis, une fois nos têtes sur nos oreillers, comme elle parlait assez distinctement le français, nous nous racontions des histoires. Ce qu'elle m'a interrogé sur les péripéties de notre évasion !

Elle n'avait peut-être que la beauté du diable avec des lèvres un peu fortes quoique appétissantes, mais elle n'en dégageait pas moins une véritable séduction. Les autres compagnes que le hasard nous avait données pour ces huit longs jours de voyage étaient à peu près aussi intéressantes, n'ayant rien des mièvreries, non plus que des coquetteries féminines qui constituent l'attitude ordinaire des femmes d'Europe.

Leur esprit aussi était bien autrement encyclopédique que dans nos contrées et elles devisaient sur la politique sans pédantisme aucun, mais avec une connaissance complète des événements contemporains. Patriotes passionnées, elles nous jouèrent sur le piano du salon, les unes après les autres, car elles étaient quatre ou cinq, la *Marche de Sherman*, qui fut la *Marseillaise* antisudiste de la guerre de la Sécession.

Elles se mirent même en tête de nous l'apprendre. Je l'ai malheureusement oubliée, mais on la retrouverait facilement chez tous les marchands de musique des Etats-Unis.

Comme je me promenais sur la passerelle, un coup de vent me décoiffa, envoyant mon chapeau en l'air. Elles se cotisèrent pour m'en offrir un qu'elles achetèrent à la station suivante et c'est sous ce couvre-chef, dû à la générosité de dames américaines que j'opérai quinze jours plus tard mon débarquement en Angleterre.

Afin de couper en deux cette formidable traversée en même temps que pour nous documenter le plus possible, nous décidâmes que nous nous arrêterions, un jour ou deux chez les Mormons, à Salt-Lake-City dans l'Utah, où ils régnaient alors et d'où, comme autrefois de Californie, ils ont été chassés peu à peu par la défiance et les persécutions américaines.

Partis en effet au nombre d'environ trente mille pour leur grand exode aux environs du lac Salé, lequel l'est tellement que pas un poisson ne peut y vivre, les Mormons avaient pullulé si prodigieusement, grâce à leur système de polygamie, qu'à notre arrivée sur son territoire Brigham Young — le prophète — gouvernait, plus autocratiquement qu'aucun tsar ne s'y fût risqué, plus de trois cent cinquante mille sujets.

Cette puissance de multiplication chez un peuple neuf, travailleur et enthousiaste, finit par porter sérieusement ombrage à l'Union qui, n'osant essayer de le détruire comme les Indiens, réunit tous ses efforts pour le disperser.

Elle y a à peu près réussi, mais à cette époque, c'est-à-dire en 1874, rien n'était curieux comme cette ville où s'élevaient de grandes maisons distribuées comme des casernes et où dix, quinze, quelquefois vingt femmes vivaient ensemble, en apparence pacifiquement, sous la direction d'un seul et unique époux auquel elles avaient voué une fidélité qu'elles éprouvaient, je suppose, quelque peine à lui garder.

Brigham Young, pour sa part qui était celle du

lion, s'était adjugé soixante-quinze compagnes qu'il logeait, nourrissait, habillait, et dont il avait eu soixante-treize enfants.

Nous vîmes à plusieurs reprises des têtes de jeunes filles et de filles moins jeunes apparaître aux innombrables fenêtres du palais du prophète, bien que ce dictateur, alors très âgé et plutôt replié sur lui-même, n'eût rien d'un pacha non plus que d'un don Juan ou d'un fort de la halle.

Il ne posait pas, d'ailleurs, pour l'Oriental. Sa théorie est purement philosophique et religieuse. Elle se résume en deux mots : travail et reproduction. Il soutenait que la Bible autorise la polygamie et, les livres sacrés à la main, il condamnait les monogames.

Les Mormons s'intitulent les *Saints des derniers jours* et nous assistâmes aux derniers jours de ces saints que l'expulsion menaçait déjà. On nous invita à une communion dans le « tabernacle », sorte d'immense cloporte dont les pattes seraient figurées par des colonnes basses et la carapace par un dôme oblong de l'effet le plus anti-artistique.

Cette pâque peu fleurie se fêtait au moyen d'un calice que tous les communiants se passaient à la ronde et dans lequel ils buvaient un vin qui, à la fin de la cérémonie, devait avoir changé de bouquet. Il y avait bien, assises sur des bancs de bois, un millier de femmes contre une centaine d'hommes, et tous écoutèrent religieusement, sans doute pour la deux-centième fois, le récit des souffrances endurées par la secte pour l'affirmation et la défense de ses convictions.

Brigham Young étant malade, ce fut un de ses coadjuteurs qui se chargea du prêche. On nous raconta que, le dimanche précédent, le prophète s'était plaint avec amertume que mesdames les Mormonnes s'occupassent de singulariser leurs toilettes plutôt que de procréer des enfants. Et, faisant allusion aux crinolines qui, dans ces contrées arriérées, étaient encore de mode, il s'était écrié :

— Ce n'est pas par derrière, c'est par devant, que vous devriez avoir des bosses. Allez immédiatement enlever les grosseurs insolites qui font boursoufler vos jupes.

Le prophète aurait, paraît-il, désiré un moment de causette avec nous, probablement dans l'espoir de nous convertir à ses doctrines, qu'en tout cas nos moyens nous interdisaient de mettre en pratique, l'entretien de soixante-quinze femmes étant manifestement hors de proportion avec nos ressources. Nous refusâmes donc de lui servir d'intermédiaires pour sa propagande et nous remontâmes en wagon le lendemain.

Le bruit de notre prochaine arrivée à New-York commençait à circuler et déjà, quelques stations avant Chicago, on se pressait aux portières pour voir comment pouvaient bien être faits des communards évadés. Il y avait, à coup sûr dans cet empressement plus de curiosité que de sympathie, les légendes accumulées sur nos têtes nous ayant présentés à l'ancien et au nouveau monde comme la fine fleur du banditisme international et cosmopolite.

Ainsi accompagnés par des milliers d'yeux, nous atteignîmes O'Maha où, étant descendu pour déjeuner, je fis l'aumône à un Indien privé de sa jambe droite et de son bras gauche qu'il avait perdus dans les guerres d'extermination entreprises par les Américains contre les hommes de sa race. Je crus faire œuvre de pitié, mais un voyageur me dit :

— Votre dollar va passer tout entier en liqueurs fortes; vous allez constater dans quel état l'Indien sera tout à l'heure.

Et, en effet, en regagnant mon compartiment, j'aperçus le mutilé gisant dans un fossé, les quatre — ou plutôt les deux fers en l'air, secoué et tordu par des convulsions alcooliques.

Ce vice d'ivrognerie, aujourd'hui inguérissable chez les Peaux-Rouges, jadis admirables de sobriété, leur a été infiltré par leurs envahisseurs, qui, après les avoir réduits par le fer et le feu, en ont complété la conquête par la liqueur de feu. Ce dernier genre d'incendie a donné des résultats non moins prompts et encore plus terribles.

Nous étions attendus à la gare de Chicago par un des principaux correspondants du *New York Herald*, James O'Kelly, tout récemment arrivé de Cuba, alors en insurrection comme elle y est encore actuellement, et où il avait été condamné à mort par les Espagnols, pour envoi à son journal de dépêches trop favorables aux révoltés.

La proclamation de la République espagnole, présidée par Castelar, le sauva des douze balles qu'on lui réservait, et, sans plus se préoccuper de cet incident qui avait pourtant sa gravité, O'Kelly avait repris son périlleux métier.

Il avait été chargé par M. Gordon Bennett de me demander pour le *New York Herald* un article aussi long et important que je jugerais à propos de le faire sur les événements de la Commune et la vie des déportés en Nouvelle-Calédonie.

Ce morceau devait être publié dans les deux langues anglaise et française, afin que personne n'en ignorât; mais il fallait qu'il fût prêt pour le jour même de notre débarquement à New-York, les Américains ayant l'habitude de donner immédiatement satisfaction à l'impatience publique.

Je sautai sur cette magnifique occasion de détruire toutes les inventions mensongères et calomnieuses lancées contre nous depuis trois ans et je n'eus aucune peine, surtout avec l'aide d'Olivier Pain, à rassembler nos souvenirs en un faisceau plus que suffisant pour remplir toutes les colonnes mises à ma disposition.

O'Kelly monta dans notre wagon et nous tint compagnie jusqu'au Niagara devant lequel il eût été presque criminel de passer sans y donner un coup d'œil. Autour des chutes, réellement majestueuses, mais qu'on croirait avoir été installées pour attirer les étrangers dans le pays, c'est tout le temps une sorte de fête de Saint-Cloud.

La berge qui borde les rapides est encombrée de camelots ambulants et même de baraques foraines où l'on vend de tout et surtout des bracelets en lapis d'Allemagne et en lave du Vésuve, c'est-à-dire les produits de quantité d'industries auxquelles le Niagara et ses cascades n'ont absolument rien à voir.

Cet aspect bazar et caravansérail enlève au spectacle beaucoup de sa grandeur. Un montreur de bêtes ne voulait-il pas absolument me céder un ours, superbe d'ailleurs, presque noir, et qui tournait mélancoliquement dans sa cage comme peu de mois auparavant j'arpentais la mienne ?

Malgré cette conformité dans nos malheurs, j'eus regret de ne pouvoir délivrer ce prisonnier dont le premier soin eût été peut-être de dévorer son libérateur. Ces choses-là arrivent. En politique surtout.

On nous bourra de photographies. Clifton-Hôtel.

où nous descendîmes, est bâti au bout d'un pont suspendu au centre duquel on est admirablement placé pour contempler la grande cascade qui finit par vous donner l'impression d'un immense bâton de guimauve ou de sucre d'orge qui se déroulerait sur la bobine d'un de ces marchands algériens des fêtes de banlieue.

Le propriétaire de la maison nous apporta immédiatement l'indispensable in-folio où les clients sont tenus ou à peu près de célébrer, comme dans le *Voyage de M. Perrichon*, et la splendeur du site et la cuisine du restaurant. L'hôtelier ne paraissant pas nous avoir reconnus et la préparation de mon article m'imposant la solitude et conséquemment l'incognito, je me contentai de tracer cette phrase carnavalesque sur le registre qu'on présentait à mes méditations :

« Cette chute est profonde, mais la mienne l'est encore davantage.

« *Signé :* L'ombre de Napoléon III ».

Je travaillais dans ma chambre au bruit un peu assourdissant du *Niagara*, mot qui, en langue indienne, signifie *Tonnerre des eaux*, quand je vis entrer un jeune homme qui venait me demander si M. James O'Kelly n'était pas dans l'hôtel. C'était un Cubain, qui, fait prisonnier par les Espagnols et transporté à Fernando-Po, s'en était évadé avec cinq de ses compagnons. Ayant lu sur le livre de l'hôtel le nom du correspondant du *New York Herald*, il avait tenu à venir le remercier de tous ses efforts et de tous les dangers qu'il avait courus pour l'affranchissement de Cuba.

Ma position était identiquement la sienne, m'étant évadé moi-même avec cinq de mes compagnons de captivité, et nous avions tout ce qu'il fallait — moins la voix — pour chanter ensemble le duo de la *Reine de Chypre* :

> Triste exilé sur la terre étrangère.

La conversation s'entama donc sur Cuba libre et toutes les prédictions que me développa le fugitif se sont depuis réalisées à la lettre. On voit que mes sympathies pour les insurgés cubains datent de loin et on comprend que la nouvelle de la prise d'armes de 1895 m'ait passionné.

O'Kelly, qui arriva au milieu de notre conversation, fut bien obligé, malgré son incurable modestie, de me mettre au courant de ses aventures. Il compara d'abord Cuba à un œuf dont les Espagnols posséderaient la coquille, mais dont le jaune serait au pouvoir de l'insurrection, toujours grondante, même quand on n'en entend pas les grondements.

— Ce jaune, qui s'appelle le pays des Mambi, c'est Cuba libre, travaillant sans relâche à la liberté de Cuba conquise, nous dit O'Kelly. On n'y bâtit ni châteaux, ni villes, ni maisons. On y couche sur la dure. On y fabrique sans relâche de la poudre, on y fond des balles et l'on s'y tient l'œil au guet. De temps à autre, des colonnes de fumée rouge empourprent l'horizon. C'est un village ou un champ de canne qui brûle, incendié par les troupes espagnoles.

Obtenir du capitaine général, commandant pour l'Espagne l'île de Cuba, l'autorisation de passer les lignes et de pénétrer dans le camp des insurgés, est l'entreprise la plus compliquée qu'ait jamais tentée la témérité d'un reporter. Quand notre ami O'Kelly présenta cette audacieuse requête, il fut reçu avec la dernière ironie.

— Monsieur, lui dit le capitaine général, nous avons eu, au début de la guerre, l'imprudence de laisser ainsi un correspondant du *New York Herald* visiter les insurgés; nous comptions, comme il nous l'avait promis solennellement, qu'il userait de son influence pour les ramener dans le devoir, et que, dans ses correspondances, il rendrait justice à l'humanité et à la douceur dont le gouvernement ne cesse de donner des preuves à l'égard des révoltés. Eh bien, à peine de retour en Amérique, votre confrère n'a eu rien de plus pressé que de prendre fait et cause pour eux et de répandre sur nous les plus odieuses calomnies. Depuis lors, nous avons pris la résolution d'assimiler aux insurgés mêmes tous ceux qui cherchent à communiquer avec eux.

O'Kelly répondit à ce refus par cette seule question :

— Et si je passais les lignes malgré vous, que m'arriverait-il?

— Il vous arriverait très probablement d'être tué par nos sentinelles avant d'avoir atteint le camp des insurgés, et si vous échappiez aux balles en allant, vous n'échapperiez certainement pas, une fois revenu, à une condamnation à mort, pour intelligences avec l'ennemi.

— Merci de vos renseignements, fit le correspondant de l'*Herald*. Je passerai les lignes.

Et il retourna à son hôtel. C'est alors que se révéla pour lui la puissante organisation du mouvement cubain. Deux heures après cette conversation avec le capitaine général, le journaliste trouvait sous sa porte une lettre qu'une main restée inconnue y avait glissée, et où on lui indiquait, dans ses détails les plus précis, la marche à suivre pour rejoindre les révoltés. Les Cubains, disait la mystérieuse missive, lui seraient profondément reconnaissants s'il voulait tenter cette aventure qui leur permettrait d'entrer, par la voie de l'*Herald*, en communication avec le public, constamment trompé sur leur compte par les récits émanés des Espagnols.

O'Kelly prit immédiatement sa résolution. Il suivit exactement les indications de son correspondant anonyme et se trouva la même nuit au rendez-vous indiqué. Une voix lui cria : « Qui vive? » Il répondit : « Cuba libre » C'était le mot de passe. Un nègre vint alors le prendre par la main et le conduisit au milieu de l'armée cubaine, devant le chef suprême du gouvernement insurrectionnel, Cespedès.

Le dévouement des patriotes habitant les points occupés par les Espagnols est d'autant plus méritoire qu'au moindre soupçon de connivence des exécutions implacables terrorisent la contrée. Toutes les précautions ont été calculées pour se tenir à l'abri d'un coup de main de la part des insurgés. Une vaste zone, autrefois bâtie et cultivée, a été incendiée et rasée par les troupes royales, de façon à laisser entre les lignes espagnoles et les lignes cubaines un espace découvert inaccessible à toute surprise. Nul ne peut passer les avant-postes sans être accompagné d'un soldat de garde. Quiconque est rencontré seul dans cet espace abandonné est considéré comme ennemi et soumis aux rigueurs impitoyables ordonnées par la loi martiale.

Malgré ces mesures féroces et destructives, les Mambi ou Cubains libres restent en communication constante avec leurs compatriotes des centres. Presque toujours les plans d'attaque des Espagnols sont divulgués sans qu'on sache ni par qui ni comment. Toutes les ruses paraissent aux Cubains légitimes et méritoires dans l'intérêt de leur patriotisme. La trahison est devenue une vertu civique.

Le manque d'armes et de munitions oblige les révoltés à une stratégie spéciale. Ils changent constamment leur point de concentration, de telle sorte que les ennemis ignorent toujours où peut être le gros de leurs forces. L'intérieur très montagneux de l'île est couvert de bois impénétrables. Peu ou point de chemins tracés, et encore les rares sentiers qui y serpentent ne peuvent-ils donner passage qu'à un homme à pied. Parfois même, comme dans la forêt de la *Belle au bois dormant*, les fourrés se referment sur les voyageurs qui se hasardent à les traverser. Il faut avoir vu de près les phénomènes de la végétation tropicale pour se faire une idée de l'enchevêtrement de ces arbres gigantesques, de ces lianes tordues comme des boas, de ces cactus épineux, de ces fougères monstrueuses qui défendent les passages plus efficacement que les fortifications les plus savantes. Au milieu de ces remparts naturels se développe quelquefois une clairière transformée en plantation. C'est le magasin aux vivres, le garde-manger des combattants. Aussi est-ce de préférence ces champs intérieurs que visent les ravages des Espagnols.

Depuis sept ans vivent des familles réfugiées dans ces bois, acceptant pour elles et les leurs toutes les privations et tous les dangers plutôt que de subir le joug des maîtres qu'ils n'ont jamais reconnus. C'est aussi là qu'était établi le camp du général Calisto Garcia qui a récemment repris le fusil. Une lutte entreprise et soutenue pendant de si longues années par des hommes de cette trempe a rendu impossible toute réconciliation avec l'Espagne. Il faut que Cuba soit libre et que ses oppresseurs soient rejetés dans la mer. La guerre peut encore durer cinq ans, dix peut-être, mais tant qu'un Cubain pourra porter une arme, la guerre durera. Les infirmes et les éclopés des derniers combats de l'indépendance donnent à la patrie les forces qui leur restent. Ils s'emploient à cultiver les plantations que les hommes valides, sans cesse en mouvement, seraient forcés de laisser à l'abandon.

Notre ami O'Kelly fut frappé de l'état des uniformes des officiers de l'insurrection cubaine à cette époque déjà lointaine. L'aspect général d'un bataillon eût prêté à rire, si, quelque original que soit leur délabrement, on pouvait s'égayer de ceux qui donnent leur sang pour la délivrance de leur pays. Le costume ordinaire était une mauvaise cartouchière attachée autour des reins par une corde ou un morceau d'étoffe. Le haut du corps, les jambes et les pieds nus, la tête sous un chapeau de paille, ils n'ont pas besoin d'autres insignes pour se faire reconnaître et obéir de leurs soldats. L'habit ne fait pas le moine et le panache ne fait pas le général : nous l'avons trop vu dans la guerre franco-allemande. C'est par leur bravoure, non par leurs épaulettes, que se distinguent les chefs cubains. O'Kelly nous avoua s'être senti ému jusqu'aux larmes devant ces saintes guenilles et ce dénuement héroïque.

Un tiers des combattants est composé de blancs. Les deux autres tiers sont des hommes de couleur. La vie commune y est établie sur le pied d'une égalité parfaite, sans distinction de race ou privilège de caste. C'est surtout dans le danger que la fraternité se pratique. Si l'amour rapproche les distances, la mort les supprime bien davantage.

Le courage au feu est facile et commun. Ce qui, chez les Cubains, étonna le plus le correspondant de l'*Herald*, c'est leur constance et la résignation qu'ils mettent à accepter le jeûne, la fatigue et les misères inhérentes à une pareille lutte. Surpris dans son camp par un gros de troupes espagnoles, Cespédès fut obligé de gagner subitement les bois avec cent cinquante de ses hommes, et, pendant six jours, ils durent errer au milieu des lianes, sous peine d'être capturés. Mais tout ce qu'on avait pu emporter comme provision, dans cette retraite, consistait en un sac d'oranges juste assez garni pour donner, pendant six jours, une orange par jour et par homme ; chefs et soldats se contentèrent de cet ordinaire à peu près négatif. C'est moyennant de tels prodiges de sobriété qu'on tient sept ans là où d'autres auraient capitulé au bout de trois semaines.

Le délégué de M. Gordon Bennett vécut près d'un mois dans le pays des Mambi, mangeant à la gamelle des insurgés et dormant dans sa couverture au bruit des coups de fusil. Quand il jugea suffisante sa provision de renseignements, il alla prendre congé du dictateur Cespédès et regagna les lignes espagnoles par les sentiers qui l'avaient conduit dans les lignes cubaines. Il était fier d'avoir rempli sa mission, mais non sans inquiétude sur les suites de sa désobéissance aux ordres formels du capitaine général. Il parint cependant à se dérober aux patrouilles et atteinit la ville de Mananillo.

Mais, quelques heures après son arrivée, il reçut un message lui ordonnant de se rendre chez le gouverneur de la ville, don Wiskerandos. Notre ami ne fit aucune difficulté pour reconnaître qu'il sortait du camp des insurgés, et le gouverneur ne fit pas plus de difficulté pour l'envoyer au fort sous prévention d'espionnage et haute trahison. La fouille minutieuse opérée sur lui amena la saisie d'une lettre de félicitations adressée par le président Cespédès à M. Gordon Bennett, et de notes politiques remises au rédacteur de l'*Herald* par les secrétaires du Congrès cubain.

C'en était vingt fois plus qu'il n'en fallait pour être passé par les armes dans les vingt-quatre heures. O'Kelly fut amené devant la cour martiale, qui le condamna à mort séance tenante.

Heureusement pour notre ami, M. Castelar arriva au pouvoir en qualité de président de la République et le courageux correspondant du *New York Herald*, mis en liberté sur un télégramme officiel, put aller porter à son journal le résumé de ses observations sur l'insurrection cubaine mêlé au récit de sa propre odyssée.

Elle eut en Amérique un retentissement énorme. Nul doute que, sans le *veto* prudemment opposé par le gouvernement de la métropole à l'exécution de la sentence, la mort d'O'Kelly n'eût amené, de la part des États-Unis, une déclaration de guerre à l'Espagne. C'est ce que notre ami nous exprimait par ces mots, dits sans affectation :

— Il est peut-être malheureux qu'ils ne m'aient pas fusillé : Cuba serait libre à présent.

O'Kelly, qui depuis fut l'ami intime et le bras droit de Parnell, est actuellement député pour l'Irlande à la Chambre des Communes, et à l'heure où j'écris l'affranchissement de la grande île, plus insurgée que jamais, n'est plus qu'une question de mois, de semaines peut-être.

Le voyage de huit jours entre San-Francisco et New-York nous avait exténués, suffoqués, car la chaleur était calcinante, et barbouillés comme des ramoneurs, car la poussière s'était, aux approches de la dernière station, transformée en pluie noirâtre et collante.

Nous n'étions réellement pas présentables et nous savions qu'une députation nombreuse d'amis et de coreligionnaires politiques nous attendait à la gare pour nous être présentée. Mon article, que le *New York Herald* attendait, n'était ni mis complètement au point, ni traduit en anglais. Les heures de la journée m'étaient donc comptées et O'Kelly nous fit observer qu'une fois la proie des invitations, des réceptions et des allocutions, nous en avions pour la journée et la soirée complètes.

Je résolus donc de me dérober aux embrassades en descendant du train un peu avant l'arrêt définitif. Au moment où la locomotive ralentissait sa marche, nous sautâmes sur le quai, O'Kelly et moi, nous resautâmes dans une voiture et abordâmes sans encombre à *Central Hotel*, dans Broadway, après avoir à regret dépisté toutes les sympathies.

Olivier Pain et notre ami Bénédict, restés dans le wagon, soutinrent énergiquement le choc de l'armée de reporters qui les prirent d'assaut. Ils eurent quelque peine à leur faire comprendre l'importance qu'avaient pour moi quelques heures de solitude qui me permettraient d'achever l'article demandé par M. Gordon Bennett.

Il s'agissait, en effet, de démolir ainsi d'un seul coup, autant que possible, les abominables légendes colportées depuis trois ans dans les deux mondes sur le mouvement du 18 Mars, les actes et les hommes de la Commune. Ce n'était pas un simple récit, mais tout un plaidoyer justificatif que j'avais entrepris. J'y prenais l'opinion publique pour juge et je tenais à convaincre mon tribunal.

Les journalistes accourus au-devant de nous durent se contenter de ces indications et annoncèrent pour le lendemain matin la publication de mon premier-Paris qui allait paraître à New-York.

Notre visite au plus riche comme au plus important journal d'Amérique nous fit marcher de surprises en surprises. Au mois de mai 1874, les machines européennes à imprimer étaient loin d'avoir atteint le perfectionnement qui les ont, quelques années plus tard, presque totalement transformées. Les tirages de vingt-cinq mille à l'heure, qui étaient alors ceux du *New York Herald*, nous stupéfièrent. Nous y sommes arrivés maintenant en France. Il est vrai qu'en Amérique on les a dépassés.

Six traducteurs s'acharnaient après ma prose; mais, malgré leur zèle, nous nous aperçûmes à quel point notre présence au milieu d'eux était indispensable. Si peu qu'un mot fût parisien, le sens en était perdu pour eux, et ils le rendaient par des à-peu-près fort compromettants pour le sens général. Nous passâmes la moitié de la nuit à leur donner des explications dont ils ne profitèrent pas toujours, et que notre ignorance de la langue anglaise ne contribua pas précisément à éclaircir.

L'impression française, faute de temps pour une correction sérieuse, laissa également beaucoup à désirer. Dans les premières épreuves, il n'y avait ni points, ni virgules, ni aucun signe de ponctuation quelconque. Tous les mots se suivaient de façon à n'en former qu'un, d'une dimension de huit colonnes du *Times* petit texte. Il fallut espacer et diviser cette masse compacte, ce qui nous donna presque autant de peine que la confection même de l'article. Ce minutieux travail ne fut pas terminé avant six heures du matin, et encore mon amour-propre d'auteur fut-il douloureusement éprouvé lorsque je m'aperçus, en recevant le journal, des monstruosités que les typographes me faisaient dire.

Tel qu'il était cependant, l'article eut un retentissement incroyable. Il n'y eut, pour ainsi dire, pas un journal américain qui ne le reproduisît entièrement, soit en français, soit en anglais.

Nous calculâmes qu'il avait ainsi été tiré à quatre millions d'exemplaires environ. Comme il nous avait été facile de le prédire, le numéro du *New York Herald* qui le contenait fut saisi à Paris dans tous les kiosques, pas assez vite cependant pour que bon nombre de Parisiens ne l'eussent déjà acheté, lu et fait circuler. Soit qu'ils fassent la guerre, soit qu'ils fassent la police, nos gouvernants auront toujours le don d'arriver trop tard.

On nous avait beaucoup parlé de l'incessante activité de New-York et des coups de coudes qui s'échangeaient dans les rues entre Américains pressés qui courent à leurs affaires.

Nous n'eûmes guère le loisir de nous renseigner par nous-mêmes sur les agitations de la rue, car nous passâmes en voiture à peu près toutes les heures où nous n'étions pas dans les escaliers et dans le salon de réception du *Central Hotel*. O'Kelly mit une obligeance extrême à nous montrer la ville sous tous ses aspects. La diversité des quartiers nous frappa tout particulièrement. Les uns verdoient, les autres poudroient. Plusieurs sont gais comme le soleil, quelques-uns tristes comme l'humidité. D'autres enfin regorgent de passants, tandis que le quartier voisin reste solitaire et silencieux. L'ensemble respire la jeunesse, mais la pureté de l'air y remplace la pureté des lignes. L'architecture composite y a produit d'affreux monuments. Les marbres de toutes provenances y abondent, mais le mauvais goût jette son voile criard sur toutes ces richesses aussi mal utilisées que possible. L'immense maison du quatre cent fois millionnaire Stewart, mort il y a vingt-cinq ans, est en ce genre un modèle de luxe inintelligent. Ce formidable immeuble éveille l'idée d'une monstrueuse table de nuit.

La femme américaine est généralement honnête; toutefois, quand elle cesse de l'être, son instruction, sa supériorité intellectuelle et son audace native font d'elle la plus séduisante, c'est-à-dire la plus dangereuse des aventurières. Il n'y a pas dans les grandes villes des Etats-Unis une coureuse de bas étage qui ne soit ferrée sur la politique et la littérature de son pays. Miss Adda Menken, qui joua à la Gaîté, dans le drames des *Fugitifs*, le rôle muet d'une écuyère, était à la fois conférencière et écrivain. Sous nos latitudes, une actrice de cet ordre sait tout au plus lire les billets doux qui lui tombent des troisièmes galeries et, dix fois sur douze, elle est incapable d'y répondre autrement que par un signe de tête.

Le scandale de la correspondance échangée entre le neveu du tsar et l'Américaine Blackfort montre que, si elle était dépourvue de tout scrupule, cette pêcheuse de perles ne manquait ni d'éducation ni d'esprit.

O'Kelly nous avait donné sa photographie avec ces mots : « Pensez aux Cubains ». Les Cubains, de leur côté, pensaient à nous, car presque tous les réfugiés de l'insurrection établis momentanément à New-York vinrent nous rendre visite au *Central Hotel* dont le salon ne désemplissait pas. Nous eûmes notamment l'honneur de recevoir deux jeunes filles d'une beauté resplendissante et qui se présentèrent en grand deuil.

C'étaient deux orphelines, les demoiselles Pinto, dont la mère et le père avaient été récemment fusillés par les Espagnols, et qui avaient eu toutes les peines du monde à gagner l'Amérique sous vingt déguisements successifs.

L'aînée des deux sœurs avait dix-neuf ans, la

cadette seize. Riches naguère et élevées dans l'oisiveté où se passe la vie des créoles de la *perle des Antilles*, elles se voyaient désormais seules à l'étranger, sans famille, et obligées, dans un temps prochain, à travailler de leurs doigts délicats et inexpérimentés pour éviter la misère.

Aucun spectacle ne pouvait inspirer plus d'horreur de la monarchie, de l'oppression et de la conquête que celui de ces deux orphelines d'une guerre impitoyable, qui se serraient l'une contre l'autre et qui, instinctivement, venaient à des hommes inconnus pour elles, mais proscrits comme elles étaient proscrites, et dont les yeux étaient encore remplis, comme les leurs, d'exécutions farouches et d'horreurs inénarrables.

Le succès de l'article publié par l'*Herald* donna à plusieurs de mes amis l'idée d'une conférence où je compléterais l'exposé des événements auxquels j'avais assisté et dont j'avais dû mesurer le cadre aux dimensions du journal qui m'avait ouvert ses colonnes. Notre compatriote Pelletier, ancien député à l'Assemblée nationale en 1848 et très connu par ses ouvrages socialistes, se mit à notre entière disposition pour la réalisation de ce projet.

Pelletier, la loyauté, la générosité et la probité en personne, avait été naturellement condamné à la déportation par les aventuriers du 2 Décembre. Destiné à être embarqué pour la Guyane, il avait pu prévenir ses bourreaux en passant aux Etats-Unis où il avait fait une honorable fortune dans la fabrication des fleurs artificielles.

Au plus fort de la guerre de Sécession, alors que les fédéraux voyaient avec effroi la patrie s'effondrer, il eut foi dans la cause de la justice et de l'affranchissement. Les propriétés et les valeurs étaient tombées à un taux dérisoire. La panique accélérait la ruine des fortunes. Pelletier n'hésita pas à acheter aux portes de New-York une villa charmante, entourée de terrains d'exploitation, et paya le tout sans marchander.

Ce coup d'audace lui réussit merveilleusement. Un mois plus tard, Grant, vainqueur, signait la paix, et les terrains où notre compatriote avait engagé presque tout son avoir quadruplaient de valeur.

Il m'offrit un logement dans cette oasis, pour y préparer ma conférence à l'abri des coups de sonnette. La grande salle de l'Académie de musique avait été louée pour la solennité, annoncée par de nombreuses affiches. Quand je revins à New-York, après deux jours de recueillement dans la villa Pelletier, je trouvai ma chambre encombrée de correspondants envoyés par de nombreux journaux américains. Craignant les infidélités de la sténographie et tenant à honneur de servir à leurs lecteurs, dès le lendemain matin, le texte exact du discours, ils avaient trouvé plus commode de venir en prendre copie avant même qu'il fût prononcé.

Olivier Pain et Bénédict se chargèrent de la communication et tous s'engagèrent à ne pas publier un seul mot de la conférence, tant qu'elle n'aurait pas eu lieu. Moyennant cette convention, on leur laissa plonger dans le manuscrit des yeux discrets. Mais c'est là que les difficultés commencèrent : le rédacteur du *World*, qui s'était inscrit le premier, voulait avoir avant tout autre communication des feuillets.

Le reporter de l'*Herald*, accrédité auprès de nous par O'Kelly, ne quittait pas Olivier Pain d'une semelle et le suivait dans les endroits les plus secrets. Il fut alors décidé que mon compagnon d'évasion réunirait dans une pièce à part tous les journalistes présents et qu'ils écriraient sous sa dictée. Cette méthode égalitaire fut acceptée unanimement, et les choses allèrent sans accroc pendant un certain temps. Mais quand, l'heure venue, je partis pour l'Académie, ayant à la main les feuillets recopiés par les soins de mes amis, Olivier Pain, en m'accompagnant pour me serrer la main, eut l'imprudence de laisser sur une table le manuscrit original.

A sa rentrée dans la chambre, il fut très surpris d'être arrêté sur le seuil par une scène indescriptible. Les reporters s'étaient tous jetés sur le manuscrit et se livraient entre eux, pour arriver à se l'approprier, une bataille des plus comiques. Olivier Pain mit fin au tournoi en demandant à ces lutteurs de vouloir bien lui permettre de continuer sa dictée, et, quand elle fut finie, il sortit pour aller me retrouver dans la salle où je devais prendre la parole, laissant ces amateurs recommencer leur pugilat autour de cette toison d'or.

J'extrais du *New York Herald*, que nous avons apporté en France, le récit de cette soirée :

« Une grande foule se pressait hier soir à l'Académie de musique, pour entendre Henri Rochefort. Quoiqu'il y eût dans l'assistance un grand nombre d'Américains et d'Anglais, le public en majorité était français. L'intérieur et l'extérieur du théâtre avaient été pavoisés pour la circonstance. Pas de tribune, mais, sur le devant de la scène, une table avec un fauteuil où l'orateur pouvait s'asseoir au besoin pour faire sa lecture.

« Derrière cette table, de longues banquettes avaient été réservées pour les membres des comités français de New-York, aux Américains et aux Anglais représentant les différentes associations et les branches industrielles et commerciales. Lorsque M. Rochefort parut, la salle éclata en bravos.

« Il resta plusieurs minutes sans pouvoir prendre la parole. Tout le monde était debout, les hommes agitaient leurs chapeaux et les dames leurs mouchoirs. »

Franchement, en constatant l'accueil que nous faisaient ainsi, non seulement nos compatriotes, mais des milliers d'étrangers, nous avions quelque peine à nous considérer comme des hommes chargés d'autant de crimes que les journaux réactionnaires de France nous en attribuaient quotidiennement.

Trois jours avant la soirée fixée pour la conférence, j'avais reçu la visite de deux Américains qui vinrent me proposer de donner à M. Grant, frère du président de la République, la présidence de la séance, qu'il était prêt à accepter. Quelque honorable et flatteuse que fût cette offre, l'ancien membre du gouvernement de la Défense nationale ne pouvait oublier l'attitude hostile à la France prise, dès le début de la guerre de 1870, par le gouvernement des Etats-Unis. L'émigration allemande a fourni un tel appoint à la population américaine, que la conduite du général Grant s'explique politiquement; mais je trouvai plus conforme à ma situation de me faire présenter à l'assistance par M. John Swinton, démocrate populaire, qui accepta avec empressement la mission d'introduire publiquement auprès de ses concitoyens l'évadé de la presqu'île Ducos.

M. Swinton, avant de me donner la parole, fit un discours qui obtint un grand succès et que nous écoutions sans nous rendre compte des motifs de tant d'éclats de rire et d'applaudissements, puisque nous n'avions personne pour nous traduire les phrases qui les provoquaient. Nous eûmes plus tard la clef de ce délire. L'orateur avait débuté par une sorte de biographie du conférencier qu'il comblait naturellement d'éloges, et à chaque compliment un peu prononcé il ajoutait : « Si Rochefort comprenait l'anglais, je n'oserais me permettre ces détails contre lesquels sa modestie protesterait, mais il n'en sait pas un mot. C'est pourquoi vous le voyez si calme et moi si entreprenant. »

C'est à New-York que les demandes d'autographes acquirent une intensité inconnue jusqu'alors. Nous étions littéralement submergés sous les petits billets de toute forme, de toute couleur et de tout parfum expédiés à l'hôtel avec prière de répondre par le prochain courrier. Bénédict eut la patience de compter ces sollicitations. Il alla jusqu'à cinq mille ; mais à ce chiffre le courage lui manqua. J'étais chez M. Pelletier, en train de méditer ma conférence, quand je reçus d'Olivier Pain le télégramme suivant :

— Venez vite ; j'ai déjà des lettres jusqu'à la ceinture et ça monte d'un mètre par heure.

Si jamais un journal intitulé l'*Autographe* doit réussir quelque part, c'est certainement aux Etats-Unis. Il n'y avait pas à nourrir l'espoir de satisfaire tous ces autographomanes. Nous nous décidâmes à ne répondre qu'aux demandes écrites sur du papier musqué, ce qui nous indiquait une requête féminine.

Le succès de la conférence avait monté la tête de nos amis, qui nous persuadèrent d'aller recommencer l'expérience à Philadelphie, à Boston, à Québec et dans les principales villes de l'Amérique du Nord. Des dépêches furent adressées à des Français établis sur ces divers points, lesquels se chargèrent de retenir les salles ; mais tout à coup, sans que rien eût fait prévoir que cette crise éclaterait si subitement, une rage folle de revoir sinon la France, au moins ses frontières, s'empara de nous. Brutalement, sans prévenir personne et poussés par un instinct quasi vertigineux, nous allâmes, au sortir de l'Académie de musique, retenir nos places sur un paquebot de la Compagnie Cunnard qui partait le lendemain pour l'Europe.

Nous prévînmes de notre résolution précipitée O'Kelly qui nous présenta à un beau et sympathique vieillard, M. de Aldama, alors chef de l'insurrection cubaine, au service de laquelle il avait sacrifié son immense fortune. Il nous parla en termes attendrissants de sa chère patrie et nous supplia de plaider sa cause dans les journaux français. Nous lui promîmes notre concours, malheureusement bien faible, en lui faisant observer qu'en France on condamne beaucoup les journalistes, mais qu'on les écoute peu.

CHAPITRE XXII

Débarquement en Irlande. — Assassin de l'archevêque. — Londres. — Je deviens carliste. — La nouvelle « Lanterne ». — Le condamné diplomate. — Genève. — Duel avorté. — L'officier cambrioleur. — Le coup de grâce. — Courbet. — Vera Zassoulich.

Puis nous nous embarquâmes pour l'Angleterre, où nous allions achever notre tour du monde. A mesure que nous avancions vers l'Europe, je me sentais changer d'atmosphère. Mes trois ans de prison et de déportation me semblaient le mauvais rêve d'un cataleptique qui, d'un coup d'épaule, a fait sauter le couvercle de la bière où on l'avait déjà cloué.

Malheureusement l'absorption de tant de lieues marines ne m'avait pas rendu le pied plus marin, et mon malaise persistant faillit, cette fois, nous coûter cher. Afin de m'éviter vingt-quatre heures de navigation supplémentaire, au lieu d'atterrir à Liverpool où nous aurions pris le train pour Londres, j'eus l'idée saugrenue de débarquer à Queenstown, en Irlande, d'où je devais gagner l'Angleterre par le chemin de fer et la traversée du canal. Une catastrophe s'ensuivit.

Olivier Pain, en descendant brusquement de son lit, s'était démis le pied droit, qui avait enflé tout à coup au point qu'aucune de ses chaussures ne pouvait plus le contenir. Arrivés à Queenstown, nous descendîmes, en attendant l'heure du départ, dans une auberge de matelots où Pain s'assit la jambe tendue, tandis que je m'aventurais dans la ville à la découverte d'un magasin où je devais lui acheter des pantoufles d'une capacité suffisante.

Mais à peine avais-je fait dix pas que je me vis désigné par un prêtre à un groupe d'habitants qui se rassemblèrent en bataillon et se mirent non seulement à me suivre, mais à m'entourer, en murmurant des paroles que je ne comprenais pas.

La porte de la boutique où j'entrai fut bientôt obstruée, et lorsque j'en sortis, mes pantoufles à la main, la rue était pleine, et des cris furieux commencèrent à retentir. Cinq ou six individus en soutane réchauffaient ce délire populaire et je pus distinguer nettement le fameux « *murder of arbishop* » que les Irlandais d'Amérique nous lançaient volontiers.

Je rentrai dans l'auberge au milieu de ce flot grondant, et quand Olivier Pain eut risqué dans une des pantoufles son pied malade, nous nous levâmes pour regagner notre bateau où nos malles étaient restées.

Notre départ de l'auberge fut salué par une huée que corroborait une grêle de pierres et je crois que la scène se serait achevée dans une lapidation sérieuse, quand nous vîmes accourir à notre secours quatre policemen qui formèrent un carré au centre duquel nous regagnâmes péniblement le port.

Notez que personne plus que moi ne sympathisait avec les misères de l'Irlande ; que j'avais, au temps de mon journal *la Marseillaise*, défendu énergiquement le fenian O'Donovan Rossa, ainsi que le mouvement émancipateur irlandais. Mais le fanatisme catholique ne s'arrête pas à ces considérations. Je passais aux yeux de ces pauvres diables, que leurs prêtres maniaient à leur gré, pour avoir participé à l'exécution de l'archevêque de Paris, bien que je n'eusse pas touché à un cheveu de la tête de cet ecclésiastique, et tout le clergé du pays eût été ravi de me voir sacrifié aux mânes de la victime de la politique thiériste.

Le soir nous prîmes le train pour Cork ; mais les bons pères avaient joué du télégraphe, et notre passage, signalé sur toute la ligne, nous attirait, à chaque station, des invectives ou des grognements qui finirent par nous amuser.

Le soir, à l'hôtel de Cork, où nous fûmes obligés de passer la nuit, je reçus d'un des principaux promoteurs de la grande agitation irlandaise au nom de laquelle l'illustre Parnell devait remuer tant d'idées, une lettre où mon correspondant me suppliait d'oublier des manifestations hostiles organisées par le parti clérical et le vieil esprit ultramontain. Il m'assurait que ses efforts et ceux de ses amis avaient précisément pour but de le faire disparaître et que je devais, plus que jamais, continuer à combattre pour l'affranchissement intellectuel, matériel et moral de l'Irlande.

Et en effet, grâce à leurs efforts, le « roi non couronné » de la grande île fut le protestant Parnell qui eut la gloire d'émanciper son pays politiquement et religieusement.

Notre entrée dans Londres, qui depuis m'a hospitalisé pendant six ans, n'eut pas un caractère beaucoup plus cordial. La première image qui frappa mes yeux fut une page du *Punch* où j'étais représenté une bouteille de pétrole dans une poche, de la dynamite dans l'autre, gravissant une échelle que me tenait le bourreau Calcraft, tout en me montrant la potence où pendait une corde à moi destinée. Et, au-dessous de cette caricature accueillante, cette légende gracieuse :

— Soyez le bienvenu chez nous, aimable étranger !

Je me rappelai, lors du voyage que j'avais fait à Londres en compagnie de Flourens, pour aller chercher Ledru-Rollin, avoir logé en plein Hay-Market à *Panton Hotel* où le personnel parlait alors français, et où la cuisine n'était pas exclusivement anglaise. Je m'y fis conduire avec Olivier Pain et, aussitôt dépistés, nous vîmes la maison envahie par le grand et le petit reportage.

Presque tous les journaux français qui s'y trouvaient représentés par leurs rédacteurs avaient pris la plus large part dans la campagne d'invectives, de calomnies et de mensonges dirigée contre nous et plus spécialement contre moi. Aussi nous refusâmes-nous à toute communication. Au premier qui s'adressa à moi pour une interview, je répondis :

— Allez demander des renseignements à ceux qui vous en donnaient sur nous avant notre évasion.

Ce qui n'empêcha pas ces journalistes en voyage de rédiger de chic des correspondances où ils se vantaient de conversations que nous ne leur avions jamais accordées et nous prêtaient des propos que nous n'avions jamais tenus.

Edmond Adam m'amena mes enfants et la fête fut complète. Au bout d'une heure de cette reconstitution de ma famille, il me sembla que je ne l'avais jamais quittée. L'impression que me produisit l'immense ville affairée et nébuleuse qu'on appelle Londres ne ressembla en rien à celle qu'elle m'a laissée à mon second exil. On s'y trouve d'abord perdu, dans cette foule que Chateaubriand a qualifiée de « désert d'hommes ». Tout le monde s'y coudoie et personne ne s'y parle, comme si chacun des passants y suivait une idée fixe, sans s'apercevoir que d'autres que lui s'agitent à ses côtés.

On y a donc la sensation d'une solitude d'autant

plus complète qu'elle est plus peuplée. Mais on y jouit en revanche de l'admirable bénéfice de l'incognito, car même si on vous y reconnaît on feint de ne pas vous reconnaître.

Cette discrétion du peuple anglais constitue un des plus grands charmes de la vie de Londres. De 1890 à 1895, j'ai habité Clarence-Terrace, sorte de villa composée d'à peine huit maisons et je n'y ai même jamais su les noms de mes voisins qui, de leur côté, ne m'ont jamais donné à entendre qu'ils savaient le mien.

La vie d'hôtel, pour un père flanqué de trois enfants, étant aussi fatigante que dispendieuse, je me mis en quête d'appartements, que le seul énoncé de mes noms et qualités me faisaient refuser avec tous les honneurs dus à un convict en rupture de déportation.

A ce moment encore, le titre de condamné de la Commune était un brevet d'indignité et d'expulsion. J'ignorais qu'en Angleterre on a le droit de conclure une location sous le premier nom venu et que, pourvu que vous accomplissiez loyalement les clauses de votre bail, le propriétaire n'a pas à s'informer de votre casier politique ou judiciaire.

Je n'arrivai à me loger qu'en reniant les convictions de toute ma vie. Une vieille Anglaise catholique, qui avait mis à louer une petite maison située dans Ebury-Street, près de Belgrave-Square, me reçut avec une urbanité qui m'étonna un peu. Elle parlait un très bon français et me dit à brûle-pourpoint :

— Je vous reconnais : vous êtes M. de Rochefort. Nous avons les mêmes opinions : je suis carliste comme vous l'êtes vous-même.

— Qu'entendez-vous par carliste ? lui demandai-je, très estomaqué.

— Enfin, oui ! Vous travaillez pour don Carlos. J'ai su que vous n'étiez entré dans l'insurrection parisienne que pour lui rendre le trône de ses pères.

— Qui a pu vous donner ces renseignements ? lui dis-je.

— Des amis à nous, fit-elle en me lançant un coup d'œil de haute connivence.

Lui enlever ses illusions, c'était me replonger dans la cuisine de *Panton-Hotel*. Sans autre explication, je lui laissai croire qu'en effet l'avènement de don Carlos avait été ma constante préoccupation, et cette conformité de vues politiques la décida à me céder pour vingt livres, c'est-à-dire cinq cents francs par mois, une charmante maison, très confortablement meublée et agrémentée d'un jardin où les deux garçons purent jouer à leur aise.

Je n'ai jamais vu don Carlos, mais il m'a rendu ce jour-là un réel service.

Olivier Pain, qui ne nous quittait pas, attendait aussi ses enfants, dont le dernier était né pendant sa détention. C'était une fille qu'il brûlait de connaître et que Mme Pain avait appelée Andrée-Adolphine, en souvenir d'Adolphe Thiers, dans le lit duquel elle avait été conçue, au ministère des Affaires étrangères.

Tant de déplacements revenaient malheureusement de grosses sommes que nous ne possédions ni l'un ni l'autre, nos compagnons d'évasion s'étant séparés de nous à San Francisco où Jourde et Paschal Grousset étaient restés quelque temps. Pain dut donc remettre à un peu plus tard le bonheur d'embrasser les petits. Nous conduisîmes ensemble les miens à l'inévitable musée Tussaud dont les figures de cire sont du reste, au point de vue artistique, très inférieures à celles du musée Grévin.

La plus joyeuse surprise m'y attendait : lorsque j'avais accepté à l'Hôtel-de-Ville une place dans le gouvernement de la Défense nationale, Mme Tussaud m'en avait donné une autre dans sa galerie où je me trouvais au milieu des chefs d'Etat, avec Thiers, Jules Favre, Gambetta et Trochu.

Mais, quelques mois plus tard, le conseil de guerre m'ayant infligé la dernière peine, celle qui a remplacé la mort en matière politique, l'administration du musée ne crut pas de sa dignité de maintenir ma tête proscrite dans la société des têtes couronnées. On m'enleva de mon piédestal et, pour ne pas perdre une des attractions de la maison, on me descendit dans la pièce réservée aux criminels et intitulée la *chambre des horreurs*.

C'est là que je me retrouvai après avoir constaté mon expulsion du salon d'honneur. On m'avait placé entre Dumollard et Mme Lafarge. Terrible décadence après tant de grandeur! Mais les préventions si tenaces contre les communards finirent par tomber peu à peu et, sans être replacé dans la chambre des Majestés, je disparus un beau jour de celle des assassins.

Un éditeur anglais vint me proposer de refaire à Londres la *Lanterne* de Bruxelles et de Paris. Quoique les bonapartistes s'agitassent encore beaucoup, il n'y avait plus de motif de la diriger contre l'Empire qui était tombé, non plus que contre l'empereur qui était mort. L'entourage lui-même avait été dispersé comme un vol d'émouchets. Cependant la queue de l'impérialisme remuait encore dans les administrations et il n'était pas absolument inutile de marcher dessus.

En outre, l'état de siège et la loi contre la presse m'interdisant, comme au moment de la première *Lanterne*, d'écrire dans les feuilles des autres, j'en étais de nouveau réduit à m'en créer une qui n'apparint qu'à moi. Nous cherchâmes longtemps une combinaison soit pour vaincre l'indifférence anglaise, soit pour organiser en France un système d'abonnements avec possibilité de faire parvenir la brochure.

Nous imaginâmes de la publier dans les deux langues, et celui qui me traduisit le premier numéro fut un jeune proscrit qui, condamné à mort après la Commune, vivait alors péniblement à Londres. Il s'appelait Barrère et, à l'instar de son arrière-grand-père qui, au 9 Thermidor, avait en poche deux discours, l'un pour appuyer Robespierre et l'autre pour le combattre, il ne semblait pas très exactement fixé sur ses opinions.

Il regardait d'où venait le vent. Et quand, décidément, il souffla de l'opportunisme, cet aimable garçon, d'ailleurs bien fait de sa personne, offrit à Gambetta sa soumission contre un poste diplomatique qu'on ne lui marchanda pas.

Presque tout de suite, bien qu'il ne fût pas de la carrière, il fut nommé plénipotentiaire en Amérique, je crois, puis en Suède, et enfin à Berne où il opère encore et où il remplaça le vieil Arago que Casimir-Perier destitua brusquement pour faire place à cet insurgé repenti.

Il avait même été un moment question de le nommer ambassadeur à Londres où, après avoir débarqué comme proscrit français, il fût ainsi retourné comme représentant de la France.

Bien qu'on m'ait assuré que ma première *Lanterne* ait été fort mal traduite, le jeune Barrère me parut parler la langue anglaise aussi facilement que la nôtre. Je me rappelle lui avoir payé son travail deux cents francs.

Charles Dacosta, évadé lui aussi de la prison de

Port-Louis où il subissait dix ans de détention pour faits insurrectionnels, se chargea du lancement de l'affaire au moyen d'hommes-sandwiches qu'il fit promener dans Regent's-Street.

Je débutais par ces lignes qui résumaient assez exactement les contes de fées inventés à mon sujet :

C'était par une belle matinée d'avril. Je venais de tuer mon père ; deux de mes enfants, attachés au pied de leurs lits, se tordaient dans les convulsions de la faim, tandis que, joyeusement attablé devant des assiettes d'argent volées au ministère des Affaires étrangères, je sablais dans des vases sacrés un petit vin de Moselle que je vous recommande.

Je me disposais à sortir pour aller vendre quelques saints-ciboires enlevés la veille sur l'autel de Notre-Dame, mais la crise commerciale sévissait violemment. C'est à peine si j'avais pu tirer cent mille écus des bronzes par moi pris chez M. Thiers. Les six cent mille francs que j'avais réquisitionnés à la Banque avaient naturellement été dissipés en orgies, et je songeais à me remettre à flot par quelque expédition sur les tableaux du Louvre, quand je reçus par la poste une lettre chargée contenant un billet de mille francs avec ces simples mots :

VOILA COMMENT SE VENGENT LES BONAPARTE

C'était l'impératrice Eugénie qui, apprenant ma détresse, me faisait passer un secours.

Et j'ajoutais :

Si je commençais ainsi le récit des événements politiques auxquels j'ai pris part depuis quatre ans, mes lecteurs me demanderaient si je suis décidément un Catilina pour abuser à ce point de leur patience.

Eh bien, les bouffonneries qui précèdent ont été sérieusement, que dis-je? sont aujourd'hui et seront longtemps encore affirmées, discutées et commentées par les guitaristes de la presse française. La bonne foi de ceux qui lancent ces accusations et de ceux qui les propagent est telle que celui qu'elles visent ne pourrait avoir l'air de les prendre au sérieux sans passer pour un saltimbanque.

Lorsque, après avoir quitté Sainte-Pélagie pour entrer au gouvernement, j'ai quitté le gouvernement pour tomber, les chaînes aux mains, dans les basses-fosses de Versailles, j'ai reçu sur la tête des tombereaux d'immondices. J'ai tout subi et tout essuyé, depuis les délations calomnieuses du général Trochu qui, au 31 octobre, s'était placé si piteusement sous la protection de ma popularité, jusqu'à la boue où piaffait Villemessant, jusqu'aux crachats de la Veuillotratie, jusqu'aux expectorations des beaux journalistes qui, payés sous l'Empire par un homme, sont aujourd'hui entretenus par une femme.

J'ai vu en Nouvelle-Calédonie les déportés mourir du scorbut, les forçats expirer sous le bâton, et, n'ayant aucun engagement qui m'oblige à cacher quoi que ce soit, je me réserve la faculté de tout raconter. Après le déluge de clameurs qui m'a submergé, je puis braver toutes les averses. Le bronze dont je suis aujourd'hui cuirassé suffirait à la construction de plusieurs colonnes Vendôme. Je me mets donc en route, dussent les feuilles bonapartistes continuer à m'appeler avec indignation « évadé de Nouméa », ce qui me paraît au moins aussi honorable que d'être évadé de Sedan.

Seulement, toujours comme sous l'Empire, le gros obstacle était la douane française, et la traversée de Londres à Calais retardait singulièrement la distribution en France de ma nouvelle *Lanterne*, la contrebande en étant d'ailleurs beaucoup moins aisée que de Belgique ou de Suisse.

La Belgique, il n'y avait pas à y songer, les proscrits de la Commune et à plus forte raison les évadés en étant expulsés un quart d'heure après leur débarquement. Le temps n'était plus où mes attaques contre le neveu putatif de l'ogre de Corse y étaient accueillies avec transport et même reconnaissance.

Restait la Suisse où tous les condamnés de 1871 avaient rencontré autant de sécurité qu'en Angleterre. Jules Favre, dans son insatiable besoin de répressions et d'hécatombes, avait adressé aux puissances, en sa qualité de ministre des Affaires étrangères, une circulaire atroce où il réclamait l'extradition de tous les révolutionnaires échappés aux massacres. Son réquisitoire se terminait par ces mots prétentieux :

« Ces criminels ne peuvent plus avoir de refuge que dans l'expiation. »

Le président du Conseil d'Etat de Genève, circonvenu par cette déclamation, se risqua à faire arrêter l'ex-colonel de la Commune Razoua, contre lequel le gouvernement français avait échafaudé un nombre incalculable de méfaits de tout ordre, bien qu'il fût le plus doux et le plus honnête garçon du monde.

Mais il avait fait son service en Afrique, dans les zouaves, et son nom balzacien de Razoua suffisait seul à répandre une folle terreur dans la société versaillaise.

On le jeta en prison et peut-être eût-il été livré aux fureurs des conseils de guerre français, si les ouvriers genevois, indignés de voir les autorités donner ce croc-en-jambe à la vieille hospitalité helvétique, n'étaient descendus fusil au bras sur la place des Bastions pour protester contre l'attentat près de se commettre.

Cette manifestation suffit. Razoua fut sur-le-champ rendu à ses amis, et depuis lors aucune des victimes de la terreur clérico-orléaniste ne fut inquiétée.

Je songeai donc à aller m'établir dans la « Rome calviniste » et Olivier Pain s'y rendit pour y organiser notre installation et s'entendre avec un imprimeur qui se chargerait d'y composer ma brochure hebdomadaire.

En outre, bien que devenu assez indifférent au sujet des injures stupides tombées sur moi de plumes policières et déshonorées, je me sentais la velléité de régler mes comptes avec quelques fanfarons qui, pour me provoquer, avaient attendu que je fusse bien et dûment calfeutré entre les quatre murs d'une cellule dont ils comptaient fermement que mon cadavre seul sortirait.

Le parti bonapartiste, assez solidement représenté en Angleterre où habitait l'ex-impératrice, lâcha sur moi sa meute dès mon arrivée à Londres. Aux révélations dont j'avais émaillé mon grand article du *New York Herald*, la presse conservatrice anglaise répondit par des dénégations émanées de France et surtout de Chislehurst où s'était, en attendant les événements, réfugié l'état-major impérialiste.

Mᵐᵉ Eugénie passait pour alimenter de ses fonds, adroitement placés à l'étranger, les publicistes chargés de préparer l'opinion à l'avènement du petit porphyrogénète pour lequel elle rêvait un mariage royal, et, quoique peu sensibles aux campagnes d'argent, les journaux anglais, par respect pour elle et par haine de nous, donnèrent volontiers la réplique.

On avait prêté à Mac-Mahon ce mot superbe :

— Rochefort vient de débarquer en Australie. Il faut vite télégraphier à New-York.

Villemessant tint à prouver que, si les maréchaux de l'Empire manquaient de géographie, les journalistes impériaux n'en possédaient pas davantage. Voici la note que le *Figaro* se fit un devoir d'insérer :

M. Henri Rochefort vient de débarquer en Angleterre, venant d'Australie, mais il ne restera que quelques jours à Londres où il ne se croit pas en sûreté. Il est poursuivi par le spectre de l'extradition. On dit que dès demain il part pour la Suisse.

Ainsi Villemessant ne se doutait même pas que l'Australie est une colonie anglaise et qu'il n'y avait pour moi ni plus ni moins de danger à Sydney où j'étais resté quinze jours qu'à Londres où je venais d'arriver.

Et en pensant que tous, sans en excepter Louis Veuillot, cet interprète des Saintes Ecritures, avaient reproduit cette turlupinade géographique, on avait toutes sortes de motifs de désespérer de la revanche.

Mais lorsque la réaction me vit reprendre la plume, comme si trois ans d'oubliettes, où, d'ailleurs, ses injures empêchaient qu'on ne m'oubliât, n'avaient pas passé sur moi, elle en vint à écumer. *Paris-Journal* — on refusera de le croire — réclama hautement de l'Assemblée nationale une loi condamnant à la prison et à l'amende tout Français qui prononcerait ou écrirait mon nom.

J'étais donc menacé de faire pendant à Erostrate. Je dois reconnaître que cette proposition vraiment excessive n'obtint qu'un gros succès de rire et que pas un député ne se chargea de la déposer.

Je tombais en Europe presque à la veille d'un coup d'Etat. Le comte de Chambord, en se refusant à l'adoption du drapeau tricolore, avait consacré son renoncement définitif au trône. Mais il y a rarement grève de candidats à la couronne. Mac-Mahon donna à entendre qu'il était prêt à accepter, fût-ce sans bénéfice d'inventaire, cette succession en déshérence et les feuilles élyséennes eurent ordre de lui composer, comme autrefois à Eugénie de Montijo, une généalogie en rapport avec la nouvelle situation qu'il semblait convoiter.

Tous les journalistes à solde entière découvrirent le même jour, et presque à la même heure, que le chef de l'Etat descendait des rois d'Irlande. Du reste, la monomanie de tous les hommes dont le nom est précédé d'un « mac » est de descendre des rois d'Irlande.

J'étais plus que personne à la source des informations, et de mon enquête, basée sur les documents les plus authentiques et puisés dans le pays même, il résulta l'indéniable preuve que Mac-Mahon ne descendait pas plus des rois d'Irlande qu'il n'y remontait.

Je publiai dans la nouvelle *Lanterne* ma consultation qui, répandue dans Paris, mit en détestable posture le nouveau prétendant.

J'établis irréfutablement que le maréchal commandant en chef de l'armée du massacre descendait non d'un roi, mais d'un médecin à la fois irlandais et besogneux, qui était venu s'établir dans les environs d'Autun où il mourut, laissant pour toute fortune sa clientèle à son fils, médecin comme lui.

A cette époque, les lois sur la captation n'étaient inscrites nulle part et le docteur Mac-Mahon hérita de deux de ses malades de propriétés importantes, situées à Autun et qui sont restées dans la famille.

Le fils de ce docteur enrichi par testament, écrivais-je, prit du service dans les armées françaises où il arriva au grade de lieutenant-colonel. Le petit-fils fut fait colonel et anobli par Louis XV qui le nomma marquis. C'est le grand-père du loyal soldat.

Et j'ajoutais :

Il n'y a aucun déshonneur à descendre d'un médecin, même quand ce médecin a l'habitude suspecte d'hériter de ses clients, mais enfin le président actuel, dont l'Europe s'égaie, ne peut ignorer la généalogie que je cite et qui est incontestablement la sienne.

Quelle vanité misérable l'a poussé à tromper ainsi le public? Dans quel but ridicule a-t-il transformé en couronne royale le chapeau pointu de ses pères? Voilà qui est passablement petit pour un grand homme. Veut-il nous dissimuler ses projets d'hériter, lui aussi, de notre pauvre France, à cette heure si malade et à laquelle il impose des potions si cruelles à avaler?

Cet échantillon de loyauté me paraît en tout cas peu recommandable. J'ai tenu à éclairer la nation sur les intentions souveraines de son futur monarque, afin que, s'il guérit jamais les écrouelles, elle sache que c'est comme arrière-petit-fils de médecin et non comme roi légitime.

Il paraît que ces révélations furent particulièrement sensibles à celui qu'on appelait le « loyal soldat » et qui, comme prétendant, se montrait ainsi plutôt déloyal. Mais sortir de la cuisse de Jupiter est le dada de presque tous les roturiers. Napoléon lui-même ne disait-il pas, après son mariage avec Marie-Louise :

— Le lendemain de l'exécution de mon oncle...

Et comme Talleyrand lui demandait :

— Ah! vous avez eu un oncle exécuté?

— Mais oui, Louis XVI ! répondit le fils de l'huissier d'Ajaccio.

Bazaine était depuis quelque temps déjà en villégiature sous les arbres de l'île Sainte-Marguerite dont le fort avait été recrépi à mon intention. Je suppose que son évasion fut, de la part du 24 Mai, la revanche de la mienne. Un communard s'était enfui, on allait ouvrir les portes de sa prison à un bonapartiste.

J'ignore si la fugue du traître fut préparée en Angleterre, mais à Londres on la discutait à peu près ouvertement huit jours avant qu'elle s'accomplît. C'est au point que les journaux ayant annoncé que Mme Bazaine était allée demander à Mac-Mahon la grâce de son mari, je terminais en ces termes le récit de l'entrevue :

« Le maréchal n'a rien promis de formel à la femme de son ancien compagnon. Il s'est contenté de lui faire des *réponses évasives.* »

A peine l'homme de Metz eut-il mis la clef sous la porte qu'il adressa à Louis Veuillot, son confident et son défenseur, une lettre où on relevait cette phrase audacieuse :

« Je dois remercier la Providence, car jamais, sans son secours, je ne serais venu à bout d'une pareille entreprise. »

Et Veuillot, dans son *Univers*, s'associait pieusement à cet acte de reconnaissance. Or, lorsque, deux mois auparavant, j'avais brûlé la politesse à mes geôliers, le même Veuillot, dans le même *Univers*, avait lancé feu et flammes par les naseaux.

Cependant, si la Providence avait contribué à la délivrance de Bazaine, elle avait aidé cent fois plus activement à la nôtre qui offrait des difficultés autrement insurmontables.

De l'aveu même du journaliste dont Victor Hugo a dit :

> Vidocq le rencontra priant dans une église,
> Et, l'ayant vu loucher, en fit un espion,

la Providence, qui avait fait évader Bazaine parce qu'elle avait des desseins sur lui, avait également des desseins sur moi dont elle avait aussi favorisé la fuite.

Ce qui n'empêchait pas Veuillot de les contrecarrer de son mieux en allant remettre régulièrement entre les mains du préfet de police, alors M. Léon Renault, la *Lanterne* qu'il recevait régulièrement aussi et de le supplier d'arrêter à tout prix la circulation de cette insalubrité.

Je mettais, en ces termes, au pied du mur cet homme qui supportait si mal les couleuvres que je lui ingurgitais :

La fréquentation de la cour des Miracles ne peut dispenser d'une certaine logique. Puisque le rédacteur de l'*Univers* fait intervenir la Providence dans les évasions, il est tenu de se soumettre chrétiennement aux tuiles qui peuvent en résulter pour sa tête. Signaler la *Lanterne* aux sévérités du parquet, c'est aller ouvertement contre les décrets d'en haut.

Si, au contraire, la Providence ne s'est pas mêlée de mon évasion, c'est donc qu'on n'a pas besoin de son aide pour se tirer d'affaire ; et alors, à quel signe Veuillot a-t-il reconnu qu'elle s'était occupée de celle de Bazaine ? Est-ce que la Providence a avoué qu'elle est bonapartiste ?

Autrefois dialecticien très puissant, Louis Veuillot s'était à la fin de sa vie transformé en démoniaque furibond. Il en était à demander qu'on m'exorcisât, n'admettant même pas que je répondisse aux calomnies dans un journal à moi, puisque la loi qui sévissait alors sur la presse m'interdisait de me défendre dans les journaux des autres.

Quand le futur conspirateur du 2 Décembre était à Ham pour ses premières conspirations, il signait continuellement des articles dans le *Progrès du Pas-de-*

Calais. Quant à moi, accusé de tous les méfaits, depuis la simple filouterie jusqu'au cannibalisme, je n'avais même pas la faculté d'user du droit de réponse accordé par la justice universelle à tout être attaqué ou mis en cause.

Une feuille mac-mahonienne eût annoncé ma mort que je n'aurais su comment m'y prendre pour faire savoir à mes amis par une lettre publique que j'étais encore vivant. Le septennat retardait donc considérablement sur la royauté constitutionnelle.

Je ne sais si le gouvernement de Mac-Mahon était le plus odieux de ceux qu'avait déjà subis la France, mais c'était certainement le plus bête. Nous avions, pour faire parvenir ma brochure à Paris, imaginé l'ingénieux moyen de la glisser entre les feuilles de plusieurs journaux anglais que nous mettions ensuite sous bande à la poste de Londres. Nous prenions naturellement, pour envelopper ainsi ma *Lanterne,* les premières feuilles venues, achetées chez les libraires. Eh bien, le gouvernement septennard avait cru devoir considérer ces publications comme complices de la mienne, et en avait autocratiquement interdit l'entrée à la frontière française.

Le *Hour* s'était vu ainsi consigné. Le *Times,* le le *Standard,* le *Daily Telegraph* l'eussent été également si la fantaisie m'avait pris de les employer comme enveloppes. Rendre responsable le papier dans lequel a été introduit et fixé un paquet suspect équivalait à raser, comme on le faisait au moyen âge, la maison où avait habité un condamné à mort.

Et les Anglais se cassaient la tête à chercher quel article subversif ou gallophobe de leur journal avait bien pu motiver cette rigueur. Je ne crois pas que le mariage entre la politique et la culotte de peau ait jamais été aussi étroit.

Cependant, à la suite d'un nouvel article de *Paris-Journal*, j'avais pris la résolution de liquider en une fois toutes les injures que le bravache de Pène avait amoncelées contre moi, contre nous tous. Mais le duel étant en Angleterre puni de mort et la simple provocation de sept ans de travaux forcés, je pensai que c'eût été payer trop cher une rencontre avec ce failli et je m'embarquai pour Genève où l'affaire devait se régler sans péril judiciaire.

Je pris naturellement par la Belgique, puis par l'Alsace-Lorraine et, arrivé à Bâle, je descendis par la côte suisse jusqu'à la frontière de France, dangereuse pour un proscrit, certaines maisons ayant une de leurs ailes sur le territoire français et l'autre sur le sol helvétique.

Je me fis conduire à l'hôtel du Lac et comme les doigts me démangeaient, je cueillai au hasard parmi les fleurs de putréfaction qu'on me mit sous le nez et je fis un bouquet de celles-ci :

Genève, 23 octobre 1874.

Le siège de Paris, disait de Pène, lui a laissé le souvenir cuisant des cent mille francs qu'il aurait pu récolter en publiant un journal, et à côté desquels il passa, sans se baisser pour les ramasser; M. Rochefort ne récolta pas ces cent mille francs-là et il en porte le deuil. . . . . .
. . . .

La morale de cette vie est d'autant plus saisissante que M. Rochefort est plus sincère dans cette apologie. Par là encore, il se rattache au monde des courtisanes, où les meilleures d'entre elles se croient volontiers réhabilitées lorsqu'elles ont quitté un millionnaire à cheveux gris pour un blondin de qui elles n'acceptent que le strict nécessaire. Les fameux sacrifices patriotiques dont s'est vanté naïvement M. Rochefort sont de cette force-là.

J'en avais plus qu'il ne fallait pour justifier toutes les demandes de réparation et je lui adressai la lettre suivante :

Alors que j'étais au fond d'une cellule, vous avez trouvé courageux de publier, à la date du 24 septembre 1871, un article où se trouve notamment cette phrase : « *Par là encore il se rattache au monde des courtisanes.* »

J'aurais pu choisir pour vous en demander raison un morceau plus injurieux et peut-être moins honteusement bête. Mais la collection de *Paris-Journal* est un fumier dans lequel je ne fouillerais pas longtemps sans risquer l'asphyxie. Je me contente donc de la première insulte que le hasard m'apporte.

Je comprends tout ce qu'il y a d'humiliant pour moi à mettre ma condamnation politique en face de votre condamnation commerciale et à aligner ma déportation avec votre banqueroute. J'aimerais certainement mieux me rencontrer avec d'honnêtes gens. Ce n'est pas ma faute si je n'ai été vilipendé que par la canaille, c'est la vôtre.

Je n'ai fait le voyage d'Angleterre en Suisse que pour y amener quelques braves de votre espèce et de votre régiment. Il ne vous reste donc qu'à partir immédiatement pour Genève avec vos témoins. Les miens vous feront connaître mes résolutions.

Il ne peut y avoir prescription pour des outrages adressés à un prisonnier. Les saletés dont vous avez, pendant trois ans, couvert mon nom et ma famille sont pour moi d'hier, puisque c'est aujourd'hui seulement que je puis en régler le compte.

Je vous crache à la figure, en attendant mieux.

HENRI ROCHEFORT,
Hôtel du Lac.

P. S. — Je charge cette lettre afin que vous ne puissiez pas jouer l'étonnement devant ceux qui sauront que vous l'avez reçue.

Bien que ce batteur d'estrades passât pour un pilier de tirs et de salles d'escrime, je conservais peu d'espoir. Si, pour se tenir en face d'un père de qui on a insulté les enfants, il ne fallait que du poignet, ces pourfendeurs se risqueraient peut-être; mais il faut du cœur, voilà ce qui les décourage.

En effet, pressentant sans doute que l'affaire serait chaude et en proportion avec les colères qui s'étaient amassées en moi depuis trois ans, le chevalier de Pène se défila au moyen de ce subterfuge. Il écrivit à mes témoins que décidément j'étais fou et qu'on ne se battait pas avec un fou.

A quoi je répliquai par ce raisonnement irréfutable :

Comment! j'étais fou? C'est un malheureux aliéné pour lequel vous demandiez une condamnation à mort, alors que chez tous les peuples du monde la folie a toujours été considérée comme respectable et sacrée!

Ah! vous savez avoir devant vous un homme atteint de démence, et vous insistez depuis trois ans pour qu'on l'envoie, non dans une maison de santé, mais au poteau de Satory! En ce cas, vous êtes encore plus misérable que je ne croyais.

Et l'affaire n'eut pas d'autres suites. Mais je n'avais pas eu à Londres le temps d'apprécier certains côtés séduisants et instructifs de la vie anglaise que j'ai pu étudier depuis et la Suisse me plut par le contraste de sa clarté et du bleu de son ciel succédant à tant de brouillards et de fumée de houille.

Genève, dans son cirque de montagnes, unit au désagrément de la bise qui souffle périodiquement sur le lac, quelquefois à y provoquer des naufrages, une extraordinaire inégalité dans la température. En été le soleil y entre comme dans une cuvette. En hiver, le vent qui passe sur les neiges éternelles des pics du mont Blanc et souvent du mont Rose, vous y glace jusqu'aux os.

Les édits somptuaires de Calvin s'y sont comme perpétués jusqu'à nos jours. Les Genevoises ignorent la toilette et l'élégance y est tempérée par un protestantisme d'une rigidité affectée. On y fait rarement quinze pas sans rencontrer un pasteur. Il semble qu'un recensement général de la population donnerait dix pasteurs par cent habitants.

Après de Pène, qui avait refusé de me rendre raison, mais dont j'avais eu raison tout de même, la plus douce des vengeances vint me trouver dans ma chambre d'hôtel. J'y reçus, en effet, la lettre suivante, qui corroborait, expliquait et justifiait tous mes débordements d'injures contre les soudards de l'ordre :

Bruxelles, ce 7 octobre 1874.

Monsieur,

Le n° 9 de la *Lanterne* contient un article à la date du 26 août dernier dans lequel vous vous plaignez que « des soldats aux ordres du *glorieux blessé* » ont pillé vos appartements.

Vous avez bien raison, monsieur, de vous plaindre : ces *honnêtes gens*, déjà souillés par toutes les orgies du crime, vendent aujourd'hui vos dépouilles, et celles, sûrement, de beaucoup d'autres. Cela est triste à dire, mais cela est!

Voici un fait que vous devez sans doute ignorer. Comme j'en ai été le témoin et qu'il est récent et nouveau pour vous, je vous le narre.

Il y a un mois, j'étais à Paris où je devrais être encore, mais le vent de l'adversité a soufflé sur moi et me fait sentir aujourd'hui toutes les rigueurs de la vie à l'étranger.

Je sortais du café du Louvre, avec un Franc-Comtois,

un compatriote, lorsque nous fûmes abordés par un de ses amis du nom de Caillière, demeurant rue de Seine, 29, que je ne connaissais pas. — Tout en nous abordant, il nous dit : « G... (digne successeur de Gaveau) *sort de chez moi; il est venu m'emprunter de l'argent; je lui ai refusé, attendu qu'il me doit plus de 500 francs; puis il m'offrit, moyennant 300 francs, le carnet que voici : le carnet de Rochefort. Ce carnet*, dit-il, *a été saisi lors de votre arrestation à Meaux. Il contient encore toutes ses lettres et une facture au nom de Marx : de plus, voici le compartiment dans lequel se trouvaient 7,000 francs en billets de banque.* » Ma mémoire pourrait peut-être me faire défaut relativement au chiffre, mais je crois qu'il n'est pas moindre.

Après m'être bien assuré que l'objet appartenait réellement au spirituel auteur de la *Lanterne*, je lui dis :

— Et vous avez fait cette acquisition pour être agréable à Rochefort?

— Pas du tout, mais bien pour en tirer parti.

— En tirer parti?

— Oui, car j'estime en avoir au moins trois cents francs.

— Alors, c'est une spéculation?...

— Non. Cependant...

— Et pourquoi ne le porteriez-vous pas au journal le *Rappel* ou à la *République française?*

— Je n'y connais personne.

— Il n'est pas besoin, ce me semble, de connaître quelqu'un ; la délicatesse seule s'oppose et ne permet pas qu'on trafique aussi légèrement d'une chose à laquelle s'attache un caractère d'inviolabilité ; si vous voulez me le permettre, je parlerai de cette affaire.

Ce pourparler terminé, il me remit sa carte que je retrouve aujourd'hui.

Faites de mon récit ce que vous voudrez. Je vous l'abandonne sous toute garantie d'authenticité.

Veuillez agréer, monsieur, l'assurance de mes sentiments les plus respectueux.

ROYER,
Ancien secrétaire de M. Philarète Chasles et maître-répétiteur, 62, rue de l'Etuve, à Bruxelles.

Ce G..., capitaine d'infanterie de marine, avait été nommé commissaire du gouvernement près le troisième conseil de guerre et chargé, en cette qualité, de porter la parole contre moi.

La France a passé sous l'Empire par bien des commissions mixtes et par beaucoup d'autres mixtures, mais c'est, de mémoire d'homme, la première fois qu'elle aura vu un juge négocier son accusé. Je m'explique maintenant pourquoi ce capitaine avait annoncé à M. Albert Joly, mon avocat, que son projet était de requérir la peine de mort en ma faveur. Il avait probablement vendu mon corps à l'Ecole de médecine.

Je ne me serais pas pardonné de priver, par mon silence, les historiens de renseignements aussi intéressants pour le récit des événements de Paris. Aussi entamai-je immédiatement avec le sieur Cissey, alors ministre de la guerre, la correspondance suivante :

Monsieur le ministre,

Je reçois la lettre ci-jointe. Ce capitaine G..., qui vend ainsi les portefeuilles qu'il m'a volés, a droit au même avancement que le capitaine Garcin, l'assassin du député Millière. Nul doute qu'il ne l'obtienne. Mais la lettre que je vous envoie ne dit pas tout. Plusieurs feuilles du carnet en question ont été cédées à un journaliste de vos amis, M. de

Villemessant, qui a fait reproduire en fac-similé pour l'*Autographe*, un certain nombre de notes de ma main. Le numéro qui contient les preuves irrécusables de cet abus de confiance est celui du mois de juillet 1872.

Il y a donc eu de la part de l'officier G..., commissaire du gouvernement, vente d'objets volés, et de la part de M. Villemessant, complicité par recel.

Je vais poursuivre devant les tribunaux ces deux misérables. Mais voici où le gouvernement est directement en cause ; quand les troupes de Versailles sont entrées dans Paris, une escouade de soldats a envahi mon appartement, où, ainsi que l'a dit un commissaire de police qui en déposera, ils ont passé « comme une trombe ». Mes bronzes, mes porcelaines, mon linge et jusqu'à la selle de mon cheval, tout leur a paru bon à emporter. Cependant la perte matérielle résultant pour moi de ce pillage à main armée m'affecterait médiocrement, si vos soldats n'avaient pas complété leur œuvre en forçant un coffre où étaient renfermés tous mes papiers de famille, qu'ils m'ont enlevés jusqu'au dernier. Plusieurs de ces pièces étaient trop remarquables d'aspect pour que les pillards n'en aient pas compris l'importance. Il s'y trouvait notamment un parchemin signé Louis (Louis XV) conférant à mon trisaïeul le brevet de lieutenant des maréchaux de France pour la province d'Issoudun.

L'officier qui m'a avoué, dans l'instruction de mon procès, avoir assisté à la perquisition opérée chez moi, rue de Châteaudun, 11, sait sans doute ce que sont devenus ces papiers. En tout cas, M. le maréchal de Mac-Mahon, commandant en chef des troupes de Versailles et président de la République, est, devant la loi, auteur principal et responsable du sac de ma maison, envahie par ses ordres.

Je vous avertis donc, monsieur le ministre, que si, d'ici à huit jours, les titres qui m'ont été soustraits et qui appartiennent moins à moi qu'à mes enfants, ne me sont pas restitués, je dépose une plainte contre M. de Mac-Mahon, votre maître.

Je ne pousse pas la candeur jusqu'à m'imaginer qu'il se

trouvera sous le Septennat des magistrats capables de donner gain de cause à un républicain dévalisé par un maréchal de l'Empire. Mais ce à quoi je tiens, c'est que vos honnêtes officiers ne se servent pas de mes papiers pour aller commettre, sous mon nom, des escroqueries dans les hôtels. Que je le perde ou non, ce procès aura assez de retentissement pour que mes voleurs ne puissent renouveler avec mes parchemins les exploits du forçat Coignard avec ceux du comte Pontis de Sainte-Hélène.

Henri Rochefort.

Hôtel du Lac, à Genève.

Je mis sous les yeux des lecteurs de la *Lanterne* ce billet doux auquel j'ajoutais en manière d'enseignement :

On le voit, dès qu'une filouterie s'organise, on est sûr que Villemessant apparaît comme commanditaire. Ce numéro de l'*Autographe*, contenant des extraits de portefeuilles volés chez moi par l'armée de Versailles, m'avait été communiqué depuis quelque temps déjà. Mais mes deux fils étaient encore en France, dans leur collège. On les eût trouvés, un matin, étranglés dans leurs lits, comme les enfants d'Édouard, que les Casimir-Delavigne du Septennat ne se seraient même pas donné la peine de mettre au théâtre cet événement si naturel.

J'ai donc attendu lâchement pour agir qu'ils fussent auprès de moi, à l'abri des Cissey et autres Glocester. Je me réjouis maintenant à l'idée des juges torturant les textes pour arriver à déclarer que c'est moi qui ai excité par mes articles les mauvais instincts du soldat, et que je dois une réparation à l'armée pour l'avoir poussée à aller voler des papiers à domicile au moment où elle y pensait le moins.

Je n'aurais pas évoqué cette affaire, si elle n'intéressait que moi. Elle rentre malheureusement dans la statistique générale. Les calculs les plus modérés fixent entre trente et trente-cinq mille le chiffre des hommes, femmes et enfants tués dans les journées de Mai. Celui des fédérés arrêtés et envoyés sur les pontons est officiellement de quarante-huit mille. Or, de ces quatre-vingt mille malheureux, tant égorgés qu'emprisonnés, il n'en est pas un dont le logement n'ait été dénudé de fond en comble par les visites domiciliaires qui s'y sont succédé. Un déporté m'a dit textuellement à la presqu'île Ducos :

— Ils ont pris jusqu'à la layette de ma petite fille, qui était venue au monde la semaine d'avant. Et comme, sur les observations de ma femme qui était encore au lit, un soldat allait laisser là le paquet, un autre s'est écrié : « Prends toujours, ce sera pour le petit de ma sœur. »

C'est probablement pour acheter des étrennes au « petit de sa sœur », que mon capitaine instructeur cède au plus offrant et dernier enchérisseur des pages de mon écriture. Ces défenseurs de l'ordre ont à tel point le sentiment de la famille qu'ils finissent par perdre complètement celui de la propriété.

Cissey ne sut que répondre et en effet ne répondit pas. Mais, bien que j'eusse énormément sujet de rire, je ne me déclarai pas désarmé. J'avais reçu la visite du député radical Gatineau qui, plus tard, me défendit souvent, et toujours heureusement, en cour d'assises et en police correctionnelle. Je lui contai mon aventure et il me conseilla de rédiger contre mon dévaliseur une plainte qu'il s'offrit à remettre lui-même entre les mains du vieux Dufaure, l'impitoyable et réactionnaire mais matériellement honnête ministre de la justice.

Ma lettre le frappa beaucoup, me fit savoir Gatineau qu'il chargea de me faire observer que, si mes récriminations étaient fondées, elles n'étaient cependant pas susceptibles d'amener mon perquisitionneur devant la justice, attendu que, les faits dont je l'accusais s'étant produits depuis plus de trois ans, le délit était couvert par la prescription. Et il avait ajouté :

M. Rochefort répondra peut-être qu'étant prisonnier il était hors d'état de poursuivre, mais un homme assassiné sur une grande route n'est pas moins empêché de dénoncer et de faire arrêter son meurtrier. Celui-ci bénéficie quand même de la prescription au bout du temps légal.

Je ripostai à cette leçon de droit criminel par une autre qui le confondit :

Le commissaire du gouvernement chargé de perquisitionner chez moi se transformait par ce seul fait en fonctionnaire et, en sa qualité de détenteur des pouvoirs publics, ses détournements devenaient, non pas simplement délictueux, mais criminels. Or, pour les crimes, la prescription est de dix ans, non de trois.

Au reçu de ma nouvelle lettre, Dufaure dit à Gatineau :

— M. Rochefort a raison. Je n'ai plus qu'à faire appliquer la loi.

Et, le soir même, celui qui s'était engagé à requérir la peine de mort contre moi était arrêté, passait quelques semaines plus tard en conseil de guerre et en sortait condamné à cinq ans de prison qu'il accomplit dans la maison centrale de Poissy à fabriquer des abat-jour. Cette fois, c'était moi qui avais requis contre lui.

Mais la lumière de plus en plus crue qui tombait ainsi sur les horreurs versaillaises dévoilées par mon article du *New York Herald*, puis par ma *Lanterne*, puis par les témoins sur les dépositions desquels on avait fait le silence de l'état de siège, exaspérait Mac-Mahon dont la tactique était de présenter comme des assassins et des voleurs les fédérés qu'il avait massacrés.

L'intrépidité dont tous les exécutés de Satory avaient

fait preuve sous les balles humiliait profondément cet exécuteur, et comme, trois ans après la semaine sanglante, on fusillait encore, n'eut-il pas, en façon de réplique, l'incroyable audace de rédiger une circulaire qui parut dans le *Moniteur de l'Armée* et où il fixait le cérémonial à pratiquer pour la mise à mort des condamnés des conseils de guerre?

C'était atroce et bouffon.

Ce *Guide du parfait fusillé* se divisait en plusieurs articles, tous rédigés au point de vue de « l'humanité », disait le préambule. Ainsi, c'est par humanité que, tandis que le condamné sera au poteau, on lui lira sa sentence à haute et intelligible voix. C'est par humanité qu'on rétablit le commandement de : « Feu! » C'est toujours et de plus en plus par humanité que l'exécuté devra se mettre à genoux devant ses exécuteurs.

L'attitude martiale gardée devant les chassepots par les derniers fusillés politiques était depuis trois ans un des grands tracas de la justice militaire.

> Mourir n'est rien, c'est notre dernière heure.

a dit ingénument Sedaine. Il n'en est pas moins vrai que ce « rien » a la réputation d'être quelque chose, et il est tant soit peu humiliant pour un peloton d'exécution de viser un homme qui tombe en lui riant au nez. Ferré, debout sur sa fosse, un cigare à la bouche, était un détestable exemple pour la population qui avait vu caponner, sous les obus prussiens, les généraux les plus étoilés. Un homme agenouillé comme la Vénus accroupie perd, en revanche, toute l'énergie de son allure, et les journaux infâmes s'empressent de raconter, le lendemain, que le « condamné pouvait à peine se soutenir ».

Le docteur Tony Moilin, resté à Paris pendant la Commune, avait accepté la mission particulièrement criminelle de donner gratis ses soins aux indigents de son quartier et de leur faire distribuer des bons de pain. Arrêté lors de l'entrée des troupes, on lui donna immédiatement un bon pour douze coups de fusil à recevoir un quart d'heure plus tard. L'officier qui devait commander le feu lui adressa même ces paroles remarquables :

— Nous savons que vous n'avez fait aucun mal, mais vous êtes un socialiste ; il faut se débarrasser des socialistes le plus vite possible.

Cependant, Tony Moilin ayant demandé à laisser son nom à la compagne de sa vie, les officiers, toujours galants, trouvèrent bon de s'offrir la représentation d'un mélodrame qu'on aurait pu intituler : *la Noce et l'Enterrement*. On alla chercher la future à qui des magistrats municipaux osèrent demander sérieusement si elle prenait pour époux cet homme à qui les assassins qui l'attendaient à la porte servirent de garçons d'honneur. On lut aux deux conjoints la loi qui ordonnait à la femme d'obéir à son mari et de le suivre partout, comme au mari de donner aide et protection à sa femme. On ne peut s'empêcher de croire que cette épouvantable comédie se termina par un embrassement général et un dîner aux *Frères provençaux*. Ah ! que vous connaissez mal le militaire frrrançais ! Ces officiers, qui avaient assisté à la cérémonie comme témoins des deux mariés, conduisirent, immédiatement après la signature de l'acte, l'époux au mur d'exécution, afin de savoir comment il saurait mourir au bruit des sanglots de la nouvelle épouse.

Eh bien ! Tony Moilin a donné jusqu'au bout, à ces scélérats, le spectacle du calme le plus héroïque. S'ils l'avaient contraint à se laisser égorger à genoux, peut-être cette adhésion eût-elle passé pour une faiblesse dont la moralité de la répression eût profité.

On peut voir dans la déposition du capitaine Garcin devant la commission d'enquête du 18 Mars que le général de Cissey, plus tard ministre, avait ordonné que le député Millière serait fusillé à genoux, mais que, Millière s'étant refusé à se prêter à ce complément d'assassinat, il fallut l'y forcer, c'est-à-dire lui casser les reins à coups de crosse jusqu'à ce qu'il tombât d'épuisement.

Il y avait même là un danger pour l'humanité au nom de laquelle Mac-Mahon avait écrit son *Voyage autour du poteau*. Dans le cas où le condamné résisterait à cette dernière injonction, comment s'y prendrait-on pour le forcer à se conformer au texte de la loi nouvelle? Un condamné à mort n'est pas un modèle d'atelier. Il est libre de choisir la pose dans laquelle il veut passer de vie à trépas. Je ne connais qu'un moyen irrésistible de l'obliger à se tenir à genoux, ce serait de lui amputer préalablement les deux jambes à la hauteur des rotules.

Ce Calcraft politique qui administrait la France comme on administre le knout à un moujik; ce héros qui en Russie, au temps du tsar Nicolas, eût fait son chemin dans les chiourmes; ce souteneur naturel des gouvernements que l'illustre démocrate Herzen appelle des « empires de correction »; ce « bottinate de gendarmite », comme nous disions au collège, dans la classe de chimie, tenait à ne pas laisser incomplet son essai sur l'art de se faire fusiller en société. Il traitait aussi avec une élégance qu'on ne lui soupçonnait pas la question du « coup de grâce ».

Si l'égorgé remuait encore, il fallait que le sergent présent à l'exécution s'approchât du moribond et lui tirât un coup de chassepot dans l'oreille à une distance de *cinq centimètres*. Au besoin, on s'adjoindrait un arpenteur pour mesurer les centimètres à une ligne près. Comme on voit, l'homme d'Etat disparaissait pour faire place au chirurgien. Ce n'était plus Mac-Mahon, c'était Dupuytren, c'était Ricord. Mais si le règlement exigeait que le coup de grâce fût tiré à cinq centimètres de l'oreille, les fédérés qu'on plaçait, par trois cents à la fois, devant les bouches des canons, et qu'on hachait à coups de mitrailleuses, auraient été tués en dehors de tout principe. Je ne pense pas qu'on ait précisément songé à leur donner le coup de grâce à une distance de cinq centimètres. Il y avait donc là une irrégularité toujours pénible à constater chez un gouvernement aussi régulier que l'ordre moral.

Pendant trois mois, les curieux de Versailles sont allés visiter, dans les écuries de Satory transformées en maison de détention, un enfant de douze ans qui, par la maladresse coupable d'un soldat chargé de lui octroyer le coup de grâce en question, avait survécu à cette extrême-onction. Une moitié de la tête était emportée, mais le pauvre petit, en sa qualité de fils de prolétaire, savait se contenter de peu et il vivait avec l'autre moitié. On l'appelait le fusillé parlant. Bien que, légalement, cet enfant fût mort, on avait cru devoir l'arrêter. Pierre le Cruel fit, dit-on, décapiter un cadavre. Il n'aurait jamais eu l'idée de le condamner à la déportation.

On serait fondé à supposer que le commandant du dépôt éprouvait quelque embarras à montrer aux visiteurs un pauvre être inconscient lâchement égorgé par les charcutiers versaillais. Chose étrange, et qui prouve à quel point le sens moral domine chez certains officiers, il était fier de cet exploit. Il se faisait, avec une complaisance charmante, le Barnum de ce phénomène. Il détaillait, le sourire aux lèvres, les divers circuits tracés par les douze balles du peloton d'exécution et la route suivie par la chevrotine du coup de grâce devenue pour lui un coup de fortune. Ce que ce brave commandant s'est fait payer de petits verres et offrir de dîners en ville, à condition qu'il amènerait avec lui son petit « protégé », est incalculable !

Aussi, quand il fut temps d'instruire l'affaire, la voix de l'estomac l'emporta-t-elle sur les nécessités de la politique, et le fusillé parlant fut rendu à sa famille en vertu d'une ordonnance de non-lieu. La sage réglementation que venait de promulguer le maréchal de Mac-Mahon devait empêcher le retour de pareilles « performances ». Désormais, si les enfants de douze ans avaient résisté à douze balles de chassepot, leurs familles avaient la certitude que le coup de grâce leur briserait complètement la tête au lieu de ne la leur briser qu'en partie.

J'ai cité ces instructions monstrueuses pour mettre à son véritable point la légende de la prétendue magnanimité de Mac-Mahon qui, très jésuitiquement, essaya de déverser sur les fureurs soldatesques de ses Vinoy et de ses Galliffet la responsabilité des massacres. Il avait pu feindre de déplorer l'emportement sanguinaire de ses troupes, qu'il n'avait pas su modérer ; mais ces instructions atroces ne s'étaient point rédigées toutes seules. Elles restaient et resteront donc éternellement à son actif.

Le peintre Courbet, à qui le gouvernement militaire tenait absolument à faire payer le rétablissement de la colonne Vendôme, avait été obligé de s'exiler momentanément en Suisse pour éviter d'être emprisonné de nouveau, cette fois comme créancier de l'État. En effet, le fisc faisait saisir chez tous les marchands les tableaux qu'il passait pour y avoir déposés, et comme le droit des gens était ce qui inquiétait le moins nos soudards, on avait toutes les peines du monde à leur faire comprendre que les Courbet achetés par les particuliers ou les commerçants appartenaient à ceux qui les avaient payés.

Dès que la police apercevait à une vitrine une toile du maître d'Ornans, elle se jetait dessus sans vouloir entendre aucune explication. L'admirable peintre de la *Remise de chevreuils* et de la *Vague*, aujourd'hui au Louvre, s'était donc vu obligé, sous peine de confiscation générale, de transporter ses œuvres à Latour-de-Peilz, près de Vevey, où je le trouvai assis sous les platanes qui entouraient le petit cottage à l'ombre duquel il s'était réfugié.

Mais, d'une défiance toute paysanesque, il s'attendait toujours à ce que Mac-Mahon réclamât, sinon son extradition, au moins celle de ses tableaux, et il les dispersait un peu partout afin d'en sauver le plus possible.

J'avais beau lui répéter qu'ils étaient absolument en sûreté sur le territoire de la Confédération, sa condamnation civile au remboursement de deux cent cinquante mille francs et sa condamnation politique à six mois de prison étant connexes, il n'en aurait pas moins voulu enfouir ses trésors dans les entrailles de la terre. Il répondait d'ailleurs à toute mon argumentation :

— Je ne vous crois pas. D'abord, je vous connais très bien : vous êtes un romantique.

Ce qui dans son esprit positif, troublé par le danger, signifiait que je n'avais aucune intuition de la réalité des choses.

Si j'avais eu tant soit peu l'âme d'un exploiteur, rien ne m'eût été facile comme d'obtenir de lui à très bas prix les plus puissantes de ses œuvres, notamment le *Blessé*, son *Portrait* jeune, qui sont au Louvre, et de magnifiques études prises sur les plages de Trouville ou d'Etretat et qu'il appelait des « paysages de mer ».

Il m'en offrit un, les *Roches noires*, que je gardai longtemps, et dont je finis par faire moi-même cadeau à un artiste de mes amis qui s'était passionné pour ce rutilant morceau de peinture.

Mais, à cette époque, Courbet, de tout temps porté sur la bouteille, passait presque toutes ses journées à noyer ses chagrins. Malheureusement, comme disait un jour Aurélien Scholl, ses chagrins savaient nager et il avait fini par voir la nature à travers l'opale de ses continuels verres d'absinthe. Il prétendait, sans donner d'autres explications à propos de cette hygiène bizarre, qu'un seul verre produisait des effets désastreux sur l'organisme, mais que, si on en absorbait deux de suite, le mal causé par le premier était immédiatement conjuré. Et il me disait pour conclure :

— Faites comme moi. Vous verrez comme vous vous en trouverez bien. Mais vous m'entendez : toujours deux verres !

Les Vaudois, qui sont on ne peut plus cordiaux et hospitaliers, aiment beaucoup la France, étant restés très reconnaissants à Napoléon Ier de ne pas les avoir annexés comme les Genevois, leurs voisins. Courbet était donc invité à aller goûter les meilleurs vins des propriétaires du canton qui aiment à vous recevoir dans leurs caves transformées en salons. Les Vaudois boivent avec un entrain qui ne se ralentit guère et il se vantait de leur tenir tête. Quand il avait ainsi tenu tête à sept ou huit vignerons, on devine où était la sienne.

Il me demanda de poser devant lui et mit au monde

un portrait dans lequel personne n'aurait l'idée de me reconnaître. C'était insane. Bien que je me fusse déjà dénoirci du soleil néo-calédonien, mon portraitiste m'avait fabriqué un teint olivâtre qui me donnait plutôt l'air d'un bijoutier portugais que d'un journaliste parisien.

Nous imaginâmes, ou, à vrai dire, j'imaginai pour lui un excellent système de représailles contre la saisie arbitraire de ses tableaux. Un jeune paysagiste se mit à brosser en trois quarts d'heure des vues du château de Chillon et du Mont-Blanc qu'il signa résolument : « Courbet », et que nous expédiâmes à Paris dans divers magasins qui les prirent en dépôt.

Immédiatement le général artiste Ladmirault, commandant l'état de siège, s'empara de ces dépouilles opimes dont il était incapable de reconnaître la mauvaise qualité et s'encombra de faux Courbet qu'il revendit ensuite pour payer la reconstruction de la colonne et qu'il s'étonna de voir aussi dépréciés.

En constatant que les plus importants d'entre ces échantillons atteignaient un prix maximum de trente francs, il conçut un grand mépris pour ce peintre dont la critique s'était plu à exalter le prétendu talent, et il enveloppa dans le même anathème l'art et le journalisme.

Cependant, pour corser la vengeance, Courbet, au moment de la liquidation qui devait s'opérer à l'Hôtel des Ventes, écrivit sous ma dictée au commissaire-priseur une lettre où il lui interdisait formellement de mettre aux enchères, sous son nom, des peintures qui n'étaient pas de lui, le menaçant d'un procès au cas où il persisterait à offrir, comme son œuvre, ces choses informes.

Le pauvre Ladmirault en resta tellement ahuri

qu'après avoir saisi les faux Courbet il n'osa plus confisquer les vrais.

Cette habile manœuvre sauva les tableaux du peintre, mais ne le sauva pas lui-même. A force de doubles absinthes, il compliqua sa situation mentale d'une hydropisie de l'estomac qui fit de lui un muid ambulant. Il devint indispensable de le dégonfler à l'aide de ponctions par lesquelles la vie s'en alla peu à peu. De ballonnant qu'il était, son ventre devint plat comme une nappe. Courbet, flasque et amaigri à faire peur, finit par s'aliter, et un jour je reçus une dépêche me réclamant sans aucun retard à Vevey.

J'y courus, mais il expirait au moment même où j'entrais dans sa chambre. Taillé en colosse, il ne lui a manqué qu'un peu de sobriété pour vivre cent ans.

Le paysan franc-comtois n'avait jamais été complètement absorbé par l'artiste. Nous trouvâmes dans tous les tiroirs de ses meubles environ quarante mille francs tant en or qu'en billets de banque, dissimulés sous du linge ou disposés en tas dans d'invraisemblables cachettes. Son père, fort comme un chêne malgré ses soixante-dix huit ans, dirigeait ces investigations et poussait des cris de joie à chaque découverte nouvelle.

J'ignore qui me présenta à la famille Fazy, dont le membre le plus important, James Fazy, joua un rôle considérable dans la politique suisse. Il avait pendant quatorze ans gouverné presque despotiquement le canton et transformé totalement Genève. Cet homme qui avait été tout-puissant ne fut plus, une fois tombé du pouvoir, qu'un citoyen un peu plus pauvre que les autres, car s'il avait beaucoup dépensé il ne s'était pas enrichi pendant sa quasi-dictature.

Je fréquentais plus encore son frère aîné, Jean-

Louis Fazy, vieillard de quatre-vingt-quatre ans, propriétaire du château des Délices, assez longtemps habité par Voltaire, qui y avait aménagé un théâtre où il faisait répéter ses pièces.

Je m'y assis sur des banquettes où avait passé toute l'Encyclopédie. Le père des Fazy, alors tout enfant, avait eu également l'étrange fortune de donner pour une nuit à coucher à Bonaparte passant par Genève pour aller prendre possession du commandement de l'armée d'Italie qu'il devait à ses complaisances envers Barras.

Il était alors presque miséreux, sans prestige aucun et à la merci de la première défaite. Jean-Louis Fazy, qui, âgé de dix ans à peu près, dîna à la table de famille avec lui, en avait gardé le souvenir d'un petit homme très maigre, au teint très bistré et très sale d'aspect sous ses cheveux longs et gras.

Il est vrai qu'il avait dû courir la poste sans prendre plus de repos qu'il n'en prit plus tard, et que probablement sa toilette s'en ressentait. Jean-Louis me conta que le général en chef, avant de monter dans la chambre préparée pour lui, prit les deux enfants sur chacun de ses genoux et dit à Mme Fazy mère, en la tutoyant :

— J'espère que tu sauras en faire deux bons républicains.

Les Fazy furent de bons républicains en effet, et, comme tels, eussent été probablement déportés par Napoléon s'ils avaient manifesté trop énergiquement leur amour pour la République.

Mme Olivier Pain, je l'ai déjà mentionné, avait brûlé, par une prudence compréhensible, la correspondance échangée entre Thiers et Ernest Picard au moment du 18 Mars et que Pain avait extraite des cartons du ministère des Affaires étrangères. En revanche, elle avait conservé une pièce à conviction qui eût pu devenir fort dangereuse : le portefeuille de l'ancien ministre impérial Moustiers, qui renfermait les précieuses dépêches.

Bien qu'il fût vide quand Mme Pain nous l'apporta à Genève où elle venait rejoindre son mari, il ne nous en rendit pas moins un signalé et imprévu service. Un des chefs des bataillons de la Commune, de nationalité polonaise, mais dont j'ai oublié le nom, avait eu l'imprudence de quitter Londres pour un voyage à Paris provoqué par une lettre d'une ancienne maîtresse qui lui avait tendu un de ces pièges dans lesquels les hommes donnent toujours.

Cette Dalila des Batignolles n'avait rien eu de plus pressé que de livrer son naïf Samson aux Philistins de l'ordre moral, d'autant plus heureux de le tenir qu'ils l'avaient plusieurs mois auparavant condamné à mort par contumace. Ils n'avaient plus qu'à faire confirmer la sentence par un conseil de guerre et à appliquer à ce jocrisse de l'amour la nouvelle circulaire de Mac-Mahon relative aux exécutés de Satory.

Nous étions tous fort inquiets sur le sort de cette victime et comme nous discutions les moyens de la sauver, l'image du portefeuille de M. de Moustiers s'imposa tout à coup à mon esprit. Sans désemparer, j'adressai à Dufaure cette lettre qui constituait un chantage caractérisé, pour lequel la prescription est heureusement acquise :

Monsieur le ministre,

Un proscrit de la Commune vient de tomber dans un traquenard et, arrêté à Paris à son débarquement de

Londres, va passer bientôt devant un tribunal militaire. Voici ce que je me permets de vous apprendre :

J'ai en ma possession des lettres écrites par M. Ernest Picard à M. Thiers et d'autres écrites par M. Thiers à M. Picard. Elles révèlent tous les dessous de la révolution du 18 Mars et sont excessivement compromettantes pour le gouvernement de Versailles, dont vous-même faisiez alors partie.

Si le prisonnier, dont la comparution devant le conseil de guerre est prochaine, ne bénéficie pas soit d'un acquittement, soit tout au moins d'une simple condamnation au bannissement qui lui permette de retourner en Angleterre, d'où il vient, je n'hésiterai pas à publier les documents auxquels je fais allusion et qui, j'ai l'honneur de vous en prévenir, causeront un scandale énorme.

Si au contraire vous obtenez des juges que notre cama--ade nous revienne sain et sauf, je m'engage formellement à détruire toutes les lettres et télégrammes ayant trait au 18 Mars, sans en garder ni copies ni photographies.

Ces pièces, dont mieux que personne vous comprenez l'importance, ont été soustraites pendant la Commune au ministère des Affaires étrangères et serrées dans le portefeuille de M. de Moustiers. Afin donc que vous ne supposiez pas qu'il s'agisse d'une vaine menace, je vous adresse sous pli cacheté ce portefeuille après en avoir retiré le contenu. Vous aurez ainsi la certitude que mes renseignements sont aussi exacts que ma proposition est sérieuse.

Signé : Un réfugié.

Nous enveloppâmes la moleskine ministérielle dans une couverture à cinq cachets et, après l'avoir dûment chargée et recommandée à la poste de Genève, nous attendîmes le résultat de notre combinaison.

Il fut complet. L'accusé eut dix ans de bannissement et repartit le soir même pour Londres. Les papiers ne furent pas publiés, puisqu'ils étaient depuis longtemps en cendres, et Dufaure a sans doute rendu plus d'une fois hommage à la loyauté que les communards apportaient dans l'observation de leurs engagements.

J'eus à sauver un autre proscrit qui, cette fois, était une proscrite. En rentrant un soir chez moi, boulevard de Plainpalais, je trouvai sur ma table ce mystérieux télégramme, daté de Berlin :

« Ne quittez pas Genève et attendez lettre. »

Ce n'était pas signé, mais c'était trop impérieux pour ne pas donner à réfléchir. Le lendemain, je reçus un long mémoire m'exposant la situation de la jeune nihiliste Vera Zassoulich, qui venait de tirer, à Pétersbourg, deux coups de revolver sur le général Trépoff, chef de la police russe, lequel avait la réputation d'appliquer aux révolutionnaires détenus les traitements usités en Nouvelle-Calédonie à l'égard des forçats de la Commune.

Un jeune étudiant prisonnier, Bogolioubofi, avait, sur l'ordre de ce Trépoff, été frappé de verges dans des conditions horribles, pour avoir trop sommairement salué, lors d'une visite de ce tortionnaire à la prison de Pierre-et-Paul.

Le récit de cette exécution avait exalté jusqu'au délire l'intrépide Vera Zassoulich qui, elle-même, sortait d'une cellule où elle était restée deux ans au pain et à l'eau, sans que personne ne l'eût informée du crime ou de l'acte quelconque relevé contre elle.

Les deux années écoulées, on l'avait jetée dehors comme on l'avait jetée dedans, sans explications ni excuses. Elle s'était donc solidarisée avec le fustigé Bogolioubofi, qu'elle ne connaissait que de nom, et s'était chargée de sa vengeance qu'il était hors d'état d'exercer lui-même.

En Russie, comme autrefois chez les Orientaux, les hauts dignitaires reçoivent en audiences publiques les solliciteurs. Vera Zassoulich avait demandé, comme Charlotte Corday à Marat, à remettre une supplique à Trépoff et avait profité du moment où le chef de police la parcourait pour lui envoyer deux balles dont l'une le blessa grièvement au ventre.

Elle s'attendait à être pendue après un simulacre de jugement, m'a-t-elle raconté, et s'en inquiétait peu. La question importante pour elle était de mettre l'opinion publique au courant du mystère des geôles moscovites. Aux assises, devant une foule pourtant composée presque exclusivement de fonctionnaires et un jury trié, elle narra avec tant de feu et d'éloquence les supplices qu'elle avait subis ou auxquels elle avait assisté; elle imprima inconsciemment un tel relief à la peinture des nombreux calvaires qu'elle et tant d'autres de ses amis politiques avaient parcourus que toute la salle fondit en larmes.

La hideuse figure du knouteur Trépoff plaida encore en faveur de l'héroïne qui, portée par l'enthousiasme général, fut acquittée presque sans délibération.

Mais Alexandre II, en sa qualité d'autocrate, avait tous les droits, y compris celui d'annuler le verdict du jury, ce à quoi il ne manqua pas. Aussi, prévoyant ce dénouement, les applaudisseurs de Vera se hâtèrent-ils de l'enlever aussitôt après le prononcé de la sentence et de la calfeutrer dans une voiture qui l'emporta vers une maison sûre où elle attendrait les événements sous la garde de défenseurs dévoués jusqu'à la mort.

La police organisa à sa recherche d'inutiles battues dans la ville, et ses protecteurs profitèrent d'un train de nuit pour l'embarquer à destination de l'Allemagne dans un compartiment de *quatrième* classe où elle s'assit au milieu de paysans, vêtue elle-même en paysanne.

La légende s'étant tout de suite emparée de cette extraordinaire aventure, le bruit courut que celui qui lui avait donné asile n'était autre que le grand-duc Nicolas, frère d'Alexandre II, auquel, suivant la tradition ordinaire des branches cadettes, il passait pour faire une sourde opposition.

La rumeur allait jusqu'à prétendre qu'il avait affublé Vera d'une perruque rousse et l'avait placée dans les premières classes sous un costume de barine. Cette fable fut si bien acceptée que toutes les fouilles policières portèrent sur les voyageuses les plus confortablement installées.

Cependant, à proximité de la frontière russe, elle faillit perdre le fruit de tant de manœuvres et d'efforts. Elle se sentait mourir de faim et était descendue à une station pour s'acheter un morceau de pain lorsque, par suite d'un mouvement du train, il lui devint impossible de retrouver son compartiment. La locomotive sifflait. Elle fut obligée de s'adresser à un employé qui la rudoya en lui disant : « Tant pis pour vous ! nous partons. Vous prendrez le train suivant ».

Elle se précipita alors dans un wagon quelconque et arriva à Berlin sans plus d'encombre.

C'est de là que ses accompagnateurs m'avaient adressé leur dépêche, car une demande d'extradition avait été lancée contre elle et nul doute que, tout acquittée qu'eût été Vera, le vieux Guillaume ne l'eût rendue à la Russie.

On me demandait, dans la lettre qui me parvint à Genève, si je pouvais y garantir la sécurité de la fugitive et si je me chargeais d'elle. Je répondis simplement ce mot que je télégraphiai à l'adresse convenue :

« Venez ! »

Résolu que j'étais à la prendre chez moi et à l'y garder tout le temps nécessaire, le domicile en Suisse étant inviolable. Cependant, avant de rien brusquer, je me décidai à mettre dans la confidence le député du canton chargé du département de l'Intérieur, M. Héridier, sur la loyauté duquel je savais pouvoir compter.

J'allai le trouver vers les neuf heures du soir à sa petite maison. Nous descendîmes au jardin et je lui révélai le secret.

— Maintenant, ajoutai-je, si le consul de Russie à Genève exige l'extradition, que répondrez-vous ?

— Je répondrai que nous n'avons sur le registre des déclarations de séjour aucune personne étrangère portant le nom de Vera Zassoulich, me dit Héridier. Aussi, dès son arrivée, priez votre protégée de changer d'état civil.

Vera débarqua à Genève le lendemain, et je fus tout surpris d'être mis en présence d'une petite jeune fille aux cheveux noirs nattés et lui tombant dans le dos. Elle avait déjà vingt-cinq ans, m'affirma-t-elle. C'est à peine si elle en paraissait dix-huit.

On pouvait ne pas trouver précisément harmonieux son visage un peu kalmouck, mais sa voix et son regard étaient si doux, sa tenue si modeste et si peu énergumène, qu'elle m'intéressa vivement. J'y devinai tout de suite la méditative qui, au lieu de se répandre en criailleries révolutionnaires, débat silencieusement ses résolutions entre elle et sa conscience.

Nous allâmes ensemble l'installer dans une chambre où elle se fit inscrire sous le nom de Mme Stoudeneski, c'est-à-dire : étudiante. Malgré mes questions réitérées, elle resta très sobre de détails sur ce qu'elle appelait elle-même son « crime », et je ne pouvais m'empêcher de rire quand elle me répondait du ton le plus naturel :

— Quand je me décidai à commettre mon crime...

Les refugiés russes se tenaient dans une telle défensive vis-à-vis des dénonciations possibles qu'ils cachaient à leurs meilleurs amis et leurs adresses et les endroits où ils se réunissaient. Même à moi qui venais de leur rendre un signalé service, ils serraient tout à coup la main en me disant au revoir, et disparaissaient par des rues obscures en se retournant pour s'assurer qu'on ne les suivait pas.

C'était dans leur vie de perpétuel cache-cache qu'ils avaient contracté ces habitudes de défiance. Vera Zassoulich n'avait donc rien à redouter de leur indiscrétion et, de peur d'attirer sur elle l'attention des agents du consulat russe, je m'abstins personnellement de lui rendre aucune visite.

Peu s'en fallut cependant que tant de précautions restassent non avenues. Le lendemain même du débarquement de Vera Zassoulich, notre ami Razoua mourut subitement d'une congestion cérébrale et nous emmenâmes la jeune socialiste russe à l'enterrement du socialiste français. Mais un rédacteur du *Petit Lyonnais* étant venu à Genève pour rendre compte des obsèques du vieux soldat de la Commune, nous lui présentâmes la nouvelle arrivée, dont l'évasion suggestive occupait en ce moment l'opinion européenne.

Malgré toutes ses promesses de discrétion absolue, cet enragé reporter, à peine rentré à Lyon, s'empressa de solliciter les bonnes grâces de son directeur politique en racontant avec toutes sortes d'enjolivures, et sa présentation à la célèbre nihiliste et les incidents du repas que nous avions pris ensemble avant de nous mêler au cortège.

Cette révélation nous atterra d'autant plus que le consul de Russie s'en émut au point de formuler une demande d'explications auprès du gouvernement genevois. Alors, tout de suite, je me sacrifiai. Je rédigeai moi-même une note pour les journaux les plus hostiles, et qui était ainsi conçue :

Ce pauvre Rochefort est décidément le roi des jobards ! Tout Genève se gaudit d'une aventure dont il vient d'être la ridicule victime. Une intrigante, venue on ne sait d'où, s'est fait présenter à lui comme étant la fameuse Vera Zassoulich, récemment acquittée, mais recherchée de nouveau par la police du tsar pour avoir tiré deux coups de revolver sur le général Trépoff.

Rochefort et ses amis firent à cette pseudo-héroïne un accueil enthousiaste. On l'hébergea, on lui offrit des dîners, on organisa des souscriptions que la prétendue justicière empocha sans le moindre scrupule. Puis, quand l'audacieuse escroquerie fut près de se découvrir, la donzelle disparut sans laisser son adresse et en emportant le magot.

Quant à la véritable Vera Zassoulich, nous apprenons qu'elle vient d'être arrêtée au moment où elle allait passer en Allemagne. Elle est actuellement internée dans une forteresse située sur la frontière russe, en attendant qu'elle soit ramenée à Saint-Pétersbourg, où on instruira de nouveau son procès.

Alas! alas! poor Rochefort!

Les feuilles mac-mahonniennes s'amusèrent beaucoup de ce quiproquo qui les défraya huit jours à mes dépens. Seulement, Vera put continuer à résider à Genève, le péril de l'extradition étant conjuré.

CHAPITRE XXIII

Nobiling. — La Constitution de 1875. — Au Grand-Théatre de Marseille. — Une conspiration. — Gambetta. — Le Mac-Mahonat. — Les « Droits de l'Homme ». — Le mot Opportuniste. — Le cardinal Guibert. — Résistance a la loi sur la presse.

Mais il était dans ma destinée de ne jamais vivre tranquille. J'avais passé trois jours auparavant à côté d'un danger qu'il m'eût été impossible d'éviter puisque je ne le soupçonnais pas, et qui me mit à deux doigts de la plus terrible des catastrophes.

L'histoire paraîtra invraisemblable. Elle est rigoureusement vraie. La voici :

En cette année 1878, je faillis être décapité. Non pas par le couperet de la guillotine, mais bien par la hache comme de Thou, comme Cinq-Mars et aussi comme Charles Ier, ce qui, tout en étant extrêmement désagréable, eût été cependant plus flatteur que d'être exécuté comme Avinain.

Je me rendais assez souvent à Vevey où j'avais vu mourir le peintre Courbet et où je comptais des amis. Un jour, j'entrai chez un proscrit russe qui habitait un petit cottage sur le bord du lac et dans le jardin duquel je vis, sans y faire autrement attention, un jeune homme qui s'exerçait à la carabine contre le mur du fond.

Je dis bonjour au maître de la maison et je sortis pour reprendre mon chemin, tandis que l'inconnu continuait son tir.

A un mois de là, pour des motifs d'ordre essentiellement intime, je quittai momentanément Genève, en société de mon compagnon d'évasion, Olivier Pain, qui venait de nous arriver dans un état lamentable des prisons de Russie, où on l'avait jeté à la suite du siège de Plewna, ayant été fait prisonnier avec Osman-Pacha qu'il n'avait pas voulu quitter au moment de l'investissement de la ville.

Olivier m'avait trouvé en train de me débattre au milieu des embarras d'une de ces situations ridicules dans lesquelles on se fourre quelquefois quand on n'a pas encore les cheveux blancs — et aussi quand on les a.

Il me dit : « Je vous emmène ». Et nous prîmes le train jusqu'à Bâle. Puis nous traversâmes Mulhouse et Strasbourg et, afin de dépister les plus perspicaces, nous nous installâmes mystérieusement à Luxembourg, dans une petite auberge à proximité de la gare, chez une brave femme chez qui nous nous fîmes inscrire sous des noms de fantaisie.

Luxembourg, où tout le monde parle français et où les enseignes des boutiques sont rédigées dans notre langue, est une ville très amusante à parcourir. Les habitants y sont d'une simplicité patriarcale, ont horreur de la Prusse et aiment beaucoup la France qui ne les a jamais menacés. Notre aubergiste, dont nous étions à ce moment les seuls clients, nous confectionnait d'excellents plats de famille pour des prix que j'aurais dû saluer comme ce budget d'un milliard dont parlait M. Thiers, car je ne les ai jamais revus depuis.

Tout allait donc on ne peut mieux et je croyais mon incognito hermétiquement gardé, quand nous nous croisâmes un jour dans la rue avec un voyageur de commerce en compagnie duquel nous avions, Olivier Pain et moi, dîné à Genève chez un condamné de la Commune.

Très surpris de nous trouver à Luxembourg, il nous demanda si nous logions à l'hôtel de France ou à l'hôtel de Hollande, et son étonnement redoubla quand, sur sa gênante insistance, nous fûmes obligés de lui avouer que nous habitions dans une auberge de sixième ordre.

— Non, objecta-t-il, vous ne pouvez pas rester là, monsieur Rochefort; déménagez vite. Je vais vous conduire à l'hôtel de France, c'est le meilleur de la ville...

Bien que ni dans ma toilette ni dans mes allures je n'aie jamais rien eu de particulièrement fastueux, je ne sais pourquoi tout le monde me croit riche. Je me rappelle Mme Baud, la grande marchande de curiosités de Lausanne, qui possédait alors au moins deux millions, me disant d'un air modeste :

— Ah ! je donnerais bien toute ma fortune pour le quart de la vôtre.

Or, à ce moment, proscrit, sans journal assez audacieux pour accueillir ma prose, je me trouvais littéralement sans un sou, au point qu'Olivier Pain et moi nous cherchions — souvent en vain — quels objets nous restaient encore à envoyer au mont-de-piété.

IV

Aussi ma persistance à rester dans ce bouchon plongea-t-elle notre ami le voyageur de commerce dans une stupéfaction qui redoubla lorsque, étant allé nous demander par nos noms à notre logeuse, elle lui répondit que les deux pensionnaires qu'elle nourrissait ne s'appelaient ni Olivier Pain ni Rochefort.

— Pourquoi n'avez-vous pas donné vos véritables noms ? interrogea-t-il à la première rencontre.

Et comme il repartait pour Genève nous eûmes une peur atroce qu'il ne livrât à notre entourage habituel le secret de notre retraite. Nous prîmes donc la résolution de déguerpir et d'aller nous réinstaller, sans en faire part à personne, dans quelque village de la Suisse.

Mais, c'est ici que se développe le côté fabuleux de notre aventure. A peine étions-nous dans le train qui allait nous faire traverser l'Alsace-Lorraine, qu'un monsieur effaré sauta dans notre compartiment et nous jeta d'une voix étranglée cette nouvelle :

— Savez-vous ce qui arrive, messieurs? L'empereur Guillaume vient d'être assassiné.

Nous nous exclamâmes, Pain et moi, sans nous douter encore à quel point cette catastrophe nous touchait de près. Notre compagnon, un Alsacien qui nous parut on ne peut plus rallié, nous étala, en les traduisant, une foule de journaux allemands racontant en dépêches successives comment l'assassin avait tiré de la fenêtre d'une maison de l'avenue des Tilleuls ; comment le vieux monarque avait reçu sept ou huit chevrotines ; les derniers télégrammes annonçant que le crime avait été conçu et exécuté par les socialistes ; qu'on avait la certitude que l'assassin, nommé Nobiling, était allé récemment en Suisse où il s'était entendu avec les principaux réfugiés de la Commune, et *notamment avec Rochefort.*

Dans le calme imprudent d'une conscience trop pure, je ris beaucoup de me voir soupçonné de complicité, même simplement morale, à propos d'un coup de fusil dont je ne connaissais pas le premier grain de poudre. Mais quelle ne fut pas ma désorientation en apprenant, à ma rentrée en Suisse, que le personnage muet avec lequel je m'étais croisé dans le jardin de Vevey n'était autre que le régicide ! Tout le panorama de l'acte d'accusation qui allait peut-être se dresser contre Olivier Pain et moi se déroula alors devant mes yeux.

A cette époque de réaction, la qualité de communard avait la plus complète synonymie avec celle d'égorgeur, d'incendiaire et de pillard. Nous étions tous deux, en outre, des déportés évadés dans des conditions plus ou moins diaboliques. Si l'extradition était demandée et accordée, j'aurais beau invoquer toutes mes paroles d'honneur et celles de mes amis que ma rencontre avec Nobiling avait été toute fortuite et que nous ne nous étions pas adressé la parole, on ne se donnerait même pas la peine de me rire au nez, tant cette protestation paraîtrait invraisemblable.

D'ailleurs, ce départ subit dont il m'eût été à peu près impossible de donner les motifs, le soin de me diriger vers l'Allemagne quand il m'eût été tout aussi facile de me cacher en Italie ; cette auberge de bas étage où nous nous étions tapis ; cette précaution de nous inscrire sous de faux noms ; cet embarras marqué quand nous avions été abordés par le jeune voyageur de commerce dans les rues de Luxembourg ; enfin, cette hâte à regagner la Suisse dès que nous nous étions vus reconnus et dépistés,

Il n'en fallait pas tant pour établir victorieusement que nous étions les complices, peut-être les instigateurs d'un crime qui servait si bien nos passions révolutionnaires, patriotiques, si l'on veut.

Nous avions audacieusement passé par l'Alsace-Lorraine afin d'être immédiatement au courant des nouvelles et prêts à profiter du bouleversement causé par la disparition du vieil empereur.

Nobiling n'aurait même pas été en état de nous aider de son témoignage puisque, son coup de carabine tiré, il s'était logé deux balles dans la tête et se mourait sans pouvoir prononcer une parole.

Et par un hasard qu'il serait excessif de qualifier de providentiel, cette situation déjà terrible s'était encore aggravée par le télégramme que j'ai cité plus haut. Il concernait Véra Zassoulich, mais il m'était adressé d'Allemagne sans signature. Il est donc facile de prévoir les conséquences que la magistrature de Berlin — où pourtant il y a, dit-on, des juges — n'aurait pas manqué d'en tirer.

L'affaire Nobiling, éclatant après l'attentat d'Hœdel, mettait le comble aux fureurs de Bismarck et de Guillaume contre le parti socialiste. Découverte, Véra Zassoulich eût été incontinent rendue par l'Allemagne à la Russie et, selon toute probabilité, pendue à bref délai.

Supposez maintenant que ces télégrammes pleins de sous-entendus eussent été saisis en route par la police allemande, que le coup tenté par Nobiling avait mise tout entière sur pied, je n'aurais même pas été capable d'en donner l'explication, et ils eussent, venant de Berlin, constitué une nouvelle présomption non moins accablante que les autres.

Heureusement, après quelques essais de terrorisation sur la Suisse et dont il serait facile de retrouver les traces dans le *Journal de Genève*, où on discuta assez longtemps sur la question de savoir si mes agissements m'exposaient à l'expulsion du territoire helvétique, l'Allemagne se calma. Mais elle ne renonça à me poursuivre que parce qu'elle ignora toujours et ma rencontre d'une minute avec Nobiling et mon voyage à travers l'Alsace et le soin que j'avais mis à garder le plus strict incognito.

Un mot en l'air, la moindre indiscrétion, la constatation de ma présence à Vevey et de mon départ de Genève, j'étais certainement pris, jugé et condamné sans merci.

Voilà mon aventure. Elle prouve que, si la plupart des scénarios de drames contemporains roulent sur des erreurs judiciaires, la matière, bien que retournée dans tous les sens, n'est pas encore épuisée, puisqu'il s'en est fallu de peu que je ne prisse moi-même une place importante dans la collection des « infortunés Calas ».

Mon compte eût donc été bon et d'autant meilleur que le gouvernement de Paris représentait volontiers les communards comme des assassins d'abord, ensuite comme des filous. Des circulaires adressées aux puissances européennes avaient signalé les réfugiés comme des malfaiteurs qui, pendant toute la durée de la lutte, avaient pratiqué le vol sous toutes ses formes.

La politique, affirmait-on, n'ayant été pour rien dans le mouvement du 18 Mars, on adjurait nos voisins de ne pas laisser plus longtemps ces Cartouches vulgaires vivre du fruit de leurs rapines, et de les rendre sans hésiter aux tribunaux français, afin que tant de détournements ne restassent pas plus longtemps impunis.

Les puissances examinèrent à la loupe le cas de ces

réfugiés, et tout leur désir d'être agréables au gouvernement de Versailles n'avait pu leur faire découvrir l'endroit où ces hardis voleurs avaient caché leurs trésors. Mariant l'hypocrisie au crime, plusieurs d'entre eux avaient imaginé de prendre un état manuel pour mieux éloigner les soupçons. Les uns affectèrent de se livrer à la cordonnerie, d'autres se firent doreurs sur métaux. J'en connais un qui poussa la sournoiserie jusqu'à se laisser mourir de faim à côté des lingots d'or qu'il avait emportés de Paris.

L'inutilité de leurs recherches une fois constatée, les puissances avaient dû répondre par une série de refus aux demandes d'extradition qui les assaillaient. Un seul proscrit, nommé Tabaraud, aujourd'hui l'un des principaux rédacteurs du *Petit Parisien*, étalait avec tant de cynisme son luxe asiatique dans les rues de Bruxelles, il avait acheté tant d'immeubles avec les sommes par lui soustraites dans les caisses du Palais de Justice où il était délégué; il nourrissait tant de chevaux dans ses écuries et se promenait dans des calèches à tant de ressorts, que, devant les preuves accablantes relevées à sa charge par la police française, la Belgique se décida à le restituer.

Ce pirate passa en cour d'assises sous la prévention de vol qualifié, et, après une délibération de trois secondes et quart, il fut acquitté à l'unanimité, y compris la voix du ministère public qui avait abandonné l'accusation, ce qui obligea l'infortuné Mac-Mahon à rendre à la Belgique ce réfugié que la Belgique avait rendu à la France.

Depuis bientôt quatre ans, on accumulait sur les sycophantes de la proscription des pyramides d'invectives. Enfin, on en tenait un, on allait lui arracher le secret de ses crimes. Les révélations allaient pleuvoir; la table du tribunal ne pouvait manquer de se surcharger de pièces à conviction. L'accusé avait eu à peine le temps d'entrer qu'il sortait blanc comme neige.

Nous aurions pu **remercier le** ministère belge de la vilaine action qu'il avait commise en livrant ainsi un homme politique à ses bourreaux naturels. Cet acquittement rétablissait les faits plus clairement que toutes les polémiques de ces dernières années. Il était constaté ainsi que non seulement les hommes du 18 Mars n'étaient pas des pillards et des escrocs, ce qui est bien quelque chose, mais que les serviteurs de l'ordre septennal étaient des calomniateurs et des drôles, ce qui était presque aussi flatteur pour la République.

L'acquittement de notre honorable confrère Tabaraud n'empêcha pas un pauvre vieil imbécile d'évêque, nommé par le *Paris-Journal* « Monseigneur de Ségur », de m'accuser, dans une brochure estampillée par le ministère, d'avoir réquisitionné pendant la Commune SIX CENT MILLE FRANCS à la Banque de France.

Mais nous n'avions qu'à prendre notre parti de ces insanités épiscopales. Quand un de nous éprouvait quelque difficulté à acquitter son terme, on disait :

— Ces gens-là ne savent même pas faire honneur à leurs engagements.

Et quand, à force de travail et de privations, mes malheureux coproscrits étaient arrivés à payer leur loyer, on s'écriait :

— Ce n'est pas étonnant, ils ont tant volé !

Cependant il fallait bien admettre que nos vols ne nous avaient pas précisément enrichis, car, Olivier Pain et moi, nous étions souvent réduits à une portion à peine congrue. La *Lanterne* coûtait en frais d'impression et de remise aux abonnés de Paris autant et même plus qu'elle ne rapportait. Que de fois nous nous sommes réveillés au milieu de nos enfants sans la certitude de l'indispensable déjeuner ! Mme Pain a fait à diverses reprises le trajet de sa maison au mont-de-piété. Mais cet état précaire était semé de roses si on le comparait à celui auquel nous venions d'échapper.

Cette gêne d'ailleurs ne pouvait être que momentanée. De plusieurs côtés, je recevais des demandes de collaboration auxquelles il m'était difficile de répondre puisque la loi ne me permettait pas d'apposer ma signature au bas d'un article politique quelconque. Et comme les soudards ne connaissent que la loi du sabre, ils avaient interprété arbitrairement la jurisprudence relative à la presse en m'interdisant de signer fût-ce un roman d'amour ou le compte rendu d'une exposition de peinture.

C'était le brutal Ladmirault qui avait perpétré cette falsification du Code. Et le commandant de l'état de siège était allé plus loin : il prétendait poursuivre jusqu'aux articles que, dans sa remarquable perspicacité, il supposait être de moi, bien qu'étant signés d'un autre ou même pas signés du tout.

Cette insondable cruche traduisit ainsi en police correctionnelle et fit condamner un journal dont on m'attribua un premier-Paris auquel, de la première à la dernière ligne, j'étais absolument étranger.

Mac-Mahon et Ladmirault trouvaient naturellement, pour ces honteuses besognes, tous les juges dont ils avaient besoin. Il suffisait ainsi de m'attribuer tous les articles désagréables pour réduire au silence les feuilles qui les avaient insérés. Comme toujours, le jésuitisme, dans ces combinaisons soldatesques, se mariait à la violence.

Je m'étais lié, presque dès mon arrivée à Genève,

avec la fille d'un pasteur appartenant à une secte qu'elle n'est jamais parvenue à me définir clairement. Elle voyait assez souvent Mme de Staël, bru de l'auteur de *Corinne*, ayant épousé M. de Staël fils. La fille du pasteur me pria quelquefois de l'accompagner au château de Coppet où nous recevait la châtelaine, alors octogénaire, qui avait pour propres neveux l'abbé de Broglie et son frère le ministre, auquel je devais à la fois ma déportation et mon évasion, puisque sans l'une je n'aurais pu arriver à réussir l'autre.

Ce domaine de Coppet, qui n'empêchait pas la célèbre exilée de regretter son ruisseau de la rue du Bac, fourmillait de souvenirs se rattachant soit à la Révolution, soit à l'Empire. J'y remarquai un buste superbe de Necker, œuvre de Houdon, et qui, je crois, a été offert plus tard au musée de Genève.

J'y remarquai aussi une très curieuse lithographie représentant Louis-Philippe entouré de jeunes élèves auxquels il donne une leçon de géographie.

Bien qu'elle eût dans son salon les portraits de ses neveux, l'abbé et l'ancien ministre, Mme de Staël laissa échapper devant moi des paroles peu tendres à leur adresse. Elle recevait avec une répugnance à peine dissimulée les visites de mon déportateur qui lui rendait ses devoirs surtout en qualité d'héritier.

Protestante rigide et même fanatique, elle professait une antipathie instinctive pour tout catholique et principalement pour celui-là. Aussi ne se contentait-elle pas d'accueillir froidement ce papiste, elle le sevra d'héritage et laissa sa fortune à Mme d'Haussonville, sa nièce, calviniste comme elle l'était elle-même.

Un hasard faillit me mettre nez à nez avec le duc de Broglie qui entrait au château presque au moment où j'en sortais. Rien n'eût été amusant comme cette rencontre entre le proscrit et le proscripteur. Le capitaine du bateau qui longeait la côte suisse, et où je montai pour revenir à Genève, m'apprit qu'il avait, deux heures auparavant, conduit à Coppet le neveu de Mme de Staël, et parut regretter beaucoup que je ne me fusse pas trouvé sur le pont de son petit vapeur en même temps que l'ancien ministre.

— Ah! nous vous aurions bien laissé le flanquer par-dessus bord, me dit-il. Personne ici ne peut le souffrir, tant il est hautain et désagréable.

Je n'aurais eu aucune envie de le flanquer par-dessus bord, mais je l'aurais renseigné sur les dispositions testamentaires de sa tante à son égard, et cette communication lui eût été probablement beaucoup plus sensible qu'un bain même forcé dans le lac Léman.

Le 25 février 1875, la République avait été adoptée à une voix de majorité — celle de Wolowski, disait Mac-Mahon qui, ayant vu ce nom imprimé le dernier à l'*Officiel*, sur la liste des votants, passait pour s'être écrié :

— Je le disais bien qu'il fallait se défier des Polonais!

La Constitution Wallon instituait le Sénat que Gambetta appela euphoniquement et emphatiquement : le *Grand Conseil des Communes*. C'était le grand conseil des orléanistes élus par le suffrage restreint et qui depuis plus de vingt ans barre la route au suffrage universel.

Cette adhésion solennelle du tribun à la création d'une institution qui ne pouvait que devenir la citadelle de la réaction porta à sa popularité le premier coup qu'elle eût reçu. On pouvait à la rigueur, sans démériter de la démocratie, accepter le Sénat Wallon, de peur de voir la forme républicaine elle-même remise en question. Mais le porter comme une cocarde et le présenter comme une victoire de la République était aller un peu loin sur la route des concessions.

De toutes les choses bouffonnes, un Sénat étant la plus sérieuse, aurait dit Beaumarchais, j'aurais peut-être été très embarrassé si, étant encore député, j'avais eu à me prononcer sur celui de M. Wallon.

Je me serais évertué à chercher dans quel but le centre droit avait repoussé l'élection dudit Sénat par le suffrage universel, pour y substituer l'élection par les conseils municipaux, dont les sept huitièmes sont composés de paysans qui représentent la partie la moins éclairée de la population.

Le suffrage se trouvait ainsi, quoique restreint, infiniment moins intelligent que s'il était universel. C'était le retour de tous les anciens bonapartistes dans les assemblées délibérantes. Je le disais quasi prophétiquement dans le n° 35 de ma nouvelle *Lanterne*, à la date du 25 février 1875 :

Le premier travail des républicains qui viennent de voter le Sénat sera de combattre à outrance ceux qui en font partie.

Cependant, ajoutais-je, j'aurais peut-être, moi aussi, voté pour ce Sénat impayé et impayable, pour cette Chambre haute nommée par Villeneuve-les-Bestiaux et Trifouilly-les-Nèfles ; pour cette Assemblée qui, après l'empereur rural, après l'Assemblée rurale, sera pour la postérité le Sénat rural !

Je voterais, comme un amateur achète chez quelque bric-à-brac un lot de tableaux atroces, à seule fin d'en avoir un qui lui plaît dans le tas, et qu'on ne lui céderait pas sans les autres. Ce n'est certainement pas pour les lois constitutionnelles qu'on les accepte, c'est pour le mot République qui s'y trouve écrit. Mais, tout en déposant mon bulletin dans l'urne, je ne pourrais m'empêcher de me faire observer à moi-même à quel point il est dur de n'avoir d'autre ressource, pour empêcher le retour de l'Empire, que d'instituer un Sénat bonapartiste.

On conviendra que je ne me trompais guère et que les événements ont singulièrement corroboré mes pronostics.

Comme le *Naufrage de la Méduse* de Géricault avait été, sous la Restauration, refusé au Salon, le commandant du navire dont l'impéritie avait causé la catastrophe étant un ancien émigré, le tableau du peintre Pichio, le *Triomphe de l'ordre*, avait été renvoyé à son auteur, comme trop susceptible d'exciter les passions. On y voit en effet le massacre des derniers fédérés luttant au Père-Lachaise et dans le fond des exécutions sommaires de prisonniers des deux sexes.

Cette modestie, de la part de Mac-Mahon ainsi gêné par cette consécration publique de ses exploits, avait provoqué d'assez vives polémiques, malgré l'état de siège qui sévissait toujours. J'apportai dans le concert cette note que tous les Ladmirault des conseils de guerre ne pouvaient m'empêcher de donner, puisque j'étais hors de leurs pattes :

Notre maréchal ne doit son grade de président de la République qu'à l'énergie avec laquelle il a fait triompher l'ordre. On chante depuis quatre ans sa victoire sur tous les diapasons. On l'affiche sur les murs de toutes les communes de France, et le premier tableau qui la reproduit, on le supprime. Il y a là une contradiction qui frappera les moins clairvoyants.

Je ne connais pas l'œuvre de M. Pichio, mais il est probable qu'il se sera trompé sur les procédés employés par le maréchal pour arriver à ce fameux triomphe dont on a tant parlé. Le peintre aura représenté, par exemple, des enfants que des soldats pleins d'eau-de-vie précipitent du cinquième sur le pavé, ou des femmes attachées devant une mitrailleuse braquée sur elles et près de faire feu. Tout le monde sait, au contraire, que le maréchal de Sedan a vaincu l'insurrection de Paris uniquement par la persuasion. Quand il apercevait un bataillon de gardes nationaux, il allait à eux et essayait de leur faire comprendre tout ce qu'il y avait d'indélicat à se révolter contre une Assemblée dont les deux tiers à peine voulaient rétablir la monarchie.

Les gardes nationaux criaient : « Vive Mac-Mahon ! » déposaient les armes, et on allait ensuite prendre un petit verre au café en face. Quelques canons chargés depuis longtemps et destinés à foudroyer les Prussiens sont en effet partis, comme celui du Palais-Royal en été, par l'effet de la chaleur, et ont fait un certain nombre de victimes ; mais l'armée de Versailles n'est pour rien dans ces homicides par imprudence. Cependant, les obus qui avaient éclaté par l'action du soleil de mai ayant mis le feu à plusieurs maisons, il a bien fallu en loger ailleurs les habitants, et on les a envoyés sur des vaisseaux appelés pontons, où ils sont restés jusqu'à ce que leurs maisons fussent rebâties.

Alors, comme certains de ces locataires s'étaient fait remarquer par leur bonne conduite, on leur a demandé s'ils ne seraient pas heureux d'obtenir une concession de terrain dans un ravissant pays où ils deviendraient instantanément propriétaires. Vous pensez si ces braves gens ont accepté avec enthousiasme ! On les a donc immédiatement fait passer sur de grands navires qui les ont conduits dans leurs nouveaux domaines, situés à une très petite distance, six mille cinq cents lieues tout au plus, et où ils sont tous en train de faire fortune.

Tel a été le triomphe de l'ordre. Le directeur des beaux-arts a bien écrit à M. Pichio que l'exposition de son tableau, qui rappelait nos dernières discordes, pouvait « exciter les passions ». Mais c'est là une formule banale. En effet, les journaux mac-mahoniens ne cessent d'exciter les passions en qualifiant les gardes nationaux parisiens de voleurs, d'assassins et d'incendiaires (voir quelques pages plus haut les extraits du livre de M. Jules Favre), et, loin d'interdire ces excitations, on les subventionne. A moins que, tout en excitant les passions contre les vaincus, le gouvernement ne craigne que le spectacle du triomphe de l'ordre ne les excite contre les vainqueurs. Ce serait là un terrible aveu.

Du moment où tout ce qui peut exciter les passions doit être banni du Salon de peinture, nous aimons à croire qu'on interdira sévèrement, cette année, les portraits de MM. Mac-Mahon, Cissey, Ladmirault, Galliffet et nombre d'autres. Puisqu'on défend d'exposer les égorgés, il est impossible d'accepter les égorgeurs. Supposez un père dont on a fusillé l'enfant ou un mari dont on a assassiné la femme à coups de baïonnette, rien au monde n'est fait pour exciter ses passions comme la vue de ceux qui ont mis le deuil dans sa famille.

Cette façon d'apprécier les tableaux au point de vue des passions qu'ils peuvent exciter conduirait à des excentricités incalculables. On finira par empêcher un artiste d'exposer le portrait du ténor Capoul, sous prétexte qu'il excite des passions jusque dans les maisons du faubourg Saint-Germain.

Mais si Mac-Mahon étonnait Paris, le général Espivent se montrait à Marseille plus renversant encore. On y répétait au Grand-Théâtre un vieux drame de Pixérécourt, intitulé, je crois, le *Chevalier du Temple*. L'action s'y passait sous Charles VIII qui, on le sait, réunit définitivement la Provence au royaume de France.

Jusque-là, rien que de très conforme aux idées de restauration monarchique entretenues par l'Elysée. Mais le principal personnage de la pièce offrait le terrible inconvénient de s'appeler le comte de Rochefort. Or le plus fâcheux hasard voulait qu'à un moment donné les comparses qui figuraient le peuple dussent crier :

— Vive Rochefort! Vive le libérateur de la Provence!

Je n'avais pas libéré la Provence, mais je m'étais libéré moi-même, et ce cri de : « Vive Rochefort ! » qui avait déjà si désagréablement retenti aux oreilles de la réaction, ne pouvait que sonner lugubrement à celle du monarchiste Espivent, l'assassin de Gaston Crémieux. Il le défendit donc sous toutes les peines dont pouvait alors disposer l'état de siège.

On coupa le : « Vive Rochefort ! » mais cette mutilation ne suffit pas à cette vieille borne. Elle exigea que le nom de mon ancêtre fût, tout le long des cinq actes, remplacé par celui de Savoisy.

Cette façon d'enseigner l'histoire de France rentrait dans l'ignorance obligatoire. C'était à peu près comme si, dans un drame traitant de la Révolution, on avait substitué au nom de Charlotte Corday celui de Léonie Falempin. Enfin le directeur accepta Savoisy.

Mais la population mise au courant de ces exigences et de ces concessions reçut le malheureux acteur qui entrait sur ces mots :

— Je suis le Savoisy que vous attendez !

Par des cris exaspérés de :

— Non ! Pas Savoisy ! Rochefort !

Et quand les figurants durent crier : « Vive Savoisy ! » ce fut un époumonnement général, et, en constatant le détestable effet de sa coupure, Espivent n'hésita pas à employer, pour se tirer d'affaire, un de ces procédés chers aux culottes de peau et coutumiers au régime du sabre : il interdit la pièce.

Nous retombions, on le voit, au plus bas du régime impérial, alors qu'un instituteur demandait à se faire débaptiser afin de ne pas rester plus longtemps l'homonyme d'un vil républicain comme moi.

Ces folies d'arbitraire étaient trop accentuées pour durer bien longtemps. Après avoir proscrit Pixérécourt, il ne restait plus aux soudards d'état de siège qu'à supprimer Berquin. J'aurais attendu assez patiemment la fin de cette mascarade, où les chefs d'emploi se montraient d'autant plus flambants qu'ils avaient été plus vaincus, si la situation matérielle n'était, pour mes enfants et pour moi, devenue extrêmement précaire.

J'étais incapable d'exercer aucun autre métier que le mien et on m'en interdisait l'exercice, fût-ce sous des pseudonymes. Je commençais à m'inquiéter sérieusement du pain du lendemain et même du jour, quand par une de ces chances qui, au point culminant d'une situation menacée, m'ont rarement fait défaut, je reçus du fondateur du *Petit Lyonnais* une proposition tout à fait alléchante. Il m'offrait de reprendre, pour un journal à cinq centimes, le titre populaire de la *Lanterne*, avec ma collaboration déguisée ou non, car il était prêt à tout braver.

Et, comme épingles, il s'engageait à m'adresser à Genève, avant toute mise en œuvre, une bonne somme de vingt mille francs. C'était le salut et surtout la tranquillité, presque le bonheur, car ma fille venait d'être demandée en mariage par M. Frédéric Dufaux, peintre et fils du sculpteur très connu à Genève où ses œuvres sont nombreuses et appréciées. Mais M. Dufaux père était mort sans laisser à ses enfants d'autre fortune que son bon renom, si bien que le mariage eût été nécessairement retardé, faute des premiers fonds indispensables pour la plus modeste entrée en ménage.

Ces vingt mille francs aplanirent toutes les difficultés et me remirent à flot pour un bon bout de temps : en effet je prélevai pour ma maison le quart de la somme et donnai le reste à ma fille.

Seulement, après son mariage et son départ, je me retrouvai bien seul. Quelquefois avec Paul Pia, qui avait été directeur des chemins de fer pendant la Commune et comme tel condamné à la déportation; avec d'autres amis de France établis à Genève et mes deux garçons, j'allais passer de belles journées de pêche dans un séduisant village, Hermance, situé sur la côte de Savoie et formant l'extrême frontière, Hermance n'étant séparé de la France que par un tout petit ruisseau sur lequel est jeté un pont qui n'a pas trois mètres.

J'aimais à suivre seul la berge de ce minuscule cours d'eau, où l'eau manquait souvent, et qui s'enfonçait dans un bois où je m'asseyais pour lire et réfléchir, à l'abri des coups de soleil.

Un jour, comme j'étais avec Paul Pia, à la table d'une auberge ayant vue sur le lac, je me vis regardé attentivement par un gendarme français qui traversait entre Hermance et Ferney, où il allait rejoindre son poste.

Il n'avait, selon l'usage international, ni son sabre ni sa carabine, le passage en armes sur le territoire helvétique étant interdit à tout soldat d'une nation étrangère.

Celui-ci, après m'avoir longtemps contemplé, se risqua à s'approcher de moi et me fit cette confidence:

« Monsieur Rochefort, je viens vous prévenir de vous tenir sur vos gardes. Un curé savoisien a organisé contre vous un complot extraordinaire: il a appris que vous vous promeniez assez souvent le long du ruisseau et il a embauché une quinzaine de femmes catholiques auxquelles il a persuadé que le meilleur moyen pour elles de gagner le Paradis était de vous livrer aux autorités françaises.

— Mais, lui fis-je observer, comment s'y prendront elles, puisque je suis sur le territoire suisse?

— Voici : elles se feront passer pour des blanchisseuses venant laver leur linge dans le ruisseau. Elles engageront la conversation avec vous, passeront successivement sur la rive où vous serez et tout à coup se précipiteront toutes sur vous, après vous avoir jeté un drap sur la tête. Elles vous emporteront alors de l'autre côté du pont et vous remettront à quatre gendarmes dissimulés derrière les arbres. Je suis bien sûr de mes renseignements puisque j'étais commandé pour être de la partie. J'ai eu l'air d'accepter, mais je m'étais promis de vous prévenir.

Je remerciai avec effusion ce précieux gendarme que nous invitâmes à trinquer avec nous. Il n'y avait qu'un prêtre pour combiner ce mauvais coup qui m'eût assimilé à Orphée déchiré par les Euménides. Et j'eusse été non seulement repris, mais ridicule. Bien que la Confédération suisse eût pu invoquer la violation de son territoire en vue d'un attentat comparable à la capture du duc d'Enghien, Mac-Mahon, qui avait bien d'autres violations à se reprocher, n'en aurait pas moins refusé de lâcher sa proie.

D'ailleurs, dévotes, prêtre et gendarmes n'auraient pas manqué d'affirmer que j'avais franchi de mon plein gré la frontière. Peut-être eussent-ils ajouté que c'était en poursuivant de mes obsessions libidineuses une de ces lavandières occasionnelles que j'étais tombé dans un groupe d'innocents Pandores qui passaient là par hasard.

Cette révélation m'avait semblé singulière au point que j'eus d'abord peine à la prendre au sérieux; mais un horloger, notre ami Cambriat, lequel pourrait en témoigner, s'étant rendu à Hermance pour une partie de pêche, le samedi suivant, jour que je consacrais d'ordinaire à mes excursions du côté de la frontière, aperçut distinctement le groupe de mes Euménides qui, rangées le long du ruisseau, essayaient d'attirer l'attention par leurs violents coups de battoir.

L'excellent gendarme avait au surplus complété sa déposition. Il me demanda :

— Vos deux fils ne sont-ils pas allés dimanche dernier à la fête de Ferney?

— En effet.

— Eh bien, insista-t-il, qu'ils se gardent d'y retourner dimanche prochain. Je sais qu'on cherche un prétexte pour leur susciter une mauvaise affaire.

— Que diable pourrait-on inventer contre eux? fis-je très surpris.

— N'importe quoi, me répondit mon renseigneur. Avec ça qu'il est difficile de leur faire glisser un porte-monnaie dans la poche par un agent de police, qui prétendra qu'ils l'ont volé!

On devine si j'interdis formellement à mes garçons de sortir de Genève. J'ai tenu à étaler sous les yeux du public cet amoncellement de scélératesse cléricale et mac-mahonienne. C'était contre des traquenards de cet ordre que j'avais à me défendre. On voudra bien ne pas trop s'étonner si j'en ai conservé, de la réaction, une défiance qu'elle a, du reste, justifiée encore par la suite.

Mais le ministère à la tête duquel venait d'être placé le bonapartiste Buffet avait mis en honneur un procédé souverain pour cacher ses turpitudes : c'était de supprimer les journaux susceptibles de les dénoncer. La *Lanterne* lui échappant, il se rattrapait sur les autres.

Le premier article de la nouvelle « loi sur la presse », comme s'il y avait une loi sous l'arbitraire et une presse sous le régime de l'étranglement, donnait à Mac-Mahon cette faculté monumentale. Pendant deux mois, Dufaure avait feint d'étudier les textes et d'interroger les écrivains sur les « garanties » dont le pouvoir avait besoin de s'entourer. Et il s'était décidé pour la mort sans jugement et sans phrase, garantie qui le dispensait de toutes les autres.

Ce projet renouvelé du coup d'Etat de Décembre n'était pas seulement une impertinence, c'était surtout une ineptie. Les soixante-dix-sept ans de M. Dufaure ne paraissaient pas se douter qu'en gardant tous les droits il nous déliait de tous les devoirs. Du moment où le gouvernement se croyait autorisé à supprimer les journaux, les journaux eussent été bien naïfs d'hésiter à supprimer le gouvernement.

On se serait emparé de M. Dufaure pour l'accrocher, comme le prince de Condé, à l'espagnolette de sa fenêtre, que devant ses réclamations on aurait eu ce raisonnement tout prêt.

— Vous trouvez bon de vous octroyer à vous-même l'autorisation de suspendre sans jugement une feuille politique pendant quinze jours. Vous ne trouverez donc pas mauvais que nous vous rendions la pareille en vous suspendant par les aisselles pendant le même laps de temps.

Succéder à l'abruti Ladmirault, gouverneur de l'état de siège, était déjà assez humiliant pour un jurisconsulte, mais lui emprunter son système d'étranglement, c'était la négation même du droit des gens. Les hommes à toques sont vraiment incommensurables : ils nous prêchent toute leur vie le régime parlementaire, et le jour où ils ont toute facilité pour l'appliquer, c'est par le régime discrétionnaire qu'ils le remplacent.

Et tandis que l'autorité interdisait jusqu'au *Cromwell* de Victor Séjour, sous prétexte que le protecteur y jetait cette phrase : *Ces misérables royalistes!* le faubourg Saint-Germain organisait publiquement des souscriptions, des concerts, des représentations théâtrales et des bals au bénéfice des « blessés carlistes ».

La princesse Margarita, femme de don Carlos, y était spécialement invitée et s'y rencontrait avec les principaux fonctionnaires de la République récemment proclamée. Comme moyen de la combattre en essayant de la corrompre, le ministre fit adopter le scrutin d'arrondissement, sous le régime duquel nous vivons encore et qui a coupé la France en petits carrés comme un nougat.

L'entente ministérielle sur ce système électoral avait eu pour unique objectif Gambetta dont la popularité alors en pleine floraison troublait profondément les vieux soudards entre les mains desquels nous étions tombés. Il eût été probablement, malgré toute la pression officielle, élu dans une quinzaine de départements et rien n'eût froissé l'amour-propre des nonagénaires de gouvernement comme de voir un homme de trente-sept ans à peine arriver ainsi à des chiffres de voix quasi plébiscitaires.

Il suffit d'ailleurs d'avoir un peu étudié les femmes pour connaître les hommes d'Etat. Le maquillage des premières n'est qu'un décalque du peinturlurage des seconds. Il est notamment une chose que les vieilles coquettes et les vieux politiqueurs ne pardonnent pas à leurs adversaires, c'est la jeunesse. Si Gambetta avait marché seulement sur sa soixante-quatorzième année, il y aurait peut-être eu moyen de s'entendre avec lui. Mais il entrait dans sa trente-septième, ce qui lui en constituait quarante de moins qu'au père Dufaure.

Le garde des sceaux ne s'en était d'ailleurs pas caché lors de la campagne dissolutionniste entreprise par les républicains quelque temps avant le coup du 24 Mai.

— Vous voulez la dissolution dans l'espérance d'arriver au pouvoir, avait-il dit un jour à Gambetta. Mais vous êtes encore bien jeune, monsieur!

Ce « vous êtes encore bien jeune » contenait tout le secret de la politique de ces invalides de toutes les monarchies. Pour nous, l'ennemi, c'était le cléricalisme. Pour eux, c'était la jeunesse.

Au reste, toutes les mesures prises successivement contre la République semblaient constituer les préparatifs d'un coup d'Etat. L'Assemblée avait supprimé les élections partielles sous couleur de prochaine dissolution, et quand les élections partielles avaient été indéfiniment ajournées, elle s'était déclarée résolue à ne pas se dissoudre.

En vertu de ce bon plaisir, certains départements restaient représentés tandis que d'autres avaient subitement cessé de l'être. Et pour commettre ce premier attentat, précurseur de beaucoup d'autres, ces violateurs de Constitution invoquaient la souveraineté de la Chambre. Elle était souveraine, parce qu'elle avait été nommée par les électeurs. Du moment où elle abolissait les élections, où prenait-elle sa souveraineté? C'était le déraisonnement à l'état aigu.

La vérité, c'est que, plutôt que de s'en aller, l'Assemblée de malheur se mettait en rébellion ouverte contre le pacte fondamental que lui avait rédigé le député Wallon et qu'elle nous avait elle-même imposé.

Nous lui devions ainsi obéissance et respect, mais elle ne les lui devait pas.

Aussi, comme toujours dans les situations révolutionnaires créées par les gouvernements, celui du 24 Mai chercha des dérivatifs dans un complot. Le préfet du Rhône, Ducros, vint offrir sa collaboration à Mac-Mahon, et, après plusieurs colloques, retourna dans sa préfecture pour y procéder aux perquisitions.

Seulement pour ne pas copier trop servilement l'Empire, au lieu de complot de Blois, celui-là prit le nom de « complot de Lyon ». Les bombes qui, sous Napoléon, ressemblaient à une orange, prirent cette fois la forme d'une boite à sardines, et les journaux qui avaient gardé leur indépendance racontèrent que plusieurs dessinateurs avaient soumis les plans de ces nouveaux engins au président de la République, qui en avait paru fort satisfait.

Du départ de la Chambre et des élections nouvelles devait vraisemblablement sortir l'amnistie, et les proscrits de Suisse et d'Angleterre suivaient avec une anxiété croissante la marche d'événements sur lesquels ils comptaient pour les ramener dans leur patrie. Le mac-mahonat travaillait de son mieux à éloigner cette échéance cruelle en essayant de frapper, par la révélation de dangers de plus en plus sérieux, les imaginations conservatrices.

Les journaux dévoués avaient donc été chargés d'annoncer que je venais d'être arrêté en France où je me disposais à passer la frontière d'Italie après avoir « transmis le mot d'ordre aux sections de l'Internationale. »

Celui qu'on avait arrêté afin de donner quelque poids à cette fausse nouvelle était un Américain qui d'ailleurs ne me ressemblait en rien, si ce n'est peut-être par ses cheveux, comme les miens, légèrement crépus. Je vis à Genève, au café du Nord, cette victime de l'ordre moral, qui s'attabla à côté de moi et me conta son aventure.

Son accent parut au commissaire de police qui l'avait appréhendé à la frontière le comble du déguisement. On l'avait fouillé, naturellement dépouillé de tout son argent; toutes ses lettres avaient été ouvertes et traduites, puis la prison s'était refermée sur lui, et seulement deux jours après ces diverses opérations il avait été rendu à la lumière.

— Et votre argent, lui demandai-je, vous a-t-il été rendu aussi ?

— Oui, me dit-il.

A quoi je répondis :

— C'est une chance inespérée. Ainsi, moi à qui on a tout pris, on ne m'a jamais restitué quoi que ce soit.

Il me consulta sur la réparation à laquelle il avait droit et je l'engageai à réclamer à Mac-Mahon, pour le préjudice causé, une centaine de mille francs de dommages-intérêts. Si j'avais été un homme d'affaires, j'aurais même eu la faculté d'améliorer considérablement ma situation, alors très fâcheuse, en organisant une escouade de faux Rochefort qui se seraient fait incarcérer à ma place et qui, une fois l'erreur constatée, auraient exigé de grosses sommes que nous aurions ensuite partagées.

J'eus le tort d'abandonner ce projet lucratif, que je me promets d'utiliser à mon prochain exil.

Je n'ai du reste pas appris que ce Lesurques, dont j'avais été le Dubosc, ait officiellement formulé sa plainte contre le gouvernement français. A Londres, après ma condamnation par les vieux ataxiques de la Haute Cour, je fus mis également en présence d'un malheureux sur lequel la police de Nancy s'était abattue en lui soutenant qu'il n'était autre que le rédacteur en chef de l'*Intransigeant*. Or, mon fantaisiste sosie était petit, gros, très chauve et portait des favoris en côtelettes.

Mais on ne l'en accusait que davantage de s'être « fait une tête » et même un ventre. La police s'était dit :

— Il est impossible qu'un homme ressemble aussi peu à Henri Rochefort. Ce doit être lui.

Cependant la nouvelle *Lanterne* à un sou, ayant arboré ma collaboration, s'était heurtée à tant de persécutions et d'obstacles qu'elle allait à la dérive au point que ses fondateurs se décidèrent à la céder. Au même moment, deux socialistes fougueux, dont l'un au moins est devenu un réactionnaire féroce après s'être assis sur le banc des ministres, à côté de Constans, débarquèrent à Genève dans l'intention d'y embaucher plusieurs proscrits pour la création d'une feuille communarde, où je signerais mes articles de la lettre X, qui signifie l'inconnu à travers lequel le public arriverait sans doute à me reconnaître.

Arthur Arnould, Angevin, Guesde et autres condamnés plus ou moins à mort étaient entrés dans la rédaction du journal, qui prit ce beau titre, *les Droits de l'Homme*, lequel plus tard servit d'enseigne à la réaction sénatoriale et opportuniste installée rue Cadet. C'était pourtant dans les *Droits de l'Homme* que cette même dénomination d'opportunistes, si souvent répétée depuis, fut créée.

Quelques confrères m'en ont contesté la paternité, affirmant avoir déjà vu le mot imprimé dans des feuilles de province. Je n'y mets aucun amour-propre, les mots ayant leur fortune comme les livres, mais je ne recevais aucun journal de province et je ne l'avais lu nulle part avant de l'avoir écrit à Genève.

Il formait le titre de l'article signé de mon X... distinctif et qui parut en tête du premier numéro des *Droits de l'Homme*, daté du 11 février 1876. Je le reproduis ici tout entier, ne fût-ce que pour établir mon absolue bonne foi. On y verra que non seulement je l'inventais, mais que j'en donnais la signification au public :

LES OPPORTUNISTES

La France, en dehors des républicains, croyait ne posséder que trois partis : les légitimistes, les orléanistes et les bonapartistes. Elle se trompait. Les réunions publiques viennent d'en démasquer un quatrième : le parti des *opportunistes*.

L'opportuniste est ce candidat sensible qui, profondément affecté des maux de la guerre civile et plein de sollicitude pour les familles qu'elle a privées de leurs soutiens, déclare qu'il est partisan de l'amnistie, mais qu'il se réserve de la voter « en temps opportun ».

Le chef de cette nouvelle secte est incontestablement le ministre Pressensé (ministre du Seigneur, bien entendu et sans portefeuille). Ce pasteur, — nou Corydon,

Ardebat amnistie,

aurait dit Virgile, au point qu'il a déposé, il y a quatre ans et plus, un projet de loi qui semble avoir été depuis nommé sénateur par l'Assemblée, tant il est resté inamovible. Mais cette amnistie, tellement partielle qu'on pourrait la qualifier de moléculaire, il ne l'avait proposée comme chrétien que pour mieux l'enterrer comme député.

Sitôt qu'un de ses collègues montait à la tribune pour soumettre cette grande mesure à la ratification de la Chambre, le clergyman Pressensé venait immédiatement après l'orateur déclarer que, depuis plusieurs années, lui aussi avait élaboré une proposition d'amnistie qui se mangeait aux vers dans les cartons de l'Assemblée et qu'il se ferait un scrupule d'en provoquer la discussion avant le « temps opportun ».

Tous les Dietz-Monin et tous les Béclard ont arboré cette périphrase, sans se risquer toutefois à en expliquer le sens. Qu'est-ce que *temps opportun? Temps opportun* est-il mâle ou femelle? Quand ce *temps opportun* viendra-t-il ou ne viendra-t-il pas? Les opportunistes veulent-ils nous laisser entendre qu'ils attendent, pour voter l'amnistie, le moment où Vénus passera de nouveau sur le soleil?

Laisseront-ils les déportés dans les silos de l'île des Pins jusqu'à ce que M. Buffet ait été nommé sénateur?

Temps opportun, est-ce à dire cette semaine, dont on parle souvent, bien que les plus vieux marins ne se rappellent pas l'avoir jamais rencontrée et qui doit avoir quatre jeudis?

Nous avions toujours cru, dans notre profonde ignorance, que le temps opportun pour délivrer un prisonnier était celui où il était en prison. Une amnistie déclarant que tous ceux qui n'ont jamais été condamnés pour l'insurrection de 1871 sont libres de droit serait une basse ironie : M. de Pressensé lui-même en conviendra.

Ce serait aller jusqu'à l'extrême limite du raisonnement que de se dire :

— Je suis tout disposé à l'indulgence, mais encore faut-il qu'on la mérite ; or, si quelqu'un la mérite, c'est évidemment celui qui, n'ayant jamais rien fait, n'a passé devant aucun conseil de guerre et n'a été, conséquemment, atteint par aucune peine.

Si la bonne foi, qui est incontestablement bannie du reste de la terre, avait eu l'idée bizarre de se réfugier dans la bouche des opportunistes, voici ce qu'ils répondraient aux programmes électoraux :

— Nous acceptons le principe de l'amnistie parce que c'est le seul moyen d'être nommé, mais déclarer que nous la voterons en temps opportun est une façon de nous garder à carreau pour le jour où nous nous ferons un plaisir de la repousser. Si nos renseignements sont exacts, la mort fait là-bas de l'excellente besogne : Maroteau est dans la tombe, Lullier ne peut tarder à y entrer, Rastoul s'est noyé avec dix-neuf de ses compagnons. Nous attendons avec une patience inaltérable que les quelques milliers de déportés qui ont résisté jusqu'ici aient définitivement emboîté le pas à leurs camarades. C'est alors que le temps en question nous paraîtra opportun ; nous reconnaîtrons que l'heure de la clémence a sonné pour les condamnés de la Commune et s'il n'en reste qu'un nous amnistierons celui-là.

Voyons, messieurs et chers opportunistes, pas de façon ; avouez que vous n'avez jamais eu d'autre pensée. Les électeurs sont donc avertis :

« *En temps opportun* est un terme d'argot parlementaire qui signifie : Jamais ! »

« X... »

Le lendemain de l'apparition de mon article, et non la veille, le mot était adopté et faisait son chemin. Ceux à qui je l'appliquais ont fait le leur aussi, malheureusement. A ce point que plusieurs d'entre eux ne se sont arrêtés qu'à la cour d'assises.

Les *Droits de l'Homme* eurent une existence agitée, mais courte. Selon la vilaine expression de Gambetta qui allait devenir le chef et l'inspirateur de cet opportunisme que je démasquais, le gouvernement de Mac-Mahon nous visa tout de suite à la caisse. Tout était bon pour une poursuite judiciaire et une condamnation à l'amende. Le premier venu qui se sentait le besoin de palper deux ou trois cents francs pouvait, sans l'apparence d'un motif, les réclamer aux *Droits de l'Homme*, sûr qu'il était de les obtenir sous forme de dommages-intérêts.

Ce qui hâta notre étranglement fut la publication d'un roman intitulé l'*Aurore boréale*, que j'avais écrit à Genève, et dont l'anticléricalisme détonnait sur la menaçante réaction religieuse qui se manifestait par la construction d'églises vouées au Sacré-Cœur de Jésus.

On n'osa pas incriminer le feuilleton, mais on engagea des tas de procès à côté avec la résolution de nous chercher d'autres querelles jusqu'à ce que le journal n'y tînt plus. Le dictionnaire Larousse constate ainsi l'influence de mon roman sur notre fin malheureuse :

« M. Rochefort donna de fréquents articles aux *Droits de l'Homme*, feuille anticléricale pour laquelle il écrivit un roman, l'*Aurore boréale* qui, en pleine réaction cléricale, ne contribua pas peu à faire supprimer le journal ».

Et, en effet, cette réaction cléricale envahissait tout. Le capitaine de Mun qui, dans sa déposition, lors de l'enquête sur le 18 Mars, se vantait d'avoir fait fusiller des femmes qui « mouraient avec une sorte d'insolence », avait fondé des cercles catholiques ouvriers où il prouvait à ses auditeurs, dans ses homélies, que le *Syllabus* seul était susceptible de nous rendre l'Alsace et la Lorraine.

Mac-Mahon déléguait un de ses aides de camp à ces séances d'hypnotisme religieux et le général de Geslin, commandant la place de Paris, y assistait en personne.

Le cuirassier de Mun, encouragé dans ses prédications, se répandait en invocations au Dieu des armées. Seulement nos désastres de 1870, auxquels il avait pris part comme soldat, démentaient douloureusement ses pieuses théories. C'était alors et non en l'année

1875 qu'il eût été intéressant d'établir la supériorité des armées catholiques sur les troupes entachées d'hérésie.

Or l'officier de Mun, le général de Geslin et le maréchal de Mac-Mahon, qui allaient à confesse ou communiaient le matin de chaque bataille, avaient été à chaque rencontre battus comme plâtre par les huguenots.

Les cercles catholiques ouvriers, au sein desquels ce capitaine faisait manœuvrer son éloquence, ce qui lui était sans doute plus facile que de faire manœuvrer un escadron, étaient du reste en majorité composés de rôdeurs engagés comme « entraîneurs », au prix de deux francs par jour, et qui allaient écouter les mains jointes les tirades de ce militaire en chambre. Ces « travailleurs » étaient catholiques à peu près comme les « prolétaires » que Jules Amigues promenait dans Londres à chaque anniversaire de la naissance du prince impérial étaient bonapartistes. Peut-être, au reste, étaient-ce les mêmes.

Mais cette poussée ultramontaine était significative. Tous les jours ses ministres, et notamment Buffet qui m'avait fait incarcérer jadis, proposaient à Mac-Mahon le rétablissement de la monarchie. Celui-ci eût parfaitement accepté l'Empire, souriait volontiers au comte de Chambord et ne répugnait en quoi que ce fût aux d'Orléans. Mais si le coup préparé pour l'étranglement de la République avait échoué, il se fût trouvé instantanément par terre, comme à Sedan, entre deux et même entre trois selles.

Un Tiens, si peu flatteur qu'il soit, vaut encore mieux que deux Tu l'auras et surtout deux Tu ne l'auras probablement pas. Pour être amer à la bouche du maréchal, le pain de la République ne lui en remplissait pas moins l'estomac, et il craignait toujours de lâcher la proie pour l'ombre.

L'archevêque de Paris, qui se nommait alors Guibert, choisit, pour consacrer définitivement notre malheureuse France au Sacré-Cœur de Jésus, la date du 16 juin, parce que c'était un 16 juin que la Vierge était, au dix-septième siècle, apparue à la stigmatisée Marie Alacoque !

Le sérieux avec lequel ce Guibert rédigeait des mandements à propos de cette cérémonie était subversif de tout sens commun. Il lui eût été, en effet, assez difficile de nous expliquer pourquoi notre pays était placé sous la protection du Sacré-Cœur de Jésus plutôt que de tout autre de ses viscères. S'il avait plu à quelques catholiques de raconter dans l'*Univers* que son nez, son estomac ou son genou leur étaient apparus et de réclamer, à l'instar de Marie Alacoque, la consécration de leur patrie, soit au sacré mollet, soit au sacré doigt de pied de Jésus, sous quel prétexte l'archevêque de Paris eût-il repoussé ce vœu légitime ?

L'Allemagne eût été singulièrement naïve de se préoccuper des revues que feignait de passer notre maréchal de jésuitière. Le même homme ne peut pas commander des armées et des processions. Il faut opter : pèlerinard ou général. Mais Mac-Mahon prétendait être à la fois au gouvernement et à matines. Il se considérait comme apte à présider en même temps des conseils de ministres et des conseils de fabriques. Il se faisait fort d'avaler dans la même journée trois hosties et deux régiments prussiens.

Hélas ! nous ignorions le chiffre des hosties qu'il avait avalées, mais celui des régiments prussiens, nous le connaissions.

La mort de M. de Rémusat, l'ancien ministre de

Thiers et l'ex-concurrent malheureux de Barodet, survint à ce moment et, bien que je ne le connusse même pas de vue, m'affecta quelque peu. Il était plus que probable et même certain que j'eusse voté contre lui lors de l'élection qui avait divisé Paris en deux camps irréconciliables. Je ne pus cependant m'empêcher de rendre hommage à l'attitude de M. de Rémusat alors qu'il était ministre des affaires étrangères et que j'étais, moi, dans les oubliettes d'une casemate, n'ayant aucun portefeuille à donner à ronger aux rats qui venaient m'y rendre visite.

C'était en 1872. On annonçait le prochain départ pour la Nouvelle-Calédonie d'un convoi de déportés. Le bonapartiste Cissey, non content de la reddition de Metz à laquelle il avait si largement coopéré, insuffisamment désaltéré par le sang de Millière, déclara un jour au conseil des ministres que les retards apportés à mon embarquement produisaient le plus défavorable effet dans l'armée et que plusieurs généraux qu'il citait : Du Temple, Ducrot, Changarnier, avaient résolu de porter cette question à la tribune même de l'Assemblée nationale.

Cette menace d'une interpellation qui devait être appuyée par tout le groupe de l'Appel au peuple effraya le cabinet qui allait vraisemblablement voter mon départ, — ce dont je lui aurais su gré, puisqu'il m'eût été ainsi permis de m'évader dix-huit mois plus tôt, — lorsque M. de Rémusat, qui était un lettré, ennemi naturel des brutes galonnées, dit sévèrement à Cissey :

— Je ne sais, monsieur, si l'armée demande le départ de M. Henri Rochefort, mais je sais qu'un homme de lettres est infiniment moins aisé à former qu'un général. L'acharnement des bonapartistes contre lui militerait d'ailleurs en sa faveur dans mon esprit. Mon opinion est donc qu'il doit rester en France.

C'est ainsi que la déportation fut pour moi ajournée jusqu'à l'avènement de l'ordre moral. Mais je me fis cette réflexion : tandis que mes anciens collègues de la Défense nationale, Jules Favre et Picard, me faisaient arrêter, charger de chaînes et promener deux heures durant sous les hurlements de la horde versaillaise, M. de Rémusat, pour qui j'étais un inconnu, me défendait non pas seulement comme prisonnier, mais comme écrivain, contre les fureurs de la soldatesque.

Or cet acte généreux était d'autant plus méritoire qu'il était à cent lieues de supposer que je serais jamais instruit de sa touchante intervention dont les détails me furent clandestinement transmis le lendemain même.

Je ne l'en remerciai pas, car, dans ma situation, un remerciement eût ressemblé à une demande en grâce. Cependant j'en ai gardé le souvenir, moi qui me suis vu, non pas renié, — ce serait trop beau, — mais vilipendé, insulté, déchiré par tant d'obscurs millepattes qui souvent avaient, avant mes revers, reçu leur pain de ma main, puisé dans mes tiroirs ouverts et dont les pleutreries, pendant que j'étais debout, m'avaient peut-être encore plus écœuré que leurs invectives ne m'ont surpris quand je fus à terre.

Et, en même temps que la mort de M. de Rémusat, j'apprenais celle du jeune Gustave Maroteau qui venait de s'éteindre en Nouvelle-Calédonie, au bagne où il avait été envoyé pour un entrefilet de quinze lignes publié dans son journal. Ce dénouement était attendu, Maroteau ayant été embarqué malgré le plus déplorable état de santé. Tuer un homme non pas pour un article, mais pour un quart d'article, voilà ce qu'on n'avait pas vu depuis les bûchers de Jean Huss, d'Etienne Dolet et de Jérôme de Prague.

Cet assassinat, car c'en était un des plus caractérisés, fut assez mal accueilli par l'opinion, qui commençait à se ressaisir, et les feuilles mac-mahoniennes furent invitées à plaider les circonstances atténuantes. La *Liberté* trouva, en faveur des assassins, une justification pyramidale :

Maroteau, atteint d'une maladie de poitrine, avait été transporté à l'île Nou « dans l'espoir que le climat de l'Océanie le rappellerait à la vie ».

L'évêque Cauchon qui envoya Jeanne d'Arc au bûcher aurait tout aussi bien pu affirmer que c'était dans l'intention de lui tenir les pieds chauds, et les Juifs, qui plantèrent des clous dans les mains de Jésus-Christ, eussent été également en droit de soutenir que c'était pour l'empêcher de se fourrer les doigts dans le nez.

Traiter la phtisie en envoyant le phtisique, non à Monte-Carlo, dans un wagon-salon, mais aux antipodes, c'est-à-dire à six mille cinq cents lieues dans la cale d'un navire de guerre, avec des « fayots » pour toute nourriture et des coups de bâton pour tout traitement, tel était le système qu'appliquait aux malades auxquels il s'intéressait l'arrière-petit-fils du médecin d'Autun.

Il poussait le cynisme jusqu'à essayer de faire passer l'île Nou pour une station balnéaire, une succursale de Nice et de Monaco. Seulement, au lieu d'y jouer à la roulette, les touristes y travaillaient à casser des pierres sur les routes, pendant seize heures d'horloge, par une chaleur qui atteignait souvent cinquante degrés à l'ombre.

Ce qu'on appelait improprement la « chambre de torture » était une salle de casino et les pensionnaires du magnifique hôtel que le gouvernement avait élevé dans notre colonie y subissaient de temps en temps, dans l'intérêt de leur développement physique, une opération qualifiée là-bas de « bastonnade » et qui, dans toutes les villes d'eaux, est connue sous le nom de « massage ». Malheureusement cette bienfaisante gymnastique n'avait pu sauver Maroteau, dont nous eûmes la douloureuse corvée d'apprendre la mort à sa pauvre mère, restée en France à attendre l'amnistie, qui vint enfin pour tous les condamnés de la Commune, excepté pour son fils.

Et comme le retour de ses cendres eût été trop dispendieux, elles sont encore là-bas, dans la fosse aux forçats tombés sous les coups de nerfs de bœuf ou décapités par le couperet de la guillotine. Son cadavre même n'a pas été amnistié.

La nouvelle loi sur la presse, que les droitiers appelaient couramment le « rachat de l'état de siège », n'avait, au surplus, été fabriquée qu'afin d'empêcher les journalistes de discuter le régime et de signaler ses méfaits coloniaux et autres. Elle pouvait se résumer dans ces divers paragraphes, qui se contredisaient moins qu'ils n'en avaient l'air :

Article premier

L'état de siège est levé.

Art. ii

Il est maintenu.

Art. iii

Les interdictions de vente sur la voie publique ne seront plus signées par le général Ladmirault.

Art. iv

Elles le seront par M. Buffet.

Art. v

Lesdites interdictions ne pourront durer plus d'un mois.

Art. vi

Elles seront renouvelables tous les quinze jours.

Par une disposition spéciale, il était défendu d'attaquer la Chambre, d'effleurer le Sénat et de mettre en cause le Président de la République. Cette adjonction suffisait à écraser dans l'œuf toute espèce de discussion, puisque ces pouvoirs représentaient à eux trois toute la politique française. Un journal avait, grâce à cette simple ligne introduite dans la loi, cinquante manières de mourir. Ce n'était pas précisément la mort sans phrases ; mais pour une phrase, c'était la mort.

En somme la loi maréchalesque constituait un effronté plagiat des décrets du 2 Décembre. On n'y avait ajouté que beaucoup d'hypocrisie.

Les *Droits de l'Homme* essuyèrent naturellement les plâtres de cette construction judiciaire. Dans un article plutôt dirigé contre l'opportunisme que contre le gouvernement clérical, je signalais la tendance des groupes parlementaires les plus opposés à se réconcilier à la buvette, et je déplorais en termes relativement modérés ce fâcheux résultat de la promiscuité d'ennemis politiques vivant dans la même atmosphère.

Mais le gouvernement tenait à expérimenter son nouveau glaive et cette dissertation, plutôt philosophique, fut déférée aux tribunaux avec ordre à ceux-ci d'y découvrir tous les délits dont les mac-mahonteux avaient besoin pour consommer notre ruine.

Ces drôles frappèrent notre gérant de trois mois de prison et le journal de trois mille francs d'amende. Je reproduis ci-dessous l'article pour mieux faire apprécier toute l'infamie de la sentence :

UNE MALADIE NOUVELLE

M. Langlois ayant attaqué un peu trop vertement le ministre de la guerre à propos de son budget, plusieurs de ses collègues de la gauche ont essayé de faire comprendre à l'orateur, par leurs signes, qu'il allait trop loin.

Cette mention, que je trouve simultanément dans plusieurs journaux, m'a paru d'abord insignifiante. En la creusant, je me suis aperçu qu'elle démasquait en deux lignes toute la politique actuelle. Nos excellents républicains attaquent les ministres pour ne pas avoir l'air trop satisfaits de l'état morbide où languit la République, mais ils se servent contre eux de fleurets mouchetés qui les écorchent à peine, et leur passent au travers du corps des poignards en caoutchouc qui se replient sur eux-mêmes, comme à l'ancien théâtre des Funambules.

Les médecins ont nommé « pourriture d'hôpital » une sorte de typhus qui envahit subitement les salles encombrées de blessés et transforme la moindre égratignure en une plaie mortelle. Le malade, sans cause apparente, perd tout à coup ses forces et expire au moment où tout le monde le croyait sauvé. Je me permets de signaler aux médecins politiques une maladie analogue, résultant de la cohabitation des députés dans un espace restreint, et qu'on pourrait appeler la « pourriture d'Assemblée. »

Le jour de l'ouverture des Chambres, on est tout flamme. On toise son adversaire d'un regard foudroyant qui veut dire :

« Tu ne sais pas ce que je te réserve. »

On passe à côté de lui raide comme la justice, en évitant de souiller son paletot à son contact impur. Mais il faut bien se résigner à le voir à la buvette, dans les bureaux, dans les commissions. On échange des opinions en se parlant à la troisième personne. Puis, un beau jour, la pourriture d'Assemblée se déclare. Les résolutions mollissent, les énergies tournent en eau de boudin, les haines s'estompent dans la brume et les électeurs sont tout surpris d'apprendre que le farouche démocrate qui, dans les réunions électorales, brandissait un couteau catalan destiné à percer le cœur du dernier bonapartiste, déjeune tous les matins avec trois ou quatre de ceux dont il avait juré de purger la terre. Mais comme le malheureux atteint de cette langueur funeste veut cacher son affaiblissement progressif et continuer à faire bonne contenance devant le suffrage universel, il en arrive à ruser avec l'opinion publique. Il va trouver un membre du cabinet et lui tient à peu près ce langage :

« Si on sait que nous allons au théâtre ensemble dans des avant-scènes de rez-de-chaussée, nous sommes perdus tous les deux. Permettez-moi de vous réclamer, à la tribune, un compte sévère à propos du chapitre VII de votre budget. Vous me répondrez ou vous ne me répondrez pas. C'est à votre générosité. »

Il demande alors la parole et quelquefois, dans une improvisation rapide, se laisse aller à accuser plus qu'il ne voudrait. Mais ses camarades qui, comme lui, sont en proie à l'affreuse épidémie que nous décrivions tout à l'heure, lui font signe de se taire et d'aller se remettre au lit.

Voilà pourquoi M. de Cissey a paru si peu s'inquiéter des reproches de M. Langlois et voilà pourquoi aussi quatre années de législature nous ont toujours semblé un laps de temps trop considérable. L'indulgence pour le vice est une conspiration contre la vertu, a dit quelqu'un. Comment voulez-vous qu'on ne finisse pas par se montrer indulgent pour un vice avec lequel on se retrouve constamment, en wagon, au restaurant et dans la galerie des Tombeaux? Rien n'adoucit les angles comme la nécessité de faire « la popote » dans la même gamelle. Si les jurés étaient obligés de vivre pendant toute la session avec les accusés, il n'y aurait presque pas de condamnation possible. Les coupables les plus flagrants finiraient par convaincre leurs juges de la parfaite loyauté de leurs intentions.

Nous constatons les effets de cette contagion si dangereuse pour la République, sans avoir malheureusement de remède pratique à lui opposer. Il y en aurait un, ce serait de renouveler la représentation nationale tous les ans.

Il y en aurait un second, ce serait de séparer, dans l'Assemblée, les partis les uns des autres par des barrières portant ces mots :

Entrée interdite aux bonapartistes.

Ou encore :

M. Laboulaye n'entre pas ici!

L'urbanité française répugne, il est vrai, à ces défenses brutales. C'est la politesse qui nous perd. Tout se passe aujourd'hui en compliments. La Convention de 92 n'avait pas de ces scrupules. Les représentants se disaient entre eux :

« Toi, je te ferai porter la tête comme un saint Denis. »

Il faut ajouter que la Convention a sauvé la France, ce qui n'est pas précisément le cas de M. de Cissey. Nous n'exigeons certainement pas de M. Langlois qu'il fasse couper le cou au ministre de la guerre. Les temps ne sont plus à ces décollations. Ce qui nous inquiète, ce sont ces ménagements qui remplacent les arguments. Nous serions désespérés d'assister à des tragédies entre députés républicains et ministres cléricaux. Nous rougissons, toutefois, de n'assister qu'à des vaudevilles. A quoi bon faire de la gymnastique à la tribune, si M. Langlois renverse le verre d'eau sucrée pour mieux dissimuler ses craintes de voir renverser le ministère? Nos élus, à défaut du tempérament dont ils manquent, doivent au moins montrer un peu de sincérité. Par respect pour les tribunes, les chefs de la gauche feraient bien de se priver d'avertir ainsi l'orateur par des signes, comme le souffleur avertit un comédien qui reproduit en scène des mots coupés par la censure.

Les porte-parole de la majorité républicaine auraient une

façon moins voyante de revenir à la modération, ce serait que chacun d'eux eût, pendant tout son discours, un petit thermomètre dans la main droite. Quand il verrait l'alcool monter au-dessus d'un certain degré de chaleur, il s'arrêterait net et regagnerait son banc.

X... y.

Les bas Escobar de la magistrature que nous avait léguée le coup d'Etat firent semblant de voir une injure dans le terme purement médical de « pourriture d'Assemblée » comparé à celui de « pourriture d'hôpital » et prononcèrent la condamnation que le ministère leur avait envoyée toute rédigée. C'était à faire regretter l'Empire où jamais un article aussi foncièrement anodin n'eût été poursuivi.

Mais cette guerre sans merci était encore et comme toujours une guerre de religion. J'avais commencé, au rez-de-chaussée des *Droits de l'Homme*, la publication de mon roman l'*Aurore boréale*, où j'avais introduit une sorte de Littré circonvenu par sa femme sortie du couvent pour entrer en ménage, et je m'y montrais peu tendre pour les congréganistes.

Ce feuilleton se lisait beaucoup, mais il eût été difficile de le poursuivre en justice, car je n'y mêlais aucune invective au récit des faits. Alors on biaisa, et, bien que la loi n'interdit que ma signature dans un journal, la politique du 24 Mai prétendit que je n'avais pas plus le droit d'y écrire que d'y signer.

Dans ces conditions, il n'y avait plus de feuille politique possible, attendu que la magistrature mac-mahonienne avait ainsi la faculté de m'attribuer tous les articles des *Droits de l'Homme*. C'est ce qu'elle fit d'ailleurs. Elle soutint que l'X, apposé au bas de certains premier-Paris, dissimulait mon coupable individu et cita notre gérant comme atteint et convaincu de m'avoir fourni les moyens d'écouler ma prose subversive.

C'était un odieux abus de la loi déjà plus qu'abusive, mais le maréchal n'hésitait pas pour nous à aiguiser en poignard sa loyale épée. Je rejetais, dans l'article suivant, toute accointance avec le condamné Henri Rochefort que je prétendais ne pas connaître :

28 juin 1876.

AFFREUX QUIPROQUO

M. Dufaure est décidément le père des affligés. Depuis plus de trois mois, j'étais victime d'une odieuse machination. On voulait, moi modeste homme de lettres, moi simple journaliste dont le casier judiciaire est blanc comme l'âme de Villemessant, me faire passer pour le « sieur Rochefort », ce criminel que le conseil de guerre, par une indulgence peut-être coupable, n'a cru devoir condamner qu'à la déportation perpétuelle dans une enceinte fortifiée pour ses articles qui méritaient au moins la mort.

Vous ne pouvez vous imaginer l'humiliation que j'éprouve lorsque, dans les cafés et autres lieux publics, j'entends ce dialogue désespérant :

— Ah ! il y a aujourd'hui, dans les *Droits de l'Homme*, un article de Rochefort !

— Mais Rochefort n'a pas le droit d'écrire dans les journaux.

— Aussi ne se nomme-t-il pas. Tout ce qui est signé X... est de lui.

M. Dufaure a compris que pour l'honneur de ma famille, tuée lentement par ce quiproquo, il fallait éclaircir ce mystère, et il assigne le gérant des *Droits de l'Homme* au 30 juin courant.

Il paraît que mon style a quelque ressemblance avec

celui de l'homme qui s'est évadé de la Nouvelle-Calédonie « dans un jour de malheur ». Je me supposais plus de talent que lui. Voyez comme on s'illusionne.

Je comparais l'autre jour le président du conseil à Richelieu. Je me trompais : le ministre de Mac-Mahon est beaucoup plus fort que le ministre de Louis XIII. Il fallait à celui-ci, affirmait Laubardemont, deux lignes de l'écriture d'un homme pour le faire pendre. Il suffit à celui-là d'une lettre de l'alphabet pour arriver au même résultat. Quand je songe au sang de Millière et que je vois M. Dufaure monter dans la voiture que les contribuables ont la bêtise de lui payer, il me semble entendre Marion Delorme s'écrier :

« Regardez tous : voici l'homme rouge qui passe ! »

Cette restauration des procès de tendance peut avoir, du reste, des suites considérables. Il suffira, désormais, de reconnaître, dans un premier-Paris, la façon d'écrire d'un homme privé de ses droits civils et politiques pour faire crouler sous les amendes la feuille soupçonnée. Ainsi j'ai parfaitement diagnostiqué le style coloré de Jules Vallès dans une note des *Débats* sur le suicide d'Abd-ul-Aziz. Il n'y a aucune raison pour que le gérant de cette publication conservatrice ne vienne pas s'asseoir le 30 juin prochain à côté du nôtre, sur le banc des criminels. Il est impossible de pousser plus loin l'art de se débarrasser des journaux qui vous gênent. Les procureurs impériaux (appelons-les impériaux, ça leur fera plaisir) ont maintenant une nouvelle corde à leur arc qui en possède déjà tant. Quand ils ne pourront découvrir dans un article aucun délit, ils l'incrimineront comme émanant d'une lettre alphabétique condamnée à une peine afflictive et infamante.

Cependant il ne peut y avoir autant de fumée sans un peu de feu. Peut-être quelque forçat évadé a-t-il poussé l'impudence jusqu'à s'affubler des noms et qualités de l'auteur de la *Lanterne*.

Si M. Dufaure, qui a pour les écrivains de si jolies petites menottes, en réservait quelques-unes pour les filous, le voleur de parchemins serait actuellement à l'ombre. Il ne pourrait conséquemment se faire passer pour le « sieur Rochefort » ni s'attribuer les chroniques signées de la marque de fabrique que j'ai adoptée, et je ne serais pas exposé à l'horrible méprise qui fait de moi, être essentiellement inoffensif, l'un des plus grands coupables des temps modernes.

M'appeler Rochefort, fi donc ! J'aimerais presque autant m'appeler Garcin.

X...

Le gouvernement de celui qu'on appelait si couramment le « glorieux vaincu » qu'il eût peut-être été proclamé moins glorieux s'il avait été vainqueur, ne se faisait pas d'ailleurs le plus petit scrupule de piétiner sur la Constitution qu'il venait lui-même de promulguer. Après avoir supprimé les élections partielles, sous prétexte qu'elle allait se dissoudre, la Chambre repoussait la dissolution et n'en laissait pas moins privés de députés vingt-cinq départements.

Cette résolution, insurrectionnelle au premier chef, constituait comme une nouvelle proclamation de la Commune, non à Paris, cette fois, mais à Versailles. La révolution y était même encore plus radicale.

La Commune de Paris avait stipulé qu'aucune nomination d'un de ses membres ne serait valable si elle ne réunissait pas au moins le huitième des électeurs inscrits. La Commune de Versailles ne se donnait même pas la peine de réglementer le scrutin : elle l'abolissait.

La Commune de Paris avait pour excuse aux illégalités qu'elle se voyait obligée de perpétrer la nécessité de mettre en état de défense Paris attaqué de toutes parts.

La Commune de Versailles faisait main basse sur

suffrage universel qu'il devenait inutile de consulter puisqu'elle allait se dissoudre.

La Commune de Paris avait promis de défendre la cité et elle l'avait défendue. La Commune de Versailles avait promis de s'en aller après avoir supprimé les élections. Elle supprimait les élections et ne s'en allait pas.

La révolte était donc flagrante et le pays n'était pas plus représenté par cette Commune-là qu'il ne l'avait été par l'autre. La loi n'existait plus. Le pacte cessait d'être fondamental. Changarnier et Dombrowski étaient généraux au même titre, avec cette différence que Dombrowski s'était fait tuer à la tête de ses troupes et que Changarnier avait fichu le camp après avoir livré les siennes.

L'insurrection de 1871 avait été celle du peuple. L'insurrection de 1875 était celle du clergé. Il n'y avait pas entre elles d'autre différence. La première avait placé des canons sur les buttes Montmartre. La seconde venait d'y installer une église. L'une avait le préfet Raoul Rigault, qui arrêtait les archevêques; l'autre, le ministère Buffet, qui étranglait les journalistes en même temps que leurs journaux.

C'était au point que les mariages contractés à Paris pendant la période communaliste ayant été déclarés nuls, il aurait fallu, pour rester dans la logique, annuler également les unions accomplies depuis le 24 mai. On distinguait nettement dans ces procédés le complot dont Rochebouët et de Broglie étaient les chefs et qui ne devait avorter au 16 Mai que grâce à l'attitude du commandant Labordère. On se préparait au coup de force par des coups d'illégalité.

Mais on est toujours le communard de quelqu'un. Le fougueux général Du Temple s'aperçut que le maréchal, tout en malmenant de son mieux la République, tardait un peu à rétablir la monarchie. Cet impatient droitier monta donc à la tribune pour y demander des explications à ce sujet et y provoqua un scandale qui amusa considérablement tous les proscrits. Corroborant mes articles où je présentais Mac-Mahon comme ayant simulé une blessure qui lui permît de passer à un autre le commandement de l'armée, le général Du Temple l'appela par trois fois le « faux blessé de Sedan ».

Devant cette énormité bouleversante, M. d'Audiffret-Pasquier eut seul la présence d'esprit de crier aux sténographes :

« N'écrivez plus ! »

Tous les centres, debout, montrèrent le poing à ce Du Temple qui venait de déchirer tous les voiles, en termes moins choisis, de manger le morceau, et l'accusèrent d'être « l'allié de Rochefort », ce qui démontrait que la Chambre lisait assidûment la *Lanterne*.

Mais le coup était porté et je demandai formellement, dans le numéro suivant de ma brochure, qu'on déléguât une commission médicale auprès du glorieux blessé, afin qu'il fût constaté s'il l'avait été réellement, car, insistais-je, s'il n'a pas été blessé, il est inadmissible qu'il soit glorieux.

A ce moment même, les anciens fonctionnaires de l'Empire réclamaient presque tous des pensions pour « infirmités » contractées dans l'exercice de leurs fonctions et étaient tenus de faire appuyer leurs requêtes par des certificats de médecins. Je faisais observer que d'anciens ministres et d'anciens procureurs généraux étant obligés de se rendre au dispensaire et d'y subir la visite pour obtenir une simple pension de six mille francs, il était trop juste qu'un maréchal de France y fût examiné à son tour avant de toucher comme blessé, et comme blessé glorieux, un traitement de six cent mille livres, sans compter douze cent mille francs de frais de représentation.

J'étais désormais couvert par l'assertion formelle du général député Du Temple et, renvoyant le public à cette autorité, j'avais le droit — dont j'usais largement — de me permettre les plaisanteries même les plus vulgaires sur la célèbre chute de cheval qui avait aidé Mac-Mahon à se hisser au pouvoir.

Le héros de Magenta me répondit du tac au tac en proscrivant la vente d'un roman de moi, les *Dépravés*, qui avait paru sans encombre dans le *Rappel* et que je venais de publier en volume. Cet acte de bon plaisir n'était pas moins que tout le reste en contradiction formelle avec la loi, le régime de la librairie n'étant pas le même que celui de la presse et mon livre purement sentimental ne donnant prise à aucune saisie.

Le gouvernement en revenait à la confiscation sans jugement. Aux plus mauvais jours de l'Empire dit libéral, comme aux plus mauvaises nuits de l'Empire personnel, jamais la police n'avait songé à arrêter un roman d'amour sous prétexte que l'auteur professait en politique des opinions avancées.

Ledru-Rollin, condamné comme moi à la déportation, avait publié à Paris ses *Révolutions d'Angleterre*; Louis Blanc n'avait rencontré aucun obstacle à la continuation en France de son *Histoire de la Révolution française*. Moi seul jouissais de l'étonnant privilège d'être rejeté de partout, même de la vitrine des libraires.

Ce pauvre gouvernement était tellement sûr de lui qu'une devanture l'effarouchait et qu'un titre sur une feuille de papier saumon le plongeait dans des transes mortelles. On aurait cependant pu supposer que, heureux de me voir revenir à la simple littérature, il allait favoriser mes efforts et ouvrir, comme le Code le lui ordonnait formellement du reste, la frontière à mes volumes. Mais nous avions au pouvoir les mêmes hommes qui avaient détalé devant quatre uhlans.

J'aurais exposé aux étalages une traduction des Evangiles en langue canaque qu'ils auraient cru entendre sonner leur glas.

Cette attitude gouvernementale, qui rappelait celles des poules après une forte pluie, cadrait assez peu avec la réputation de criminel sinistre que les feuilles septennardes émettaient la prétention de m'avoir faite. Mon livre étant absolument étranger à la politique, quel danger pour la tranquillité publique aurait pu provoquer le nom d'un malfaiteur condamné par les tribunaux les plus militaires à une peine équivalant à la peine de mort ?

Le chevalier qui eût rappelé Bayard s'il avait seulement su vaincre ou mourir n'était donc pas aussi convaincu qu'il s'en donnait l'air de l'horreur que mon odieuse personnalité inspirait à la population parisienne. Il craignait donc, cet homme sans crainte, que les marques de sympathie de mes anciens électeurs à mon égard ne vinssent porter atteinte à la justice pourtant infaillible de ses conseils de guerre ?

Je déclare que si j'avais été président de la République et que Mac-Mahon fût en exil, j'aurais employé tous les moyens à ma disposition pour faire pénétrer en France le premier ouvrage qu'il eût écrit à l'étranger. C'eût été de ma part, du reste, la plus cruelle des vengeances.

CHAPITRE XXIV

OLIVIER PAIN A PLEVNA. — SON EMPRISONNEMENT. — SA DÉLIVRANCE. — L'ÉDITEUR DE LA *Vie de César*. — UN PORTRAIT PROSCRIT. — UNE DISTRIBUTION DE PRIX SÉDITIEUSE. — *Salvum fac Mac-Mahonem*. — LE PROSCRIT ELISÉE RECLUS. — LE TRAITEMENT DES CONDAMNÉS POLITIQUES. — PROVOCATIONS RÉACTIONNAIRES. — LA MORT DE THIERS. — DÉMISSION DE MAC-MAHON.

Ma solitude menaçait de devenir à peu près cellulaire, mon fils Octave étant parti pour le lycée d'Alger où M. Arlès-Dufour m'avait conseillé de l'envoyer pour développer ses forces, et Olivier Pain ayant quitté Genève pour aller suivre comme correspondant de la *Lanterne* et du *Bien public* les opérations de la guerre russo-turque, qui venait d'éclater.

Ses sympathies le poussaient vers le camp moscovite et il s'y était présenté muni de ses pouvoirs. Mais on l'y avait si froidement accueilli et soumis à de telles investigations qu'impatienté il passa dans le camp turc. Osman-Pacha, qui commandait à Plevna, le reçut avec une telle cordialité que Pain offrit de lui servir de secrétaire pour ses communications avec le grand-duc Nicolas, lesquelles, selon les règlements diplomatiques, devaient être écrites en français.

Lorsque le siège fut mis devant Plevna par l'armée

russe, Osman-Pacha convoqua tous les correspondants de journaux pour les avertir que, la place devant être prochainement investie, ceux qui ne tenaient pas à subir les dangers et les désagréments d'un siège étaient libres de faire leurs paquets.

Tous les firent, sauf Olivier Pain que le péril attirait et qui, par sa bravoure pendant toute la durée du blocus, se montra digne de la Commune qu'il avait si valeureusement servie. Il me raconta plus tard comment il s'amusait à adresser aux menaces du grand-duc Nicolas des réponses qu'Osman-Pacha, totalement ignorant de notre langue, signait de confiance, et qui s'écartaient toujours davantage du langage parlementaire.

Pain me confirma d'ailleurs l'intrépidité des officiers russes, qui, dans les divers assauts tentés contre la ville, marchaient à la tête de leurs soldats qu'ils entraînaient par des paroles enflammées. Il vit ainsi un jeune lieutenant, s'avançant l'épée haute, recevoir, au moment où il se retournait vers ses hommes, une balle qui l'abattit la face contre terre. Mon ami Pain me disait l'avoir toujours devant les yeux.

Les privations qu'il eut à supporter lui rappelèrent celles du siège de Paris. Comme alors, on mangea les chevaux et les chiens ; puis, quand on n'eut plus rien à manger, on se rendit. C'est à ce moment que la situation du correspondant de la *Lanterne* devint plus que critique : à peu près désespérée. Après avoir usé ses vêtements emportés de Genève, il avait été forcé d'endosser un uniforme d'officier turc. Or, il était Français, attaché à la presse parisienne et non reconnu comme belligérant. Il ne pouvait donc être considéré comme prisonnier de guerre et, n'entrant pas dans la capitulation, n'avait plus droit qu'à une exécution sommaire.

Au moment où les Russes prirent possession de Plevna, Osman-Pacha l'aida en personne à découdre les boutons de sa tunique et à faire disparaître les insignes de son grade. Il n'en fut pas moins capturé et traité comme un homme à qui il ne reste qu'à recommander son âme à Dieu.

Cependant la fusillade lui fut momentanément épargnée. Emmené à pied dans la neige, par un froid d'un nombre incalculable de degrés, de Plevna à Sizerane sur les bords du Volga, il tomba vingt fois en route de fatigue et d'inanition. Lorsque enfin il fit halte, ses forces étaient épuisées au point que deux hommes durent le porter jusque dans la chambre où on le retint prisonnier, gardé à vue et sans communication avec qui que ce fût, jusqu'à l'instruction de son procès.

A partir de l'investissement de Plevna, je n'avais plus eu de ses nouvelles et j'en demandais à tous les échos de France et de Turquie. Son emprisonnement à Sizerane durait déjà depuis plusieurs mois et nous désespérions tous de jamais le revoir, quand je reçus de son père, qui habitait le département de l'Yonne, une lettre où il m'apprenait qu'Olivier avait pu lui faire parvenir clandestinement un billet où il l'informait que sa comparution devant une commission militaire était proche et qu'il était sûr soit d'être fusillé, soit d'être pendu.

A cette nouvelle foudroyante, qui sans doute arrivait trop tard, je courus chez M. Héridier, ma suprême ressource, et, avec son empressement ordinaire, il me conduisit auprès du titulaire de la chancellerie du canton de Genève, chargé des rapports avec l'Etranger.

L'excellent chancelier se mit à mon entière disposition, mais nous cherchâmes longtemps avant de découvrir une solution pratique.

En effet, Pain ne pouvait être réclamé que par son gouvernement; or, ce gouvernement était alors celui de Mac-Mahon qui eût été ravi de laisser tomber sous les balles russes ce Français évadé de Nouméa.

Moi, non moins évadé, je n'avais aucune qualité pour intercéder en faveur de mon ami et mon intervention n'eût servi qu'à hâter son supplice.

Enfin nous nous arrêtâmes à cette combinaison hasardeuse : Olivier Pain, habitant Genève depuis plus de deux ans, serait réclamé comme citoyen genevois par la chancellerie du canton. Nous rédigeâmes pour le ministre des affaires étrangères de Russie une longue et suppliante dépêche que le chancelier signa et qu'il expédia à Saint-Pétersbourg.

Nous nous attendions à apprendre que tout était consommé et pendant quinze jours mon anxiété fut d'autant plus terrible qu'aucune réponse ne nous était parvenue. Une nuit, vers les environs de trois heures, je fus réveillé par un violent coup de sonnette qui me fit sauter hors de mon lit. Je me précipitai à la porte en criant :

— Qui est là ?

— Ouvrez, c'est moi !

me dit Pain que je vis entrer en lambeaux, un fez rouge sur la tête et dans un amaigrissement de squelette. Comme supplément de misère, il mourait de faim et d'épuisement, ayant, faute d'argent, fait une partie de la route à pied. C'était un vrai retour de Sibérie.

Voici ce qui s'était passé et que nous ignorions complètement : au reçu du télégramme du chancelier genevois, Alexandre II lui-même avait donné l'ordre qu'on arrêtât par dépêche le procès qui devait s'ouvrir le surlendemain, et qu'on mît le prisonnier français en liberté.

On l'avait jeté dehors après lui avoir restitué les quelques livres turques saisies sur lui au moment de son arrestation, et il était revenu en se serrant le ventre par un pays dont il ne connaissait ni les chemins ni la langue.

Il logea nécessairement chez moi où on lui amena Andrée, sa fille, alors toute petite et dont il me laissa la tutelle, avec celle de ses trois autres enfants, car quelques années plus tard il tomba, sans retour cette fois, victime de son amour pour les aventures et de son besoin d'imprévu.

Nous nous rencontrions de temps à autre, Olivier Pain et moi, avec le prince Napoléon, sur les bateaux du lac Léman. Ce « César déclassé », plus déclassé que jamais, habitait alors son château de Prangins, situé à quelques lieues de Coppet, et paraissait assez gêné quand il se croisait avec nous sur le pont du vapeur. Presque toujours accompagné d'une femme déjà mûre, aux cheveux teints en blond, il marchait voûté et semblait avoir perdu son regard napoléonien pour ne garder du masque célèbre qu'un nez carnavalesque, tendant de plus en plus à rejoindre le menton.

Ses deux fils, dont l'un au moins est aujourd'hui prétendant, étaient alors des bambins, internes dans une pension de Vevey où je les voyais jouer et courir. Le jeune Victor, que je n'ai jamais aperçu depuis lors, me parut un mélange de Bonaparte et de Savoie, ressemblant à son père par le haut de la tête et à sa mère par le bas du visage. Leur professeur m'assura qu'ils étaient très doux et n'avaient rien de la morgue paternelle.

Un procès qui nous amusa beaucoup, nous tous qui avions tapé sur l'homme de Décembre, fut celui qui éclata entre les héritiers de l'éditeur Plon et ceux de Louis-Napoléon Bonaparte, connu en librairie sous le pseudonyme de Napoléon III. Les premiers réclamaient aux seconds la somme de quatre cent vingt-cinq mille francs en paiement d'une ordure que cet auteur méconnu avait déposée à l'étalage.

Cette œuvre de vieillesse était intitulée la *Vie de César* et avait causé tant de déboires au malheureux libraire Plon qu'il en était mort, car, non content de vous tuer avec ses chassepots, Napoléon III vous assassinait encore avec sa littérature.

Il fut établi aux débats que cent vingt-trois imbéciles, pas un de moins ni de plus, s'étaient rencontrés, aurait dit Bossuet, pour acheter les deux volumes de cet ouvrage étonnant, qui fut célébré par ordre dans toutes les feuilles agréables. Après le 4 Septembre, j'avais ramassé dans les cartons impériaux des félicitations d'académiciens, à déshonorer toute une génération de membres de l'Institut.

Tacite et Tite-Live n'étaient plus que d'humbles folliculaires. Toutes les abjections s'étaient agenouillées devant cette platitude. La *Vie de César* n'avait pas été cependant tout à fait inutile, puisqu'elle nous avait valu ces *Propos de Labiénus* qui avaient fait condamner Rogeard à cinq ans de prison.

L'éditeur Plon tenait à être décoré. Il l'avait été. Seulement il avait payé sa croix quatre cent mille francs, somme un peu forte, même dans un pays où les rubans rouges s'achètent si cher. Il m'en avait coûté gros pour avoir essayé de renverser un empereur, mais je m'en consolai à ce moment en songeant qu'il m'en eût coûté encore davantage pour l'éditer.

Cependant les héritiers Plon, qui se voyaient, pour

tout bénéfice d'inventaire, possesseurs de trente mille volumes invendables, à moins d'une dysenterie universelle, suppliaient les tribunaux de les débarrasser de ces ours encombrants. Et j'appuyais leur réclamation en proposant ceci :

Il me paraissait évident que les lettres adressées à l'auteur par les Beulé et autres adeptes de la littérature à plat ventre avaient abusé l'infortuné libraire au point de le lancer dans les tirages formidables auxquels la curiosité publique avait si mal répondu. L'ouvrage était une ineptie. Les panégyristes avaient imprimé partout que c'était une merveille. C'était donc à eux de payer les frais de la joie qu'ils affirmaient avoir éprouvée à le lire.

Il ne leur restait qu'à indemniser les héritiers Plon de l'épouvantable bouillon qu'ils avaient fait boire à l'éditeur par leurs comptes rendus fallacieux. Ces critiques prévaricateurs n'avaient pu ignorer ce que valait la *Vie de César*. Ils avaient menti à leur conscience dans l'espoir d'être invités aux fêtes de Compiègne. Ils avaient été nourris, hébergés, amusés à nos frais dans ce château branlant. La maison impériale étant tombée en faillite, c'était bien le moins qu'ils contribuassent pour une bonne part à désintéresser les créanciers qu'ils avaient mis dedans.

Mais la magistrature était alors bonapartiste, — comme elle l'est encore, — et je crois que les héritiers Plon furent déboutés. Obliger ces divers complimenteurs à rembourser à la famille du défunt les quatre cent vingt mille francs qu'ils lui avaient fait perdre eût été déclarer en même temps que la bassesse et le servilisme sont quelquefois punis. Or, les gouvernements ont le plus grand intérêt à établir qu'ils sont toujours récompensés.

Je venais de recevoir de Garibaldi une charmante

lettre m'annonçant l'envoi d'un exemplaire de son livre *les Mille*, en tête duquel avait été gravé son portrait en costume de combat. L'exemplaire m'arriva, mais j'y cherchai en vain le portrait. C'était l'impayable ministre Buffet, entré depuis au Sénat pour ne pas sortir de la réaction, qui avait interdit la circulation en France de l'image du grand libérateur.

Depuis une quinzaine d'années, il s'était vendu chez nous par centaines de mille et par millions des portraits de Garibaldi. Les despotes les plus asiatiques n'avaient jamais songé à proscrire cette admirable figure. Le ministre du despote africain Mac-Mahon avait jugé dangereuse pour la sécurité de l'état de siège la reproduction des traits du héros de Marsala en tête de l'édition française de ses *Mille!*

Que diable pouvait espérer Buffet de cette bouffonnerie? Ce personnage verdâtre et bossu était-il jaloux de la prestance de Garibaldi? Etait-ce sa popularité qui le gênait? Avait-il l'amusante prétention de rayer de la mémoire des peuples le souvenir de ce grand homme? Aurait-il voulu qu'on remplaçât, à la première page du volume, le portrait de Garibaldi par le sien?

Certains gouvernants atteignent un tel degré d'incongruité intellectuelle que toutes les suppositions sont permises à leur égard.

La plus vraisemblable était que Buffet avait arrêté à la frontière l'image du blessé d'Aspromonte par un sentiment de basse flatterie envers le blessé de Sedan. Le vainqueur de Palerme avait incontestablement reçu la balle que Victor-Emmanuel, dans sa royale gratitude, lui avait fait envoyer dans le pied, en échange des deux Siciles qu'il avait acceptées de lui.

Cette blessure avait causé en Europe une rumeur

énorme et l'extraction du projectile opérée par Nélaton avait fait plus pour la réputation du célèbre chirurgien que toutes les cures qui avaient signalé sa carrière.

Pas une voix, même parmi les plus odieux réactionnaires, ne s'était élevée pour contester l'authenticité de ce coup de feu. Or, la France aussi avait son blessé. Il s'appelait non Garibaldi, mais Mac-Mahon. Il avait reçu également un projectile, pas à Aspromonte, mais à Sedan... Lequel? Telle était la question. Etait-ce un éclat d'obus, une chevrotine ou un noyau de pêche?

Le général du Temple, du haut de la tribune de l'Assemblée nationale, avait prétendu que ce n'était rien du tout. Et cette plaie horrible qui l'avait soustrait à la dure nécessité de mettre sa signature au bas d'une capitulation désastreuse, sur quelle partie de son corps était-elle visible et constatable? Sur le dos? Au mollet gauche? A l'épaule droite? Mac-Mahon, dans son stoïcisme, avait constamment refusé de nous l'apprendre.

Quel était le chirurgien qui l'avait pansé, soigné et consécutivement guéri, puisqu'il jouissait, au moment de l'apparition du livre de Garibaldi, d'une santé beaucoup plus robuste que celle de la République qu'il présidait? Etait-ce une cure d'eau de la Salette qui nous l'avait rendu? Tout, sur cet objet, n'était que ténèbres et incertitudes.

L'inexplicable interdiction du portrait du héros de Dijon se trouvait ainsi parfaitement expliquée. Le flagorneur Buffet n'avait pas voulu que les zoïles, dont le métier est de mordre la base des statues, pussent, devant la représentation de ce vrai blessé, soulever des comparaisons fâcheuses pour un maréchal dont certains députés de la droite niaient eux-mêmes la blessure, laquelle n'était indiquée sur aucune carte de l'état-major.

Cependant, en fait d'interdictions, la plus renversante fut celle de la distribution des prix du collège Chaptal. MM. Buffet, ministre de l'Intérieur, et Ferdinand Duval, préfet de la Seine, avaient découvert dans cette agglomération d'adolescents cités dans le palmarès une réunion illicite et un rassemblement non autorisé.

C'était grand comme le monde et en tout cas unique dans l'histoire de l'Université. Pour être logiques, le ministre et le préfet auraient dû supprimer également les collèges et en condamner les professeurs comme chefs d'associations clandestines.

Ces « jeunes élèves », divisés en externes et en internes, qui se réunissaient tous les jours sous le fallacieux prétexte d'étudier le latin ou les mathématiques, n'étaient au fond que des conspirateurs complotant le renversement du ministère Buffet.

Et les parents des affiliés à la société secrète dissimulée sous le nom de collège Chaptal faisaient eux-mêmes partie de la conjuration, car ils étaient venus en masses serrées à la distribution des prix où ils comptaient sans doute passer la revue de leurs forces.

Le préfet Duval aurait pu les faire arrêter. Il s'était généreusement contenté de les laisser se morfondre à la porte, après la leur avoir fermée sur le nez.

Ce n'était déjà plus là de la simple imbécillité, c'était de la provocation caractérisée. Il sautait aux yeux que le gouvernement s'étudiait à pousser à bout la nation, afin de saisir l'occasion d'un coup de force.

On s'y préparait déjà, bien qu'il ne dût éclater que plus tard, au 16 Mai, et les ministres se réunirent solennellement, non en conseil, mais en concile, pour délibérer sur une question capitale : celle de savoir si à la fin des grand'messes le clergé ne serait pas tenu d'entonner un *Domine salvum fac Mac-Mahonem*.

Malheureusement, au point de vue euphonique, ce *fac*, rapproché de ce *Mac*, prêtait un peu à rire. On m'assura que Buffet avait rappelé à lui tout son latin afin d'arriver à tourner cette difficulté. Quant à l'accusatif *Mahonem* choisi pour désigner cet accusé, il en disait gros sans en avoir l'air. Pourquoi plutôt *Mahonem* que *Mahonum ?* Parce que le premier rimait avec *imperatorem* et que le second eût rimé avec Barnum. Il y avait tout un poème au fond de la déclinaison adoptée à la suite de la délibération ministérielle.

Mais qu'il se terminât en *em* ou en *um*, le chant liturgique n'en remplaçait pas moins le mot de *République*, institution légale du pays, par le nom d'un homme. Le gouvernement personnel s'affirmait ainsi avec une effronterie toute dictatoriale, car jamais on n'avait eu l'idée de faire chanter dans les églises le *Domine salvum fac Thierum* ou *Thierem*, et depuis personne n'a proposé le *Salvum fac Carnotum* ou *Carnotem*. Les prêtres soutiendront peut-être que c'est pourquoi il a été poignardé par Caserio

Nous suivions attentivement, du fond de notre exil, cette dégringolade, laquelle démontrait, sans réfutation possible, que la Révolution du 18 Mars avait été réellement faite, non en face de l'ennemi vainqueur, comme le répétaient quotidiennement les gazettes versaillaises, mais en face des chouans qui, étant alors les maîtres du gouvernement, apparaissaient comme infiniment plus dangereux que les autres, ceux de 93.

La peur de voir les faits justifier à ce point notre

attitude était d'ailleurs ce qui préoccupait le plus les « sphères » officielles. On faillit interdire un congrès géographique uniquement parce que quelques voix timides avaient sollicité en faveur d'Elisée Reclus, le premier géographe de France, proscrit à cette époque comme le peintre Courbet, comme le sculpteur Dalou, comme l'écrivain Jules Vallès et comme moi-même, un laissez-passer qui lui permît d'assister à ces assises scientifiques.

Mac-Mahon, qui croyait que le *Demi-Monde* d'Alexandre Dumas fils était le récit d'un voyage de circumnavigation, ne vit dans cette insistance à réclamer la rentrée de l'auteur de la *Nouvelle Géographie universelle* qu'une glorification de la Commune et interdit plus strictement la frontière à l'illustre savant. Il eût été, je le reconnais, assez embarrassé devant l'accueil que l'Europe scientifique réservait à Elisée Reclus, le plan de la réaction étant de persuader à nos voisins comme à nos compatriotes que l'insurrection communaliste ne comptait dans ses rangs que des brutes ou des repris de justice.

Or, qu'un étranger en visite à l'exposition de géographie adressât cette question à un membre de l'Institut :

— Quel est le plus renommé de vos géographes ?

Le membre questionné eût bien été obligé de répondre :

— C'est incontestablement M. Elisée Reclus.

Et si, poursuivant son interrogatoire, l'étranger avait ajouté :

— Je serais heureux d'aller saluer cet homme célèbre. Pouvez-vous me donner son adresse ?

Ce membre confus se serait vu dans la nécessité de répliquer :

— Son adresse est partout, excepté en France d'où on l'a éloigné depuis quatre ans.

— Pour sa santé ?

— Non, pour s'être mêlé à la prise d'armes du 18 Mars.

— Mais les journaux français ont prétendu n'y avoir découvert que des faussaires, des escarpes et des cambrioleurs. Il s'y trouvait donc aussi des géographes ?

Après avoir tenté d'écraser sous le mépris public cette révolte républicaine, il était on ne peut plus gênant d'avoir à reconnaître que des gens illustres y avaient pris une part active.

A la curiosité de savoir pourquoi Elisée Reclus était proscrit eût probablement succédé celle de connaître les noms des juges qui avaient prononcé la sentence de proscription, et quand on aurait constaté que c'étaient ceux des officiers de Metz, de Sedan, de Champigny, de Montretout et des ponts sur la Marne, on se serait demandé à quel degré d'abâtardissement avait bien pu descendre un pays où les savants étaient ainsi expulsés par les ignares, et où l'accusé aurait eu le droit de mettre son tribunal à genoux, au milieu du prétoire, avec le bonnet d'âne, après lui avoir infligé comme pensum l'obligation de copier deux cents fois de suite les noms de toutes les villes et citadelles qui avaient capitulé pendant la dernière guerre.

La vérité est comme la poussière : on a beau fermer toutes les portes d'un appartement, elle y pénètre quand même. Bien qu'étroitement surveillés, les forçats de la Commune arrivaient toujours à nous faire parvenir leurs plaintes et le récit de leurs misères. Nous nous étions évadés non seulement pour recouvrer notre liberté, mais pour travailler à celle des autres. Quant à moi, je ne songeais qu'à accumuler, sur le régime que subissaient nos codéportés, les documents de nature à imposer peu à peu l'amnistie. Je me hâtai donc de faire circuler le rapport suivant, dérobé dans les bureaux du gouverneur de la Nouvelle-Calédonie, et qui m'était envoyé de Nouméa même.

La pièce était authentique, écrite sur papier officiel, et portait tous les timbres et tous les cachets de l'administration. Il m'eût donc été facile de la faire photographier et d'en adresser des épreuves aux incrédules. Voici cette monstruosité :

MARINES ET COLONIES

NOUVELLE-CALÉDONIE

Demandes ou réclamations
Avis ou observations.

Monsieur le directeur,

J'ai l'honneur de porter à votre connaissance un fait d'une gravité exceptionnelle. Le condamné **6042** vient de succomber des suites d'une indigestion dans les circonstances suivantes :

Cet homme était au régime F. pour refus de travailler au débardage des bois; il n'avait pas mangé depuis cinquante-neuf heures. Je l'avais visité ce matin; il m'avait paru faible, quoique persistant dans son refus. Une heure après ma visite, et pendant que j'étais à déjeuner, ce condamné fit appeler le surveillant chef et lui manifesta son désir d'obéir et d'aller au travail. Incontinent, il fut extrait de sa cellule, et on lui remit dans les mains en un *pain chaud, fumant encore, sortant du four à la minute,* les trois rations qui lui étaient dues. Notez, monsieur le directeur, que le pain cuit aujourd'hui ne sera distribué que demain, et qu'aujourd'hui même, c'est du biscuit qui a été distribué et non du pain.

Ce qui a suivi était facile à prévoir : le malheureux s'est jeté avidement sur cette nourriture plus meurtrière pour lui qu'un revolver. Je n'ai pas à apprécier la conduite du surveillant chef et les instructions qu'il a pu recevoir au sujet des condamnés ; seulement, comme je ne veux pas plus longtemps mettre mon nom au bas de constats de ce genre, je vous prie de prier monsieur le gouverneur de me faire remplacer dans le service de l'île Nou : tout autre poste, quel qu'il soit, me conviendra mieux.

Salutations respectueuses.

A. J...BERT,
Médecin auxiliaire de la marine.

Ile Nou, 4 janvier.

P. S. — Le directeur de la transportation, en transmettant la présente réclamation à monsieur le gouverneur et commandant en chef, expose respectueusement que le condamné dont s'agit avait dit précédemment qu'un jour ou l'autre il mettrait fin à ses jours, et qu'il y a lieu de supposer qu'il aura profité de l'occasion qui s'offrait. D'ailleurs, instruit et intelligent, il ne pouvait ignorer les conséquences de sa gloutonnerie. *C'est un condamné dangereux de moins à surveiller.*

Si monsieur le gouverneur accueillait favorablement la requête ci-dessus, le directeur de la transportation désirerait que M. Santini, qui est actuellement au Diahote, reprenne le service de l'île Nou. Ancien et bon serviteur, cet officier de santé n'entravera pas le service pénitentiaire *par des scrupules déplacés.*

Profond respect.

Le directeur de la transportation,
CHARRIÈRE.

Nouméa, le 5 janvier 1875.

Réponse :

Accordé. Faire l'ordre de permutation.

P. O. ALLEYRON.

Il nous fut impossible de lire couramment le nom de l'honorable médecin qui jeta ainsi son avancement au panier plutôt que de servir d'aide au bourreau. Son nom commençait par A. J..., puis trois ou quatre lettres indéchiffrables, et se terminait par *bert*. Mais ce titre, ajouté à son nom : *médecin auxiliaire de la marine*, eût permis de le retrouver facilement.

J'étais curieux de savoir comment les réactionnaires, qui ne peuvent subir un jour de prison sans se plaindre d'être fructidorisés, défendraient désormais ce gouvernement qui laissait ses condamnés CINQUANTE-NEUF HEURES sans nourriture, et qui, n'osant pas les tuer trop fréquemment à coups de revolver, les tuait par le pain chaud. Et ce Charrière, qui était lieutenant-colonel et qui trouvait moyen de reprocher à un homme, à jeun depuis trois jours, sa gloutonnerie ! Quelle sérénité dans cette réflexion d'une philosophie si douce : *C'est un condamné dangereux de moins à surveiller!*

Il y avait encore le Corse Santini, cet « ancien et bon serviteur », particulièrement remarquable par son absence de scrupules déplacés.

Remarquez que pour le colonel Alleyron, pour le gouverneur Pritzbuer, pour le Corse Santini, pour le lieutenant-colonel Charrière et pour le maréchal de Mac-Mahon, Raoul Rigault était « farouche » et Ferré « épouvantable ».

On avait ainsi la preuve que les cachots de l'Inquisition étaient des Alcazars d'Eté et les mines de Sibérie des Folies-Bergère en comparaison des bagnes néo-calédoniens. Les Chinois n'avaient plus qu'à brûler leurs cangues et à transformer en socs de charrues leurs carcans à pointes d'acier. Torquemada aurait pu prendre des leçons du gouverneur Alleyron et de ses aides.

Laisser un homme cinquante-neuf heures sans manger et faire ensuite briller aux yeux de ce Tantale quatre livres de pain chaud qui doivent inévitablement l'étouffer, les chauffeurs de la bande d'Orgères n'auraient certainement pas trouvé celle-là.

Mais toutes ces révélations avaient peu à peu leur contre-coup. A mesure qu'on essayait de déplanter à l'Elysée les institutions républicaines, elles s'implantaient plus profondément en France. Un incident du voyage de Mac-Mahon dans le Nord avait provoqué une assez vive émotion dans le pays. Un Lillois, sur le passage du président, au milieu de son état major royaliste, s'étant permis de crier :

« Vive la République ! »

Le général Loysel répondit par un :

— Taisez-vous donc, imbécile !
qui fit sensation.

On commenta beaucoup et la probité politique et la distinction native de ces messieurs de l'état-major présidentiel. Mac-Mahon, si borné qu'il fût, avait été, paraît-il, assez vivement frappé de ce mouvement d'opinion et avait donné l'ordre à son entourage de ne plus protester désormais contre un cri absolument constitutionnel.

Devant les manifestations désagréables pour lui qui continuaient à se produire, il se contentait de s'incliner. Il est probable qu'à ce moment déjà il pressentait soit le coup d'Etat obligatoire qu'il essaya sans succès au 16 Mai, soit la démission.

En prévision de ce dernier événement, il s'occupait de pourvoir ses serviteurs. Marchi, le geôlier corse qui avait si complaisamment prêté ses sentinelles et ses clefs à l'évasion de Bazaine, fut nommé directeur du dépôt des condamnés de Saint-Martin-de-Ré, avancement d'autant plus étrange et scandaleux que ce policier, poursuivi pour avoir ouvert à un condamné politique la porte de sa prison, était de nouveau chargé de garder des hommes politiques.

Seulement, son évadé étant un bonapartiste, on supposait non sans raison qu'il surveillerait avec la dernière rigueur ses nouveaux prisonniers, qui étaient républicains.

Cette fin de comédie était inévitable. D'abord les maréchaux ne se mangent pas entre eux. En second lieu, Mac-Mahon, qui était allé capituler à Sedan au lieu de se rabattre de notre côté pour couvrir Paris, n'était pas bien sûr que Bazaine fût plus coupable que lui.

Comment n'aurait-il pas compati à un supplice que, sans l'écrasement de la République, il aurait lui-même frisé de si près? Impitoyable envers les révolutionnaires qui avaient pris les armes pour la liberté, parce qu'il se sentait absolument incapable de se trouver dans le même cas, il était plein d'indulgence pour un monarchiste qui avait livré son pays, comme si lui aussi avait pu être accusé de l'avoir ouvert à l'invasion.

Ce qui, toutefois, sautait aux yeux, c'était cet écart énorme entre la récompense accordée à Marchi, le gardien de Bazaine, et la destitution infligée à Gauthier de la Richerie, notre gardien à nous. Le gouverneur de la Nouvelle-Calédonie ne pouvait être suspecté d'avoir favorisé notre fuite, ses états de service à Cayenne après le coup d'Etat ayant donné la mesure de son libéralisme. Nous avions d'ailleurs choisi pour regagner l'Europe le moment où il était en excursion dans l'intérieur de la colonie.

Fallait-il conclure de cette différence dans le traitement appliqué aux deux guichetiers coupables, que nous autres vils déportés, qui de casemates en entreponts avions traîné jusqu'aux confins du monde une existence devenue purement végétative, nous avions, aux yeux mêmes de nos exterminateurs, plus d'importance qu'un maréchal de France, ancien commandant général de toutes les troupes de l'Empire? Il y aurait eu là une étrange reconnaissance de la supériorité du civil sur le militaire. Mais cette supposition, excessivement flatteuse pour les déportés, eût été par trop humiliante pour les maréchaux.

Aussi, tout ce que nous conclûmes modestement de cette contradiction apparente, c'est qu'aux yeux de Mac-Mahon le plus odieux des traîtres, pour peu qu'il fût réactionnaire, était infiniment moins criminel que le plus loyal des hommes, dès qu'il se proclamait républicain.

Et c'était par crainte que les départements, consultés en bloc, ne donnassent une énorme majorité à l'idée républicaine, que le vieux maréchal réclamait avec la dernière violence le scrutin d'arrondissement, infiniment plus facile à influencer. On peut, en effet, pourrir ou acheter une bourgade. On n'achète pas une province.

Et si on lui refusait son scrutin favori, il menaçait le peuple de le ramener aux plus mauvais jours des ministères de Broglie et Fourtou, éloignés pour un moment, mais toujours gardés, comme en-cas, dans la coulisse.

Il y avait pour ces deux ministres quelque chose

d'assez blessant dans l'espèce de chantage dont ils étaient les héros. Mac-Mahon montrait à la nation ces deux champignons du bonapartisme septennal, comme on met à un passant un pistolet sur la gorge :

— Ah ! c'est comme ça ! Ah ! vous me refusez le scrutin d'arrondissement ! Eh bien, j'ouvre les écluses. J'irai chercher dans les sous-sols parlementaires les individus les plus conspués et je les placerai à la tête des affaires. Les députés de l'opposition étant inviolables, il m'est interdit de les envoyer aux travaux forcés, mais je puis les condamner à sept années de de Broglie. C'est à peu près la même chose.

Alexandre avait laissé son empire « au plus digne », Mac-Mahon distribuait les portefeuilles aux plus impopulaires. Il avertissait les républicains qu'il allait rappeler les conspirateurs du 24 Mai comme on fait peur du « ramoneur » aux enfants qui refusent d'aller au lit. Il était assez vexant pour la gauche d'être traitée comme une enfant. Mais il ne l'était pas moins pour de Broglie et Fourtou d'être considérés comme des ramoneurs.

Et malheureusement la presse dite démocratique conservait devant ces provocations une attitude vraiment déconcertante. N'osant attaquer en face les chefs du complot, elle procédait par négation ou par prétérition :

« Le maréchal, dans sa loyauté, ne voudra pas se mettre en opposition avec la souveraineté nationale. »

Ou :

« Ce serait faire injure au président de la République que de le supposer capable de… »

Ou plus fréquemment encore :

« Nous n'avons pas reçu les confidences du maréchal, mais nous le savons trop honnête pour.., »

Or le maréchal n'avait pas plus à menacer qu'à discuter. Il n'avait qu'à obéir. Qu'il fût loyal ou déloyal, honnête ou malhonnête, blessé ou intact, c'était son affaire et non la nôtre. Il était appointé pour exécuter les décisions des deux Chambres, non les siennes. Nous n'avions pas à examiner s'il avait donné son cœur au scrutin de liste ou au vote uninominal. La seule expression de ses préférences constituait déjà une violation de la Constitution.

Ce président n'était en fait que le directeur du théâtre politique de Versailles et en cette qualité était tenu de se plier aux décisions du public. Les directeurs de l'Opéra déclarant avant la représentation qu'ils feront fusiller tous ceux qui refuseront d'applaudir n'eussent pas été plus originaux que l'inconscient Mac-Mahon avec sa prétention de dicter aux représentants de la France les votes que, sous peine de mort, ils étaient tenus d'émettre.

Au reste, il n'avait pas à se gêner beaucoup avec une Constitution dont le père Wallon, qui l'avait mise au monde, contestait lui-même la légitimité, la traitant comme une enfant naturelle à peine reconnue et née dans une nuit de malheur. Le *Domine salvum fac Mac-Mahonem* ayant été définitivement rejeté, ce Wallon n'alla-t-il pas en personne trouver le pape, qui était alors Pie IX, pour lui demander si l'introduction du *Salvam fac Rempublicam* dans la sainte messe ne choquerait pas outre mesure le chef de la chrétienté ?

Comme père, ce ministre de l'instruction publique ne pouvait, à moins d'infanticide, se refuser à prier pour le salut de sa fille ; mais, comme catholique, il ne se croyait pas le droit d'appeler les bénédictions de son Dieu sur une forme de gouvernement que l'Inquisition et la cour de Rome avaient de tout temps condamnée.

Il n'eut pas de peine, du reste, à expliquer au représentant de Jésus-Christ — représentant de commerce, — qu'aucune monarchie n'avait encore offert à la papauté la dixième partie des richesses dont l'avait comblée notre candide République.

Sous quel Henri V ou sous quel Philippe VII le Saint-Père eût-il obtenu une loi plus jésuitarde que celle dont l'Assemblée de Versailles venait d'enrichir nos Codes? Dans quel pays saturé d'obscurantisme eût-on toléré plus généreusement les conférences où le capitaine de Mun prêchait en présence d'officiers en uniforme la désobéissance à la Constitution?

Où aurait-on vu fleurir plus ouvertement les pèlerinages et couler plus abondamment les eaux de la Salette? Sous quel régime les filous eussent-ils escroqué aux crétins et aux vieilles folles plus de millions pour le Denier de Saint-Pierre?

Quoi qu'on lui eût présenté aux lieu et place d'une République aussi peu républicaine, le pape n'aurait eu qu'à y perdre. Défendre à ses curés de faire des vœux pour elle eût été se retirer lui-même le pain de la bouche.

Il comprit qu'en effet il ne trouverait jamais mieux et répondit aux supplications du marguillier Wallon par l'autorisation de laisser chanter dans toutes les églises le *Salvam fac* demandé.

Cependant, du moment où le gouvernement français reconnaissait ainsi cet Italien comme le véritable maître de la France, qu'eût décidé le pauvre Wallon si, en qualité de parrain du prince impérial, Pie IX avait exigé qu'on remplaçât à la messe le mot de *Rem-*

publicam par le mot *Napoleonem ?* On est catholique ou on ne l'est pas.

Une des fleurs un peu fanées du bonapartisme, M. Schneider, ancien président du Corps législatif, mourut sur ces entrefaites. Il était, on le sait, directeur des forges du Creusot, et on ne manqua pas de rappeler, au moment de la disparition de cet industriel, la grève pendant laquelle, faisaient remarquer avec indignation les feuilles conservatrices, il perdait « huit cent mille francs par jour ».

Fallait-il qu'il en eût gagné sur ses ouvriers, de francs, pour en perdre huit cent mille en une seule journée ! Cette constatation furieuse était la plus éclatante justification de la grève à laquelle notre codéporté Assi avait énergiquement contribué.

Naturellement son nom fut, à l'occasion de la mort de M. Schneider, remis sur le tapis, et comme les journalistes de l'ordre ne pouvaient admettre qu'un homme de désordre en provoquât dans un intérêt autre que le sien, le *Gaulois* apprenait à ses lecteurs qu'Assi était « l'agent » des ennemis de M. Schneider.

Voilà un agent qui s'était sans doute fait payer singulièrement cher son intervention, car il est probable que le directeur du Creusot l'aurait couvert d'or pour l'engager à faire reprendre les travaux dont la cessation lui coûtait huit cent mille francs par jour.

Or « l'agent » Assi, avec lequel j'étais enfermé dans les casemates du fort Boyard, dissimulait si obstinément l'immense fortune acquise par ses intrigues, qu'il affectait de manquer de tout, au point que nous le forcions souvent à ajouter à l'ordinaire de la prison quelques petits extras prélevés sur nos ressources personnelles.

La famille de ce gréviste effréné était sans aucun

doute de « mèche » avec lui, car il reçut un jour de son frère une lettre où je me rappelle avoir lu cette phrase :

— Maman et moi nous t'envoyons cinq francs. Nous aurions bien voulu te donner un peu plus, mais le travail n'a jamais été si mal.

Poussant jusqu'au bout son personnage, Assi cultivait à la presqu'île Ducos, où je le retrouvai, un carré de choux qu'on aurait juré être de Bruxelles, tant les légumes se développent dans cette terre féconde. Ce millionnaire y buvait de l'eau croupie au lieu de champagne et il portait une vareuse en lambeaux quand il aurait pu s'offrir les premiers tailleurs de Paris.

Il s'enfonça plus encore dans la voie de la dissimulation : il mourut en Nouvelle-Calédonie et y repose au milieu des nombreux camarades qui, comme lui, ont porté jusque dans la tombe le secret de leurs trésors.

Je repris pendant quelque temps ma collaboration à la *Lanterne* à cinq centimes, qui se publiait à continue de se publier à Paris, celle de Genève, à cause des non-valeurs, me coûtant décidément trop cher pour y être continuée. Ayant été condamné sous l'initiale de X, je modifiai cette désignation ainsi : X...Y. Mais les juges refusèrent de s'y tromper, et, comme l'athéisme surtout leur tenait au cœur, ils se précipitèrent comme des jaguars sur le premier de mes articles qui effleurait la divinité.

Il était intitulé le *Charpentier Jésus* et fit tant de bruit à cette époque de cléricalisme effréné qu'il provoqua une dénonciation à la tribune et faillit amener un duel. Voici le morceau :

LE CHARPENTIER JÉSUS

J'ai connu autrefois un vieux juif, grand amateur de curiosités, qui, me montrant un jour une table extraordinairement vermoulue, me dit avec le plus grand sérieux :

— Vous savez qu'avant de courir les rues pour prêcher sa doctrine Jésus-Christ a travaillé comme charpentier dans l'atelier de son père. En remontant à la fabrication de cette table, que je vous prie d'examiner, j'ai acquis la certitude qu'elle était son ouvrage. Voyez-moi comme c'est solidement établi. Si ce garçon-là avait voulu s'appliquer un peu, il aurait admirablement réussi dans la charpente. Mais ses parents ne pouvaient pas le tenir, il était toujours dehors. Quand il arrivait à faire sa demi-journée, c'était tout le bout du monde. Il s'en allait perpétuellement causer avec des savants de choses qui ne le regardaient pas. Aussi avait-il fini par bousiller tout ce qu'on lui donnait à faire. On le renvoyait de tous les ateliers. Et pourtant, ça n'était pas l'intelligence qui lui manquait pour son état. Quand on lui a présenté la croix où il allait mourir, il s'est écrié au premier coup d'œil :

— C'est bien mal raboté ; ça doit venir de chez un tel.

Cette façon de juger au point de vue de la menuiserie le fondateur du christianisme m'a été remise en mémoire par la conférence que M. Loyson a faite dimanche passé, comme par celle qu'il fera dimanche prochain. La religion dans laquelle nous sommes presque tous nés, ce qui ne prouve pas que nous y mourrons, s'accommode, comme la matelote, de trente-six manières diverses. Pour le père Loyson, on peut se marier sans cesser d'être prêtre, et la présence de Mme Loyson n'empêche en quoi que ce soit le Sauveur de s'installer en chair et en os dans l'Eucharistie. Pour le père Veuillot, M. Hyacinthe a cessé d'être prêtre le jour où il a renoncé au célibat, et il aurait beau prononcer sur l'hostie les paroles les plus sacramentelles, en répétant du matin au soir :

Descends, Jésus-Christ, descends jusqu'en bas !
— Non, disait le Christ, je ne descends pas !

Pour la plupart des Européens, le Rédempteur des hommes a été crucifié un certain vendredi d'une certaine année. Pour les Russes, il l'a été cinq jours plus tard, ce qui laisse à supposer que l'une des deux sectes se trompe d'anniversaire, sans quoi il faudrait admettre qu'il a été crucifié deux fois ou qu'il ne l'a pas été du tout. A mon retour d'Océanie, où j'avais été envoyé, — avec une mission du gouvernement, — j'ai été assailli sur le steamer de la Compagnie transocéanienne par des nuées de pasteurs qui tous donnaient aux Evangiles une interprétation différente. Les uns appartenaient à l'Eglise orthodoxe, les autres à l'Eglise libre. Les uns étaient méthodistes, presbytériens, anglicans ; les autres étaient derbystes, anabaptistes ou séparés-derbystes. C'était auquel nous entraînerait dans les petits coins pour nous avertir de nous défier des prédications de son voisin, lequel nous conduirait inévitablement en enfer par le plus court chemin d'un point à un autre. Comme ces hommes, qui vivaient grassement de leur religion, refusaient de croire que nous n'en eussions aucune, nous avions fini, pour nous en débarrasser, par leur raconter que nous appartenions à une Eglise nouvelle, celle des « universalistes ».

A Genève, même guitare ; le clergyman Pressensé, qui vient de temps en temps y faire des élus, pour se consoler de n'avoir pu se faire réélire, donne des démentis à la doctrine que le révérend Loyson prêche dans la maison d'en face. Après quoi survient un coadjuteur du dégommé Mermillod, qui fourre dans le même sac le clergyman Pressensé, le révérend Loyson, puis les précipite tous deux dans les flammes éternelles. Et quand un journaliste se permet la moindre critique à propos de cette religion sur laquelle ceux mêmes qui sont chargés d'en faire ressortir les beautés ne sont pas encore parvenus à s'entendre, on le traîne devant les tribunaux comme accusé du crime de n'avoir pas compris ce qui est resté jusqu'ici absolument incompréhensible.

M. Loyson, qui se dit chrétien, parlera dimanche contre M. Dupanloup qui prétend l'être. M. Dupanloup fera répondre dans la *Défense* des injures à M. Loyson, et le gouvernement mettra le holà en réclamant contre le *Radical* une condamnation sévère, sous prétexte qu'il a tourné en dérision un culte « reconnu ». Ce dont nous défions le gouvernement, par exemple, c'est de nous apprendre si ce culte est celui des catholiques romains, des catholiques libéraux, des presbytériens, des méthodistes, des anabaptistes, des orthodoxes, de Pierre, de Paul, de Jacques, de l'évêque de Nevers, de Loyson, de Pressensé ou de Mermillod, qui tous se déclarent en possession de la vérité.

Aussi ai-je souvent pensé que mon vieil amateur de curiosités avait probablement raison, et que Jésus-Christ aurait peut-être sagement agi en restant dans la charpente. Il aurait épargné à l'humanité bien des discussions, bien des procès onéreux et pas mal d'autodafés dans lesquels ont été réduits en cendres pas mal de millions d'hommes.

X...Y.

Un vieil ultramontain déchaîné, nommé Kolb-Bernard, mort depuis, lut ce blasphème devant la Chambre épouvantée de tant d'audace. Il demandait et obtint, naturellement, des poursuites contre la *Lanterne*, ce qui constituait une preuve insuffisante de la divinité de Jésus-Christ. Je répondis à ce dénonciateur par cet autre article :

ENFER ET DAMNATION

Kolb-Bernard, vous perdez tout sang-froid. Vous n'êtes plus l'homme que j'ai connu à Wagram. Comment ! vous m'accusez d'avoir emprunté à un « langage d'ignominie et de boue mes dérisions et mes blasphèmes pour les jeter à celui qui porte le nom trois fois saint devant lequel tout genou doit fléchir au ciel, sur la terre et dans les *enfers!* » Mais qu'ai-je donc fait pour m'attirer ce dévergondage de substantifs cléricaux ? Tout le monde va supposer que vous m'avez surpris aux Champs-Elysées dans un de ces bosquets aimés de Germiny. Quelque habitué que soit le public au vocabulaire des fils Angot de l'ultramontanisme, jamais il ne voudra croire que j'ai provoqué une pareille averse en rappelant simplement que Jésus-Christ avait été charpentier.

Il me semble, mon bon Kolb, que ce métier n'est en quoi que ce soit déshonorant. Je comprendrais votre indignation si je m'étais permis d'insinuer que le Christ avait été ministre de Napoléon III ou candidat officiel sous l'Empire, mais, charpentier, rien de plus digne. Je ne pouvais pas écrire qu'il avait été tailleur. Vous ajoutez, mon bon Kolb, que tout genou doit fléchir devant lui, au ciel, sur la terre et dans les enfers ! Vous n'êtes pas cependant sans savoir qu'une foule de gens, presque aussi célèbres que vous ou moi pouvons l'être, ont si peu fléchi devant votre Dieu qu'ils ont refusé de passer par son église le jour de leur enterrement.

Parmi ces blasphémateurs, nous comptons Michelet, Quinet, Félicien David, Dorian, Esquiros, et si votre âge vous permet d'attendre encore quelques années, il est probable que vous verrez cette liste d'illustrations contemporaines s'allonger sensiblement.

Quelque folichonne que soit votre lettre à M. Jules Simon, j'y relève un mot qui glace le rire sur mes lèvres. En affirmant que tout genou doit fléchir devant le Christ, même « dans les enfers », vous paraissez donner à entendre que, du moment où je me refuse à ce fléchissement, je ne serai seulement pas admis à occuper une place dans le séjour ordinaire des damnés, lequel serait encore trop doux pour moi. Mais, alors, on organiserait donc à mon intention un enfer spécial ? J'ai vu celui de Michel-Ange, où les supplices me faisaient pourtant l'effet d'être passablement douloureux. L'enfer du Dante a aussi sa réputation, au point de vue de l'originalité des tortures. Toutefois je m'étais peu à peu accoutumé à l'idée de les subir. Je me disais :

— Je ne serai pas seul dans la fournaise, la plupart de mes amis défunts s'étant fait enfouir civilement.

J'ai d'ailleurs encouru déjà assez de jugements pour que le jugement dernier n'ajoute pas grand'chose à mon casier judiciaire. Mais si les broches rougies à blanc, les infusions de soufre enflammé et les décoctions de plomb fondu décrites par l'amant de Béatrix ne sont pas suffisantes pour châtier ma scélératesse, où diable va-t-on me conduire après ma mort? Kolb, mon excellent Kolb, apprenez-moi à quelles effroyables épreuves je suis réservé, et je vous pardonne toutes les injures malsonnantes dont vous avez émaillé votre dénonciation contre mon article. Vous vous taisez? C'est donc bien horrible? Je devine. Je serai condamné à avoir constamment devant les yeux le portrait de M. Buffet, à manger ma soupe dans la cuirasse du capitaine de Mun, peut-être à lire et à relire vos discours pendant l'éternité. Oh non! les infusions de soufre, les décoctions de plomb fondu, tout ce que voudrez, mais pas ça! pas ça!

J'ignore quel compte M. Jules Simon tiendra de votre lettre, mais elle révèle chez celui qui l'a rédigée une si rare distinction, elle est pleine de locutions si profondément poétiques, comme, par exemple, « presse dégradée », « article infâme », « boue et ignominie », « fange » et autres délicatesses, qu'à votre place je n'hésiterais pas à composer une suite à la *Divine Comédie*, dans laquelle j'énumérerais les punitions qui attendent dans ce monde et dans l'autre les journalistes de la « presse dégradée », et qu'à seule fin d'embêter le Dante j'intitulerais carrément :

L'Enfer de Kolb-Bernard.

X...Y.

Le comte de Mun, le président des cercles catholiques, avait, dans la discussion, lancé à mon adresse quelques paroles que je jugeai outrageantes et dont je lui fis demander réparation par deux amis, Alexis Bouvier et Emile Gautier, qui fut plus tard chargé au *Figaro* de la partie scientifique. Le capitaine-député de Mun avait déclaré, entre autres amabilités, que « je n'avais pas le droit de vivre ».

A quoi je ripostais :

— Puisque je n'ai pas le droit de vivre, venez me tuer.

Il constitua deux témoins qui informèrent les miens que leur client « n'avait rien à répondre à M. Rochefort ». La religion catholique interdisant formellement le duel, il se fût mis, en effet, dans un assez mauvais cas au point de vue canonique en allant sur le terrain. On remarqua à la Chambre qu'à l'issue négative de ces pourparlers l'évêque Dupanloup, tout fougueux qu'il était, alla féliciter chaudement à son banc mon adversaire d'avoir su résister à sa fougue.

Mais ces polémiques de tous les jours ne peuplaient que faiblement ma solitude. Un matin, sans cause apparente et après m'être la veille couché suffisamment guilleret, je me sentis pris, enveloppé et serré comme dans un étau par cette sensation étrange et presque indéfinissable qu'on appelle le mal du pays.

Je ne l'avais éprouvé ni en prison ni en Nouvelle-Calédonie et je ne l'ai pas non plus connu à Londres où j'ai récemment passé six ans. Pourquoi en fus-je atteint à Genève? Je ne m'en doute même pas. Le fait est que je me transformai tout à coup en nostalgique.

Cette maladie, d'autant plus douloureuse et inquiétante qu'elle a son siège partout et nulle part, commença par me faire maigrir de nombreux kilos en moins de deux semaines. Mes vêtements se croisaient de plus en plus sur ma poitrine, rentrée et souffreteuse. Je croyais vivre dans un brouillard qui me faisait escorte; comme dans une revue la neige tombait sur un vieux de la vieille et non sur les autres personnages qui l'écoutaient chanter son rondeau patriotique.

Je plongeais à travers la frontière des regards hébétés, dans lesquels s'imprégnait, quasi photographiquement, l'image de Paris, du dernier appartement que j'avais habité, des derniers meubles entre lesquels j'avais vécu avant mes catastrophes. Et comme porter à mes dents une bouchée de quoi que ce soit avait pris les proportions d'un supplice, le vide croissant de mon estomac se répercutait dans mon cerveau non moins vide, en hallucinations qui l'emplissaient des plus invraisemblables mirages.

Puis, épreuve particulièrement insupportable pour un homme qui n'a jamais été larmoyeur, des envies de pleurer qui subitement, sans préparation ni avertissement aucun, me faisaient éclater en sanglots au milieu de la phrase la plus banale.

Je me rappelle une visite de ma fille qui, étant venue me voir de Paris, me trouva au moment de me mettre à table. Elle s'invita à déjeuner avec son mari et s'assit à côté de moi. La présence d'un être cher aurait dû modifier au moins momentanément le cours de mes idées mélancoliques. Eh bien, au milieu du repas, je fus obligé de me lever pour sortir et, comme je ne rentrais pas, elle s'inquiéta de savoir ce que j'étais devenu. Elle me surprit alors la tête dans les mains appuyées sur mon bureau de travail et en proie à une silencieuse crise de larmes.

Cette lugubre nostalgie dura pour moi environ deux mois, après quoi les événements qui se précipitaient et laissaient supposer un prochain retour en France la dissipèrent peu à peu. Mais il m'en est resté une pitié profonde et presque fraternelle pour les pauvres soldats bretons ou autres qui, arrachés à leurs grèves ou à leurs champs, sentent, au milieu des brutalités du régiment, leurs souvenirs leur danser dans le crâne et en finissent par un coup de fusil avec ce tétanos.

Dans mon roman l'*Evadé*, que le *Rappel* publia à quelque temps de là, je mis mes souffrances au compte d'un pauvre troupier d'infanterie de marine qui, envoyé en Nouvelle-Calédonie, ne songe qu'aux montagnes de la Savoie, rapporte tout à elles, les mêle à toutes ses conversations et les fait intervenir dans toutes ses demandes et toutes ses réponses.

La conspiration du 16 Mai, qui constitutionnellement, aurait dû envoyer Mac-Mahon habiter la paillotte que j'avais laissée vide en m'évadant de la presqu'île Ducos, rendit l'espoir à tous les proscrits. La lettre impertinente où il reprochait en style de caserne à M. Jules Simon de n'avoir pas pris la parole contre l'abolition de la loi discrétionnaire appliquée à la presse, constituait le premier pas dans l'exécution du complot. Or, dans notre situation, que rien ne pouvait aggraver, nous ne demandions naturellement que plaies et bosses.

Dans le discours où il réclamait du Sénat un vote de dissolution contre la Chambre, le duc de Broglie dissimulait à peine les projets de coup de force qui se discutaient entre les murs de l'Elysée. Il avait dit à la séance sénatoriale du 21 juin :

— La séparation entre les conservateurs et les radicaux, c'est le cabinet actuel qui la fait avec l'aide du nom et de l'*épée* du maréchal de Mac-Mahon.

Et il avait appuyé d'une voix menaçante sur le mot « épée ».

Puis, accentuant encore le sens de sa déclaration, il divisait la France en deux parties distinctes : l'une qui suivait Mac-Mahon, et l'autre Gambetta.

« On use de tous les moyens, insistait-il, pour faire croire à ce malheureux pays qu'il est en danger. On excite les méfiances. Toutes ces menées seront vaines. Le pays n'hésitera pas entre le maréchal de Mac-Mahon, ce vieux serviteur du pays, défenseur de toutes les institutions nationales, et le dictateur de Bordeaux. »

Les institutions nationales, c'étaient le clergé,

l'armée, la magistrature que le gouvernement avait dans la main, mais ce n'était pas la République, dont, à la veille de l'étrangler, le monarchiste de Broglie n'avait pas osé prononcer le nom.

La dissolution fut naturellement votée par le Sénat, mais à l'infinitésimale majorité de dix-neuf voix, tandis que l'ordre du jour présenté au Palais-Bourbon contre les conspirateurs gouvernementaux avait été adopté par trois cent soixante-trois voix contre cent cinquante-huit, ce qui donnait à l'opposition du suffrage universel une majorité de deux cents voix.

Seulement le renvoi de la Chambre laissait à MM. de Broglie et Fourtou trois mois de dictature qu'ils employèrent stupidement à exaspérer non pas seulement la population des grandes villes à tendances révolutionnaires, mais jusqu'aux paysans des campagnes et aux employés de chemins de fer qu'on poursuivit devant les tribunaux pour lecture de journaux antiseize-mayeux.

Lire les journaux était le crime contre lequel aucune répression n'était assez rigoureuse. Les préfets eurent ordre de fermer le plus grand nombre possible des trois cent treize mille cabarets espacés sur le territoire de la République, et le *Français*, un des plus féroces parmi les journaux ultramontains, demandait le retour « au vieux cabaret légendaire où l'on buvait sec, mais où l'on n'outrageait ni les bonnes mœurs ni les braves gens, où l'on chantait à tue-tête, mais *où l'on ne lisait pas de journaux* ».

On ne lisait pas de journaux parce qu'à cette époque il n'y en avait pas et qu'il avait fallu la Révolution de 89 pour consacrer le droit d'en créer. Cette réflexion du *Français* était aussi niaise que s'il avait constaté qu'au moyen âge on voyageait autrement qu'en chemin de fer.

Mais, dans leur terreur des journaux, les hommes du 16 Mai avaient pris le parti de les supprimer tous. Deux mille cinq cents procès de presse furent entamés pendant les quatre-vingt-dix jours de régime autocratique qui séparèrent la dissolution des élections générales. C'était, à chaque procès, renouveler l'agitation. Il eût été infiniment plus habile et pas beaucoup plus illégal de tordre le cou en bloc à toutes les feuilles politiques, après avoir rétabli l'état de siège.

Heureusement ce qui perd les gouvernements de coups d'État, c'est leur rage de prétendre à l'observation de la légalité. Plus ils la violent, plus ils donnent leur parole d'honneur qu'ils la respectent. Mac-Mahon n'en passait pas moins des revues où la soldatesque était invitée à mettre ses chassepots en état de partir tout seuls.

A la suite de la cérémonie militaire du 2 juillet, le maréchal adressait aux troupes cet ordre du jour :

— Je suis satisfait de votre tenue... Vous sentez que le pays vous a remis la garde de ses plus chers intérêts. En toute occasion, je compte sur vous pour les défendre. Vous m'aiderez, j'en suis certain, à maintenir le respect de l'autorité et des lois et à remplir mon mandat jusqu'au bout.

C'était donc, en même temps que le gouvernement des curés, le gouvernement des soudards. Ce « jusqu'au bout » était gros d'orages, puisqu'il laissait entendre qu'il ne céderait à aucune des exigences de l'opinion. Mais cette parole comminatoire et guerrière était encore de la vantardise, puisqu'il n'alla que jusqu'au bout du fossé où il fit définitivement la culbute.

La double condamnation de Gambetta, poursuivi pour une lettre publiée dans son journal, puis pour un mot prononcé à la tribune d'une réunion électorale, mit deux nouveaux atouts dans les cartes des trois cent soixante-trois. Le 16 Mai faisait ainsi, par ses persécutions, le jeu du chef des gauches, comme en 1868 l'Empire avait fait le mien.

Le mot incriminé était en réalité celui que Gambetta avait lancé dans un discours prononcé à Lille : « Se soumettre ou se démettre », et qui avait jeté hors de ses gonds toute la réaction maréchalesque. La mort subite de Thiers, survenue en pleine agitation électorale, fut saluée par un cri de joie dans l'entourage de Mac-Mahon qu'elle débarrassait d'un concurrent redoutable. Seulement le débat s'étant élevé non entre Mac-Mahon et Thiers, mais entre la liberté et l'obscurantisme, le nouveau et l'ancien régime, la disparition du vieil orléaniste, venu sur le tard à la République, ne modifiait guère les conditions de la rencontre.

Il avait été remplacé depuis quelque temps déjà même dans l'opinion des modérés, et l'invraisemblance de son retour enlevait beaucoup d'importance à son départ.

Toujours comme pour moi en 1868, le plan élyséen était de rendre Gambetta inéligible, ou au moins de le calfeutrer en prison pendant toute la durée de la période électorale. Rien de plus enfantin, un candidat prisonnier, on a pu le constater plus tard, au moment de la candidature Gérault-Richard, étant presque toujours un candidat élu.

Cependant, afin de gagner le jour du scrutin, le prévenu résolut d'épuiser tous les délais légaux et se fit condamner d'abord par défaut à trois mois d'un emprisonnement que l'appel rendait inexécutable, le délit pour lequel il était assigné n'autorisant pas l'arrestation préventive.

En effet, malgré un second procès que le gouvernement intenta à Gambetta, il fut réélu à Paris comme tous les députés renvoyés, et Mac-Mahon en fut pour sa honteuse campagne de police et de gendarmerie. Pendant le dépouillement du scrutin, dont nos amis de France nous adressaient les résultats, toute la proscription de Genève était chez moi et y resta jusqu'à plus de deux heures du matin à attendre anxieusement, puis à commenter les dépêches.

C'était, en effet, notre va-tout qui se jouait, le triomphe, en somme très possible, de la réaction mac-mahonienne devant nous rejeter dans la nuit de la déportation et de l'exil.

Mac-Mahon, battu, n'avait plus qu'à faire ses paquets. Il fut battu et ne les fit pas. C'était lui qui avait dit : « ma politique », « ma responsabilité », qui avait répété : « Le public jugera entre le radicalisme et moi ». Le pays avait jugé, et le vieux maréchal, commençant probablement à s'habituer aux défaites, n'avait tenu aucun compte du jugement qu'il avait provoqué lui-même. Thiers, mis à la Chambre en minorité de douze voix, avait abandonné le pouvoir. Les élections du 14 octobre prouvaient à Mac-Mahon qu'il avait cinq millions d'électeurs contre lui et il restait.

Ce loyal, qui paraissait avoir de la loyauté une conception toute particulière, répondit au verdict du pays par la constitution d'un ministère de conspirateurs dont pas un ne faisait partie de la Chambre qu'ils avaient pour mission de faire envahir à bref délai par les baïonnettes. Rochebouët, le chef du complot, n'était connu que par son cléricalisme.

Devant l'échec de la conjuration, le maréchal sacrifia bravement ses affidés, et se résigna à un cabinet dont le républicanisme alla jusqu'à l'orléaniste Dufaure qui en fut le chef. Et la France avait pendant si longtemps côtoyé le coup d'Etat qu'elle se crut sauvée. Le président de cette République qu'il avait constamment tenté d'étrangler affecta alors de n'avoir jamais travaillé que pour elle, mais quand le bruit de la mise en accusation de de Broglie et de Rochebouët commença à prendre consistance, leur inspirateur et leur complice jugea prudent de déguerpir et quitta l'Elysée pour éviter le Palais de Justice.

CHAPITRE XXV

L'élection Grévy. — La dictature de Gambetta. — L'amnistie. — Rentrée en France. — A la gare de Lyon. Projet de plébiscite gambettiste. — Le banquet du lac Saint-Fargeau. — La statue de Thiers. — L'affaire Cissey.

L'élection de Grévy signifiait pour nous amnistie, et, en effet, les grâces partielles commencèrent à faire des trous dans le personnel de la déportation. Les bateaux de Nouvelle-Calédonie ramenèrent un certain nombre d'infortunés soumis depuis plus de sept ans aux tortures de ce Biribi politique. Mais l'oubli complet, la restitution de leurs droits et de leurs foyers aux combattants de la Commune, c'est-à-dire de la République, étaient toujours renvoyés à des temps plus calmes. Après la victoire de Gambetta sur Mac-Mahon, son ennemi personnel, on avait supposé que tout allait se terminer par un rapprochement général des forces républicaines; il n'en fut rien et les propositions d'amnistie totale furent systématiquement repoussées.

Gambetta, qui s'intitulait lui-même le « dictateur de la persuasion », avait la plus grosse part de responsabilité dans ces atermoiements, étant le maître à peu près absolu de la Chambre. Il avait fini par en prendre un peu trop à son aise avec ses anciens électeurs de Belleville dont la majorité s'étiolait dans les silos d'où il ne se pressait guère de les faire sortir. Il s'entourait de juifs comme Jacques de Reinach ou d'aventuriers. Il ménageait visiblement les réactionnaires et après avoir poussé ce cri de combat : « Le cléricalisme, voilà l'ennemi! » recommandait à ses adeptes de ne pas froisser la « clientèle catholique ». Il se posait enfin en chef de l'opportunisme qu'il organisait en parti politique aussi fort que peu scrupuleux.

Il est facile, d'ailleurs, de juger l'entouré par son entourage, alors composé de M. Rouvier, l'homme qui s'est vanté plus tard de n'avoir jamais fait que des « affaires »; de M. Etienne, qui fut de toutes les aventures coloniales; de M. Waldeck-Rousseau, aujourd'hui posé comme l'espoir et la suprême ressource de la réaction.

Selon la tactique que j'avais souvent dénoncée, Gambetta, lorsqu'une proposition d'amnistie était déposée, votait pour, mais invitait ses amis à voter contre. Cette fourberie fut bientôt percée à jour et sa popularité en fut gravement atteinte.

Enfin, comme nous en avions tous assez, nous donnâmes à nos amis de France le mot d'ordre suivant : si au 14 Juillet 1880, jour de la fête de la République, l'amnistie n'avait pas été promulguée, les drapeaux tricolores seraient remplacés aux fenêtres par des drapeaux noirs et des groupes d'ouvriers parcourraient les rues en criant : « Amnistie! » En outre, dans les quartiers populaires, tous les bals seraient contremandés et les lanternes vénitiennes ne brilleraient que par leur absence.

Gambetta, avec sa finesse italienne, comprit toute la portée de cet ultimatum et songea dès lors à mettre à son actif le bénéfice d'une mesure à laquelle il ne lui était plus permis de s'opposer. Il monta à la tribune et aux applaudissements de la même Chambre qui, depuis deux ans, repoussait tous les trois mois l'amnistie, déclara que l'heure était venue d'en finir avec ce « haillon de guerre civile ».

Olivier Pain, inscrit quelques mois auparavant sur une liste de graciés, bien qu'il n'eût chargé personne d'une démarche quelconque en sa faveur, m'avait précédé à Paris et avait communiqué à nos anciens compagnons d'exil rentrés avant moi l'heure de mon départ de Genève et de mon arrivée à la gare de Lyon. Je m'attendais à une réception amicale : je restai stupéfait devant la formidable manifestation qui m'accueillit à la descente du train.

J'avais été trois semaines auparavant assez grièvement blessé d'un coup d'épée dont on avait exagéré les conséquences possibles et que je devais à mon inguérissable distraction. A la veille du combat, j'avais acheté, pour tenir plus solidement mon arme, une paire de gants que j'avais fourrée dans ma poche sans prendre la peine de les essayer. Quand, sur le terrain, je tentai d'enfiler le gant de la main droite, je constatai avec inquiétude qu'il était d'une étroitesse à paralyser le jeu des doigts qui ne pouvaient presque plus se fermer sur la garde de mon épée.

Aussi un contre de tierce frappé par mon adversaire, qui était très vigoureux, la fit-il sauter; et, comme il se fendait en même temps, je reçus en plein sternum une blessure qui m'inonda de sang. Je fus debout après quelques jours de lit, mais la nouvelle de ma mort, s'étant répandue dans Paris, y causa en ma faveur un courant de sympathie auquel j'attribuai, dans une certaine mesure, l'incroyable ovation populaire dont je fus l'objet.

La foule était telle aux abords de la gare de Lyon que tous les carreaux en furent brisés, les portes arrachées de leurs gonds et la plate-forme envahie, sans qu'il me fût permis de choisir la voiture qui allait m'amener chez Victor Hugo où je devais dîner le soir même.

Je me précipitai ou plutôt on me précipita dans le premier fiacre qui stationnait et dont le locataire était momentanément descendu pour me voir de plus près. En débouchant sur la place où ma voiture était poussée plus qu'elle ne marchait, je restai comme ébloui devant l'immensité de la foule accourue à ma rencontre. Des ouvriers se jetaient jusque sous les roues de ma citadine pour me serrer les mains que j'étais obligé de leur tendre tant par la portière de droite que par celle de gauche.

Je me sentais profondément ému de cette manifestation à laquelle j'étais si loin de m'attendre, mais je n'en jouissais pas, tant je tremblais de voir un de mes applaudisseurs rouler tout à coup sous les sabots du cheval. En moins de trois quarts d'heure, je répétai bien quinze cents fois :

— Vous allez vous faire écraser. Eloignez-vous.

Mes accompagnateurs, tout en chantant la *Marseillaise* à plein gosier, escaladaient ma malheureuse voiture dont le toit finit par craquer, me menaçant moi, Mme Olivier Pain, Mme Destrem, Andrée Pain et mon fils que j'avais pris avec moi, d'un effondrement général.

La catastrophe se produisit sur la place de la République que nous avions mis plus d'une heure et demie à atteindre. Le cheval s'abattit, le fiacre s'entr'ouvrit et la foule s'étant penchée sur nous en nous voyant disparaître dans la houle, j'allais certainement mourir étouffé dans mon triomphe, quand, me dégageant des débris du véhicule, je fis signe aux premiers rangs des manifestants de s'ouvrir pour me laisser passer.

Une haie se fit et, avant qu'elle ne fût rompue par le flot toujours plus envahissant, je me glissai jusqu'à un magasin de nouveautés : le *Pauvre Jacques*, dont j'ouvris rapidement la porte, qu'on eut grand'peine à refermer sur moi, car tout le monde voulait entrer à ma suite.

J'y restai bloqué jusqu'à onze heures du soir, ce qui me priva du plaisir d'aller dîner chez Victor Hugo. Je me glissai alors furtivement dans un sapin qu'on m'amena et je gagnai, joyeux mais lamentable, la chambre d'hôtel qui m'avait été préparée.

Enfermé depuis ma descente du train entre les parois d'une voiture de place, j'étais moins en état que personne de me rendre compte de l'incroyable mouvement populaire qu'avait provoqué ma rentrée à Paris. On s'en fera une idée par ce reportage que publia le *Figaro*, alors mon plus intime ennemi, et qui, certes, aurait eu tout profit à dissimuler l'importance de la manifestation.

Nous ne savons si les familiers de M. Gambetta lui dissimuleront la signification de la rentrée triomphale de M. Rochefort, mais nous pouvons lui garantir *de visu* l'aspect absolument révolutionnaire de la foule qui escortait le pamphlétaire amnistié et qui, sur un signe de lui, eût été chercher M. Gambetta jusque dans sa baignoire d'argent.

L'impression de tous ceux qui ont entrevu l'étrange cortège est la même. Il y a un danger dans l'air, un danger que l'opportunisme ne veut pas avouer parce qu'il se sent impuissant à le combattre.

Un mois ne s'écoulera pas sans que les communards exigent des poursuites contre leurs vainqueurs de 1871, et comment le gouvernement pourra-t-il leur refuser cette satisfaction ? M. de Freycinet regimbera ou dira qu'il regimbe et finira par céder. Ce sera charmant.

Mais arrivons au récit de la journée :

La fête nationale du 14 Juillet a commencé hier lundi 12, à cinq heures quarante minutes du soir, par le défoncement de plusieurs portes et le bris d'un assez grand nombre de vitres, à la gare d'arrivée du chemin de fer de Lyon. Dans son enthousiasme pour Rochefort, la foule, désireuse de voir de plus près son idole, se précipitait par toutes les portes, ouvertes ou non.

Ainsi qu'il l'avait annoncé d'ailleurs, Rochefort est arrivé exactement à cinq heures quarante minutes. Sur le quai de débarquement, une centaine de personnes environ l'attendaient. Nous remarquons notamment son fils et sa fille, MM. Edouard Lockroy, Laisant, Ernest d'Hervilly, Blanqui, Bazire, Mme Destrem, etc.

A sa descente de wagon, Rochefort est accueilli par les cris répétés de : « Vive Rochefort ! vive l'amnistie ! vive la République ! » Il n'a pas le temps de mettre pied à terre, qu'il est enlevé, porté, bousculé ! Un flot de peuple le suit, criant et gesticulant. Soutenu d'un côté par Lockroy, de l'autre par Olivier Pain, Rochefort a toutes les peines du monde à se frayer un passage jusqu'à la voiture qui a été retenue pour lui. Au premier abord, il semble n'avoir que peu vieilli. Les traits sont les mêmes, mais la figure s'est remplie et n'a plus ces aspects anguleux d'autrefois. La poitrine s'est développée aussi. L'ex-rédacteur de la *Lanterne* est gras, le teint est pâle, les cheveux ont légèrement grisonné aux tempes, mais ils se dressent toujours droits et touffus, sur le sommet de la tête.

Malgré la satisfaction énorme qu'il doit éprouver en se retrouvant à Paris, sa figure ne trahit ni joie ni émotion.

Arrivé devant la voiture qui l'attend, la foule redouble ses ovations. Rochefort prend place sur la banquette du fond. Avec lui montent son fils et Mme Destrem ; M. Olivier Pain s'installe sur le siège.

Ici commence alors la véritable manifestation. Enveloppé par la foule, le cheval est dans l'impossibilité absolue de faire un pas en avant. Quelques voix proposent de la dételer et de porter Rochefort en triomphe.

— Du calme! du calme! crient d'autres voix.

Une dizaine d'amis se dévouent et parviennent à obtenir de la foule qu'elle fasse un peu de place pour livrer passage à la voiture. Le fiacre s'ébranle enfin et sort au petit pas, suivi par quarante voitures et des milliers de personnes continuant à crier : « Vive Rochefort! Vive l'amnistie! Vive la République! »

On descend tant bien que mal la rue de Lyon. Arrivé sur la place de la Bastille, nouveau temps d'arrêt ; l'agglomération des voitures et des piétons est énorme. Pour tuer le temps, une bande de manifestants se met à entonner la *Marseillaise*, puis le *Chant du départ*. Le tout entrecoupé des cris toujours plus nombreux de : « Vive Rochefort! »

La place de la Bastille enfin franchie, le cortège s'engage sur les grands boulevards. A partir de ce moment, la circulation en sens inverse est absolument interrompue. Il n'est possible à aucune voiture de remonter le courant. Dix rangées de fiacres suivent au pas le fiacre de Rochefort. Arrivée place du Château-d'Eau, la foule augmente encore, débouchant de toutes les voies qui aboutissent sur la place.

Cette fois, le pauvre cheval du fiacre 11303 n'en peut plus. Il s'abat juste en face de la statue de la République.

Est-ce un présage?

Présage ou non, il se produit un incident assez singulier. Rochefort descend de la voiture et entre avec Olivier Pain dans la maison qui porte le n° 11 de la place du Château-d'Eau. Tout le monde se précipite à sa suite, mais la porte se referme.

Une heure se passe et Rochefort ne reparaît pas.

A huit heures du soir, on l'attendait à la fois dans les bureaux de la *Lanterne*, rue Coq-Héron, et au nouveau journal l'*Intransigeant*, rue du Croissant, où il avait promis de venir se reposer. Et nul n'avait de ses nouvelles.

Rochefort perdu le jour de sa rentrée à Paris, la manifestation ne pouvait avoir une fin plus drôle et plus inattendue.

Le *Constitutionnel*, encore plus effrayé de l'enthousiasme révolutionnaire dont j'étais l'objet, publiait sous le titre :

M. ROCHEFORT

cet article plein d'angoisse :

Les ministres n'ont cessé de nous dire sur le ton du plus aveugle dédain que les hommes de la Commune étaient plus à craindre hors de France qu'en France ; que le seul prestige attendrissant de l'exil les grandissait ; que, rapatriés et vus de près, ils ne seraient plus que néant.

Qu'en pensent-ils aujourd'hui ?

C'est une terrible force qui s'est, hier, soudain levée sur l'horizon ! Le peuple de Paris a une idole. Les Guises, le conseiller Broussel, le duc de Beaufort, dit « le Roi des Halles », Voltaire rentrant à Paris à la fin de sa glorieuse carrière, Mirabeau, La Fayette, du temps de nos pères, ne furent jamais l'objet d'une démonstration aussi frénétique que celle qui a salué le retour de M. Rochefort.

C'est comme une sorte de retour de l'île d'Elbe. Comme le gouvernement est oublié ! Comme il disparaît ! Qui songe, à cette heure, aux Cazot, aux Ferry, aux Freycinet ? M. Jules Grévy, M. Gambetta lui-même s'évanouissent devant cette gloire et cette puissance naissantes.

Nous faisons appel à la froide impression des hommes qui ont été les spectateurs de l'étonnante scène du Château-d'Eau ; aucun, certes, ne nous contredira. Eh bien, notre ferme et nette pensée est celle-ci :

Si M. Rochefort eût été un homme de tempérament, de robuste santé, de vastes poumons, pouvant haranguer le peuple avec éclat, marcher hardiment à la tête des turbulentes colonnes qui le pressaient, hier, de leurs flots amoureux, M. Rochefort — nul doute — fût arrivé à l'Elysée, escorté par cent cinquante mille citoyens enthousiastes, délirants, fous d'allégresse, prêts à tout.

Il aurait pu, sur l'heure, sans la moindre bataille, prendre la place de M. Grévy.

Un décret, libellé au nom du peuple français, déclarait dissoute la Chambre des députés et pareillement dissous le Sénat. Cela va de soi.

Le conseil municipal, qui est tout disposé, se formait en Convention nationale. C'était fait. Nous étions en 93.

Nous ne prenons point plaisir à dresser le scénario d'un mélodrame fantastique. Voilà la vérité telle qu'elle nous apparaît ; et notre conscience nous force de la répandre toute crue.

Un nouvel ordre de choses est né, hier 12 juillet, cela est évident. Nous avons assisté à l'agonie de l'opportunisme, qui râlait depuis longtemps. L'opportunisme a vécu ; il a rejoint, dans la tombe, sa victime la République conservatrice.

Nous, conservateurs libéraux, nous avons été opprimés, persécutés, écrasés par l'opportunisme. L'avenir ne nous réserve probablement pas des consolations prochaines.

Quel sera-t-il, cet avenir ? Tout devient possible. Nous sommes sur le seuil du plus ténébreux et du plus sinistre inconnu.

On nous disait : « Pourquoi concevoir de folles craintes? Pourquoi imaginer des extrémités redoutables ? Ne savez-vous pas bien que les hommes de la Commune n'ont ni canons ni fusils ? »

Quelle dérision ! Est-ce que ce débordement humain n'aurait pas hier, sans la moindre effusion de sang, sans la plus légère résistance possible, emporté en quelques heures le gouvernement et ses annexes, si cet incroyable débordement avait pu suivre toute la ligne des boulevards, au lieu d'être fortuitement arrêté au Château-d'Eau ?

Nous n'avons plus rien à dire. Il ne nous reste qu'à observer, noter et retracer les événements.

On reconnaîtra qu'ennemi déclaré des coups d'Etat il eût été assez singulier que pour ma rentrée je contribuasse à en faire un. D'ailleurs, le *Constitutionnel* et le *Figaro* se trompaient : il n'y avait dans le débordement de sympathie que me témoignait la population parisienne aucun sentiment d'hostilité contre Grévy, qui avait promulgué l'amnistie, non plus que contre Gambetta, qui s'était décidé à l'accepter.

Le peuple était heureux de revoir un homme qu'il savait avoir souffert pour lui sans aucune arrière-pensée d'ambition personnelle, et il montrait qu'il était avec le persécuté contre ses persécuteurs. Mais ni Grévy ni Gambetta n'avaient été parmi eux et la foule qui m'acclamait songeait à moi et à personne autre.

La manifestation qui m'accueillit au 12 juillet 1880 se renouvela d'ailleurs plus grandiose et plus unanime encore lors de l'amnistie de 1895 et ne fut pas alors plus dirigée contre le nouveau président Félix Faure qu'elle ne l'avait été contre Grévy.

Dans le premier numéro de l'*Intransigeant* qui parut le 14 juillet 1880, je répondis à toute cette explosion de la tendresse populaire par ce court remerciement :

C'est les larmes aux yeux que j'avais quitté mon pays. C'est les larmes aux yeux que j'y rentre. Dans le train de Genève à Paris, je ruminais déjà mon premier article, projetant d'expliquer à nos lecteurs pourquoi nous avions adopté pour notre journal ce titre : l'*Intransigeant*, et non un autre. Nous nous réservions de faire comprendre à ceux qu'il effrayait que si, fût-ce au prix des travaux forcés, de la déportation et de l'exil, nous avons refusé de transiger avec l'opportunisme, l'opportunisme non plus n'avait guère transigé avec nous. C'est pour le 16 Mai et le Sénat qu'il garde ses transactions. Il n'en a, en revanche, offert aucune à Rossel, à Ferré, à Blanqui, à Humbert, à Trinquet, qui ont rougi de leur sang les poteaux blancs de Satory, mesuré de leurs pas les cellules de Clairvaux ou trempé de leurs sueurs le sable néo-calédonien, sans que le moindre amendement Bozérian se soit mis en travers de leur exécution.

J'avais encore beaucoup d'autres faits à établir. J'avoue ma faiblesse : je n'ai pas aujourd'hui la tête à ces démonstrations. Emporté dans un tourbillon d'émotion et d'attendrissement, auquel je n'essaie même pas de m'arracher, je ne me sens que la force de remercier ce peuple admirable qui donne à ses amis de ces joies immenses que seuls ils peuvent connaître, car elles sont inachetables, et celui qui les distribue n'a jamais su ce que c'était que les vendre.

Pour ne pas l'aimer du plus profond de son cœur, ce peuple si désintéressé, il faudrait être à la fois singulièrement misérable et étrangement imbécile. Ce n'est pas autour des voitures armoriées qu'il se presse, c'est, au risque de s'y faire écraser, contre les roues du fiacre ramenant un amnistié, qui a eu hier cette chance inespérée et glorieuse de personnifier l'amnistie. Ceux de mes amis dont les acclamations retentissent encore à mes oreilles et retentiront éternellement dans mon cœur savent que je ne puis rien pour eux, que, sans ambition et sans calcul, je ne serai sans doute jamais en mesure de les remercier efficacement de leurs sympathies si chaleureuses. Le dernier des Ribot du centre gauche ou le plus édenté des Dufaure du centre droit pourrait faire pour eux cent fois plus que mes compagnons et moi, proscrits d'hier, et qui sait ? peut-être de demain.

Mais qu'importe à cette généreuse population parisienne ? Elle suit l'élan qui la guide vers les déshérités dont elle sait n'avoir à attendre aucun héritage. Il lui suffit de montrer quelques blessures reçues à son service pour qu'elle trouve le baume qui doit les guérir et pour qu'elle ferme instantanément, par la seule imposition de ses mains bienfaisantes, des plaies qui saignent depuis dix ans.

Pendant plus d'un mois, il me fut impossible de me montrer sans provoquer des rassemblements. Les cochers me refusaient le prix de leurs courses, ce qui me coûtait d'autant plus cher, attendu que, au lieu des deux francs cinquante dont je leur étais redevable, je me croyais obligé de les forcer à accepter une pièce de cinq francs pour aller boire à ma santé.

J'avais eu le tort grave de signer, la veille de mon départ de Genève, un traité fixant à dix centimes le prix de l'exemplaire de l'*Intransigeant*. Après la formidable manifestation dont je venais d'être l'objet, je compris quelle faute j'avais commise en ne maintenant pas le prix de cinq centimes qui seul répondait à la situation pécuniaire de mes lecteurs. A cette époque, la presse à un sou n'avait pas encore pris pied dans le public et je n'attachai qu'une importance secondaire à une question qui en réalité était capitale.

Et en effet l'influence de mon journal ne se fit puissamment sentir que du jour où, en étant devenu l'unique maître, j'en réduisis le prix de moitié, ce qui le mit à la portée de toutes les fortunes et même de toutes les misères.

A cette date qui rouvrit à tant de milliers de proscrits, de déportés et de forçats de la Commune les frontières de France, les hommes suspects, quelques-uns tout à fait véreux, dont Gambetta affectait de s'entourer, avaient porté à son prestige républicain le plus grave préjudice. Sa société ne se composait plus que de juifs, de financiers et d'ultra-modérés comme M. Waldeck-Rousseau, aujourd'hui l'espoir et comme la dernière carte de la réaction.

S'il était plus que jamais le maître à la Chambre, il avait peu à peu cessé de plaire au peuple par son sans-gêne croissant avec la démocratie à laquelle il devait tout, puisque, fils d'un petit épicier de Cahors, il était parti de rien.

Il s'était, par bravade, par inconscience ou par cette conviction que tout lui était désormais permis, exhibé dans les voitures de Galliffet, côte à côte avec l'égorgeur des Parisiens dont il avait fait son ami et même son conseil dans les questions militaires. Il semblait ainsi n'avoir contribué à culbuter le gouvernement du 16 Mai que pour établir le sien.

Ses relations hautement affichées avec le général fusilleur étaient devenues pour Gambetta ce que le ver est pour la pomme, c'est-à-dire susceptible de le dévorer jusqu'au dernier pépin. S'il avait eu l'idée de se mêler incognito à quelque réunion publique, il se fût facilement rendu compte du mouvement d'indignation qui secouait instantanément la salle dès que le nom de Galliffet y était prononcé.

Le chef des gauches ne s'abusait d'ailleurs évidemment pas sur les sentiments que son ami inspirait aux Parisiens, puisque, devant le soulèvement de la conscience publique, il avait dû renoncer à le faire nommer au poste de gouverneur de Paris. Il avait même fallu que cette réprobation fût singulièrement unanime pour avoir ainsi provoqué une reculade de la part de Gambetta qui, à quelque temps de là, s'était écrié :

— Je ne recule jamais !

D'où venait donc que ce maître alors à peu près tout-puissant, que cet Italien madré, si habile à manier un dard opportuniste, eût consenti à s'affubler de ce général de Nessus, désormais collé à son dos sans possibilité de s'en débarrasser ? A quoi tenait cette faute énorme dont ses séides eux-mêmes ne savaient comment le justifier ?

C'est qu'il était arrivé à cette période de plein orgueil où les hommes installés au pouvoir cherchent à faire oublier et à oublier eux-mêmes leur origine. Fils d'un négociant en denrées coloniales, il avait hâte de liquider le fonds de son père. L'idée de taper sur le ventre à un marquis ôtait tout sang-froid à cet homme qui gourmandait les majorités.

Il comptait vraisemblablement dans ses aïeux des serfs qui battaient les étangs afin de faire taire les grenouilles assez impertinentes pour troubler le sommeil du seigneur de l'endroit, et il sacrifiait jusqu'à ses chances de réélection pour avoir l'honneur de monter dans les carrosses d'un ancien châtelain.

Son rêve, qu'il réalisa du reste, était alors de déjeuner en tête-à-tête avec le prince de Galles. C'était par ce côté gardénia et Jockey-Club qu'il était vulnérable. Il oubliait les vieillards, les femmes, les enfants, les prisonniers que M. de Galliffet avait fait fusiller à la Muette et enterrer vivants aux Buttes-Chaumont (pour ma part, j'en avais connu). Il se rappelait seulement que M. de Galliffet était noble et ne résistait pas à la chatouillante volupté de s'entendre appeler « mon cher » par ce descendant des chevaliers du Saint-Esprit.

L'éclat de mon retour l'avait non pas inquiété, car il n'avait à craindre de moi aucune concurrence, mais surpris, et il tâcha, je crois, de me faire circonvenir par quelques-uns de ses familiers. J'avais défendu, de Genève, Rouvier, lors de sa malencontreuse affaire du Palais-Royal. Celui-ci m'en avait fait remercier par sa femme et m'invita à déjeuner avec Etienne pour m'en remercier lui-même.

Un Marseillais de leurs amis me conduisit dans un restaurant du boulevard où je les trouvai tous deux attablés. Ils furent à mon égard pleins de prévenances et vers le dessert attaquèrent la question politique ou plutôt gambettiste. Mais je mis si peu d'empressement à rendre la main qu'ils n'insistèrent pas beaucoup. Je ne leur ai jamais, depuis lors, adressé la parole ni à l'un ni à l'autre.

Gambetta songeait à ce moment à organiser en sa faveur un plébiscite dont le premier acte devait être le rétablissement du scrutin de liste. Rien ne lui eût été alors facile comme de se faire élire par soixante départements dont les préfets étaient à ses ordres. Ses multiples candidatures fussent devenues les plus officielles qui eussent jamais enveloppé de leurs tentacules sous-marins le corps électoral.

De quelle autorité aurait joui dans le Parlement un malheureux député qui aurait peiné pour obtenir vingt-cinq mille voix, en présence d'un soi-disant collègue nommé par quatre millions de suffrages et qui, moralement, aurait à la première observation été en droit de lui répondre :

— Pardon ! mon cher, je représente les trois quarts de la France, et vous en représentez tout au plus un quatre-vingt-sixième.

C'était pour empêcher le suffrage universel de tomber, par cette effroyable inégalité, dans tous les inconvénients du suffrage restreint que nous combattions le plébiscite de 1881 comme nous avions combattu celui de 1870. Les Césars génois étaient aussi à craindre que les Césars corses ou hollandais, et nous n'avions pas usé nos forces à saper les anciennes dynasties pour laisser s'en installer de nouvelles.

Je ne prétendais pas être le Brutus de Gambetta, mais je ne voulais pas non plus en devenir le Pompée.

Le danger dictatorial qu'il représentait se dressait donc tout aussi inquiétant que celui dont Mac-Mahon avait si longtemps menacé la France. Les républicains socialistes se groupèrent autour de moi pour le combattre et la déclaration de guerre entre l'opportunisme et l'intransigeance fut nettement formulée dans un grand banquet donné en mon honneur au Lac Saint-Fargeau, où, dans un discours très préparé, je déterminai les conditions de la lutte. Tous les journaux commentèrent cette sorte de manifeste et plusieurs y virent le signe de la prochaine décadence du gambettisme.

Ma situation était d'autant plus belle que si Gambetta aspirait à tout accaparer, je ne demandais, moi, absolument rien. Voici l'article que consacrait la *Vérité* à cette fête essentiellement populaire, célébrée dans un quartier uniquement habité par des travailleurs :

M. Gambetta s'est plu à se rappeler souvent à Belleville le programme de 1868, auquel il prêta serment de fidélité et qu'il a cru bon de respecter toujours en ne l'appliquant pas. M. Henri Rochefort qui, lui aussi, accepta le programme et y prêta également serment il y a douze ans, en a parlé à son tour ; seulement il faut bien reconnaître que le rédacteur en chef de l'*Intransigeant* invoque des raisons qui paraissent devoir être plus saisissantes pour une population fidèlement attachée à la République et à la Révolution et qui a toutes les générosités populaires. Le premier a invoqué ses succès, sa puissance, et montré le palais où il règne sans pourpre et sans titre. Le second a invoqué le souvenir de ses amis et collaborateurs tombés dans le combat, le massacre, ses aventures de prisonnier et de déporté qui a fait le voyage de Nouvelle-Calédonie.

Ce sont là les principales et les meilleures raisons qu'on ait fait entendre aux citoyens bellevillois. Les dernières sont bien faites pour toucher ce peuple. En témoignant sa joie au rédacteur en chef de l'*Intransigeant*, comme au retour d'un vieil ami dont la parole évoque le souvenir des espérances d'autrefois, de la patrie lointaine et de la liberté perdue, il atteste une révolte qui rugira bientôt dans la boîte à scrutin.

Le pamphlétaire dont l'ironie arracha à l'Empire le prestige qu'il tenait des scrutins plébiscitaires, à la veille de l'écroulement honteux qui nous a délivrés de la légende napoléonienne et du chauvinisme guerrier, vient de porter la main sur le prestige de M. Gambetta. Il n'y a pas à examiner les raisons, les arguments, les doctrines du rédacteur de l'ancienne *Lanterne* et du nouvel *Intransigeant*. Il n'y a qu'à considérer ou plutôt à constater le fait. Et, comme dans le drame de Schiller, peut-être peut-on dire :

« Le manteau du doge tombe. C'est que le doge va tomber ».

L'opportuniste *Télégraphe*, moins rassuré qu'il ne voulait s'en donner l'air, poussait ce cri d'alarme :

Si M. Gambetta s'abstient, s'il ne se défend que dans la *République française*, si sa grandeur l'attache au rivage, nous n'oserions répondre de son siège à Belleville aux élections prochaines.

Le *Paris-Journal* disait :

Décidément, M. Rochefort est le chef que les intransigeants opposent au chef des opportunistes, M. Gambetta.

Assurément, c'est un pamphlétaire très redoutable.

Le *Moniteur universel* :

Comme M. Rochefort s'est donné la satisfaction d'aller se faire applaudir sur ces mêmes hauteurs de Belleville où le président de la Chambre avait été acclamé quinze jours auparavant! Comme il s'est égayé aux dépens de ceux qui débitent avec ostentation « des programmes de Romans ou d'ailleurs »! Comme il était sûr de provoquer chez ceux qui l'écoutaient des bravos frénétiques quand il dépeignait les opportunistes comme des satisfaits et des ventrus, comme des gens qui ne songeaient qu'à se partager les charges lucratives et les dividendes!

Les événements ont démontré que je ne me trompais guère dans mes prédictions et que l'opportunisme s'était partagé non seulement les dividendes et les fonctions, mais les chèques du baron de Reinach.

L'inauguration de la statue de Thiers à Saint-Germain donna lieu à une scène qui jeta dans un grand trouble les timorés de l'opportunisme. Les tribunes pavoisées craquaient sous le poids des sénateurs, des députés et des académiciens. Les fanfares jouaient cette *Marseillaise* que Thiers avait si longtemps proscrite. Des orateurs venaient de démontrer dans des discours vibrants qu'il avait égorgé, déporté la moitié de Paris, uniquement par amour de la liberté.

Les yeux se mouillaient et les larmes commençaient à faire concurrence aux gouttes de pluie, lorsque Olivier Pain, chargé pour le compte de l'*Intransigeant* du récit de cette représentation entamée en apothéose, se rappela les ruisseaux coulant du sang, les trottoirs encombrés de cadavres, les fusillades de femmes, d'enfants, les arrestations de mères refusant de livrer leurs fils, les tortures subies par les prisonniers échappés aux chassepots, les exécutions légales suivant pendant plus de deux ans les exécutions sommaires.

Il se rappela sans doute aussi les sept coups de feu qu'il avait reçus tant en plein corps qu'en pleine figure aux côtés de Delescluze, et comme les harangueurs qui s'étaient succédé avaient totalement oublié de mentionner ces importants détails, il se leva tout à coup frémissant et, debout entre Mme Thiers et Mlle Dosne, lança, à la stupéfaction des sénateurs et des académiciens, ces paroles vengeresses :

« Au nom des trente-cinq mille patriotes fusillés en mai 1871;

« Au nom des femmes et des enfants massacrés;

« Moi, républicain et patriote, je proteste contre l'apologie du massacre et contre l'érection d'une statue au massacreur ».

Pain me raconta, le soir de cette algarade, que Mme Thiers était tombée affalée dans son fauteuil en gémissant :

— Ah ! il m'a tuée !

On se jeta sur lui et deux sergents de ville lui mirent la main au collet sous la singulière inculpation d'avoir répondu à la harangue de M. Léon Say.

Le droit d'Olivier Pain n'était pourtant pas niable. Des maires, des membres du gouvernement, du Sénat, de la Chambre des députés et de l'Académie venaient sur une place publique, c'est-à-dire appartenant à tout le monde, aux proscrits comme aux proscripteurs, glorifier celui qui en huit jours avait fait plus d'orphelins que n'auraient pu en contenir tous les orphelinats réunis. Cette glorification appelait cet anathème. De pareils morts s'encensent à domicile, non sous l'œil des passants; puisque M. Léon Say venait d'exprimer son opinion, personne ne pouvait empêcher Olivier Pain d'exprimer la sienne.

Il n'en fut pas moins mené au poste de police de Saint-Germain où il resta une demi-heure à peine, assez cependant pour que cette arrestation absolument illégale et arbitraire soulignât le scandale: On avait en effet reconnu qu'il était de toute impossibilité de transformer en délit une réplique à des discours tout aussi délictueux que celui d'Olivier Pain, quoique dans un sens contraire, et on le relâcha.

Il était difficile de le maintenir en arrestation sans y mettre en même temps M. Léon Say, ce qui eût constitué le plus dangereux précédent.

Un incident du même ordre se produisit entre moi, et non pas le premier, mais le second président de la République. Je n'avais jamais vu Mac-Mahon, et je revenais du Grand-Prix de Paris dans la victoria d'un de mes amis. Les voitures, serrées les unes contre les autres, avançaient péniblement, roues contre roues. Tout à coup j'entendis murmurer à côté de moi :

— Voilà Rochefort !

Et je vis se tourner de mon côté une vieille tête à la moustache blanche et aux joues couleur de brique.

— C'est Mac-Mahon ! me dit mon ami.

Ce nom me fit remonter au cerveau tous les souvenirs de la Semaine sanglante, de nos emprisonnements, de tant de malheureux transportés aux confins du monde et enchaînés à des forçats de droit commun. La colère m'empoigna et, comme sans affectation aucune, je le reconnais, il avait le premier jeté les yeux sur moi, je lui plantai mes yeux dans la figure en lui disant à haute voix :

— Eh bien ! oui, c'est moi, vieil assassin ! Tu croyais bien que je ne reviendrais pas des silos où tu m'avais envoyé crever. Mais aujourd'hui tu es par terre et c'est moi qui suis debout. Et ta blessure, est-ce qu'elle s'est décidée à se fermer ?

Enfin je lui dégoisai, en continuant à le tutoyer, toutes les injures qui me passèrent par la bouche. Mon compagnon de retour des courses suait sang et eau, désolé de m'avoir offert sa voiture et essayant de calmer mon exaspération, qu'il ne calmait pas du tout. Je crois que si Mac-Mahon avait riposté la moindre injure, ce qui eût été son droit, je me jetais à bas pour lui sauter à la gorge. Je n'y voyais littéralement plus clair.

Il ne répondit pas un mot, se contentant de regarder du côté opposé, et pas un des trois jeunes gens installés dans son landau n'ouvrit la bouche. L'encombrement et le remous des voitures nous séparèrent bientôt, sans quoi je ne sais trop comment aurait fini cette rencontre toute fortuite entre le déporté et son déportateur.

Cependant les allures de satrape affectées par Gambetta, qui menait à coups de cravache la Chambre à laquelle il devait la présidence, avaient fini par inquiéter vivement Grévy lui-même, qui ne semblait plus que lui tenir la place chaude.

Le paysan jurassien, intelligent et madré, qui occupait alors l'Elysée luttait de son mieux en choisissant ses ministres parmi les adversaires les plus déclarés du « dictateur de la persuasion », laquelle n'était pour une bonne part que de la brutalité.

Aussi, à la chute du ministère Freycinet, le père Grévy jeta-t-il les yeux, pour en faire le chef du nouveau cabinet, sur Jules Ferry, que rien, si ce n'est son antipathie à l'égard de Gambetta, ne désignait pour cette haute fonction. L'opportunisme, qui aime à faire parler les morts, mêle souvent dans les discussions leurs deux noms comme représentant la même politique. Or, Gambetta et Ferry n'ont jamais pu se souffrir et leurs divergences de vues et de caractère dataient du gouvernement de la Défense nationale, celui-ci ayant, au moment de la capitulation, proposé l'arrestation de celui-là.

Grévy songea donc à bénéficier de cet antagonisme et c'est ainsi que fut formé le premier cabinet Ferry. Aucun doute n'est permis à cet égard et j'écrivais à la date du 23 septembre 1880 :

> Une considération a pu déterminer le choix de M. Grévy. l'hostilité que M. Jules Ferry n'a jamais cessé de nourrir contre la fortune politique de M. Gambetta. Peut-être le président de la République espère-t-il que, dans la lutte de ces deux ambitions, celle du président du conseil finira par triompher de celle du président de la Chambre. Quant à nous, cette perspective nous laisse froid, un combat entre ces deux convoitises ne devant avoir d'efficacité véritable que si elles arrivaient à se détruire l'une l'autre.

Le plan des sectateurs et des scrutateurs du scrutin de liste se colportait ouvertement dans les couloirs de la Chambre et du Sénat. Une fois Gambetta élu par cinquante ou soixante départements, on embrigadait des opportunistes de bonne volonté qui, par groupes sans cesse renouvelés, allaient, sous les fenêtres de l'Elysée, crier :

— Vive Gambetta ! Démission ! Démission !

Ainsi harcelé, Grévy, après une résistance plus ou moins longue, renonçait à un pouvoir dont l'exercice lui devenait impossible. La Chambre et le Sénat se réunissaient à Versailles où l'élection de Gambetta ne faisait aucun doute.

C'était quelque chose comme le plébiscite qui avait placé en 1848 Louis-Napoléon à la tête de nos affaires, et dont il avait si bien profité pour faire les siennes. Or Gambetta, homme en réalité sans convictions et sans scrupules, entouré d'ailleurs de fêtards et d'intrigants qui ont donné et donnent encore tous les jours la mesure de leur cupidité, n'aurait certainement pas lâché le pouvoir sur lequel il aurait mis la main. Personne ne pouvait donc prédire au juste où cette aventure eût mené la France.

Le péril dictatorial éclatait aux yeux de tous à ce point que les auteurs du complot n'osaient eux-mêmes le nier. Alors leurs écrivains et leurs orateurs avaient émis cette théorie que, si le scrutin de liste présentait quelques inconvénients, son rejet constituerait une grave atteinte aux « principes ».

Ces principes dont les opportunistes faisaient systématiquement litière dans les questions religieuses, ouvrières et militaires, ils s'en servaient pour réfuter nos plus solides arguments. C'est-à-dire que, quand les principes les gênaient, ils les mettaient au panier avec le plus stupéfiant sans-gêne, et que, du moment où ils les servaient, ils s'y raccrochaient désespérément.

Pendant dix ans, ils avaient opposé l'opportunité aux principes, et tout à coup, leur intérêt personnel étant engagé jusqu'à la garde, ils opposaient les principes à l'opportunité.

Et, par le plus malhonnête des revirements, lorsque, neuf ans après, ils virent le général Boulanger élu dans trois départements à la fois par ce même scrutin de liste dont ils réclamaient avec frénésie le rétablissement, ils se hâtèrent de l'abolir et de le remplacer par le scrutin d'arrondissement, avec défense à tout candidat de se porter dans plus d'une circonscription à la fois. A ce moment où ils voyaient les places, les faveurs et les pots-de-vin leur échapper, ils jetaient sans hésitation aucune tous leurs principes par-dessus bord.

Il est incontestable que, sans la menace d'un véritable coup d'Etat gambettiste qui eût été à ce moment perpétré par les clients du baron Jacques de Reinach, futurs non-lieu du Panama, j'aurais prêché contre le scrutin d'arrondissement auquel nous devions une assemblée de « sous-vétérinaires », comme la qualifiait Gambetta lui-même. Seulement le scrutin de liste qu'il nous présentait était à cette époque un simple piège que l'opportunisme essayait de nous cacher sous le ronflement de phrases à effet. On eût marché à un dix-neuf Brumaire, mais comme Gambetta ne revenait pas assez d'Egypte pour le risquer par la force, il se serait borné à le tenter par la ruse.

Le scrutin de liste fut repoussé à une faible majorité qui compta comme si elle était forte, puisqu'elle enraya complètement la conspiration. Cet échec, auquel il ne s'attendait pas, fut profondément sensible à Gambetta qui dit à un collègue après la proclamation du vote :

— Depuis quelque temps, tout me craque !

Et le lendemain, la *République française*, ne sachant trop à qui s'en prendre, exhala son désappointement dans cette phrase vaudevillesque :

— La majorité a voté contre le scrutin de liste pour être agréable à M. Rochefort.

J'ignore si ce fût pour m'être agréable que le général de Cissey, l'ancien ministre de la guerre qui, de complicité avec le capitaine Garcin, avait assassiné le député Millière, m'intenta un procès en diffamation, mais rien ne pouvait me plaire davantage.

Ce Cissey, perdu de dettes, perdu de mœurs, et dont la signature décriée était en souffrance chez tous les usuriers de Paris, avait pour maîtresse une espionne avérée qui se faisait appeler la « baronne de Kaulla » et qui, expulsée de Russie pour cambriolages opérés dans les tiroirs diplomatiques, était venue en France continuer effrontément son métier.

Le satyriasique Cissey avait ouvert ses bras décharnés à cette drôlesse internationale, ce qui n'eût regardé qu'eux deux, mais il lui avait ouvert aussi les archives du ministère de la guerre où elle passait ses journées à puiser des documents qu'elle vendait à nos ennemis. Or, cette gueuse avait trouvé le moyen de séduire un de nos plus honorables officiers qui l'avait épousée, puis chassée de chez lui comme elle l'avait été de partout.

Et lorsque, au ministère de la guerre, on constata la disparition de papiers importants, le misérable Cissey fit passer dans la presse bonapartiste des notes et même des articles rejetant sur son mari les soustractions commises par la Kaulla. Il poussa même le cynisme jusqu'à corroborer ses odieux mensonges par la disgrâce du colonel Iung qui, mari séparé et plus tard divorcé de la Kaulla, fut envoyé subitement à Clermont-Ferrand.

Le colonel Iung, à la suite d'un article paru dans le *Gaulois*, poursuivit le journal devant les tribunaux où le voile qui recouvrait les amours séniles du ministre de la guerre fut complètement déchiré.

Ce Cissey, qui s'était montré l'un des plus lâches et des plus féroces égorgeurs de la Semaine sanglante, me tombait heureusement sous la main. C'était le même qui n'avait cessé de réclamer de Thiers mon exécution sommaire d'abord, puis, après l'arrêt du conseil de guerre, ma déportation immédiate. On pense comme j'étais d'humeur à le ménager. Voici le gracieux article que je lui consacrai et auquel, ne sachant que répondre, il répliqua par une assignation en police correctionnelle, qui m'atteignit, moi et mon ami le député Laisant, qui, dans le *Petit Parisien*, avait fait chorus avec l'*Intransigeant*.

J'avais intitulé mon attaque l'*Amant de l'espionne*, et, après quelques réflexions sur les incidents du procès intenté au *Gaulois* par le colonel Iung, je continuais en toute liberté :

Le lieutenant-colonel Iung a épousé une jeune fille autrichienne qu'il croyait honnête. C'était une scélérate. Les malheurs de ce genre peuvent arriver à tout le monde. En reconnaissant trop tard sa douloureuse erreur, son mari a loyalement et courageusement rompu avec cette créature, devenue depuis espionne prussienne et fille entretenue. Il a refusé de laisser participer ses deux enfants à la fortune qu'elle avait honteusement acquise. En quoi donc l'honneur de M. Iung peut-il être effleuré par le déshonneur de son indigne femme?

Dans ce procès navrant, il y avait un homme, un gredin, un lâche qui méritait une peine bien autrement sérieuse que les six mois de prison prononcés par le tribunal, un misérable qui abusait sans vergogne de l'autorité que lui donnait son grade pour obliger le colonel Iung à laisser entre les mains de sa femme, espionne et adultère, les enfants dont la justice lui avait confié la garde.

Ce hideux coquin qui avait fait publiquement sa maîtresse de l'épouse légitime d'un de ses subordonnés, et qui protégeait cette drôlesse dans les persécutions dont elle accablait son mari ;

Ce souteneur qui voulait forcer l'honorable M. Iung à donner à sa femme l'autorisation d'acheter un hôtel de trois cent cinquante mille francs qu'elle ne pouvait payer que sur sa honte ;

Ce général français, qui livrait nos secrets militaires à une coquine que chacun et que lui, mieux que personne, savait être au service de la Prusse, à ce point qu'on a dû l'expulser de son ministère du jour au lendemain ;

Ce traître qui aurait dû, dans ce procès, être placé

entre deux gendarmes au banc des accusés et qui n'a même pas été cité comme témoin, c'est le sieur Courtot de Cissey, ancien ministre de la guerre sous le Thiers, sous le Mac-Mahon et aujourd'hui sénateur, siégeant naturellement à droite avec les défenseurs de la propriété, de la religion et de la famille.

Et l'intègre président de la huitième chambre, quotidiennement si impitoyable pour les vagabonds et les voleurs d'espadrilles, n'a pas eu un mot de blâme, pas un susurrement d'indignation contre l'abominable personnage qui livrait non seulement un honnête homme, mais la France, mais la Patrie, aux manœuvres d'une femme perdue. Ah! c'est que vous ne savez pas : le sieur Cissey est un de ceux qui pendant la Semaine sanglante ont le mieux travaillé au sauvetage de la sociétée ravagée par ces méchants communards. Il a eu la rare énergie d'envoyer un des aides dont il était le bourreau en chef arrêter chez lui le député Millière avec ordre de l'égorger sur les marches du Panthéon!

Le même Cissey, qui voulait contraindre M. Iung à acheter des hôtels avec l'argent d'une cocotte, avait également condamné à mort, en vertu de son bon plaisir, et fait coller au mur M. Cernuschi dont le crime était d'avoir donné, sous l'Empire, cent mille francs aux comités antiplébiscitaires.

Ce sont de ces services que MM. Ferry et Barthélemy Saint-Hilaire, anciens fusilleurs de Mai, actuellement ministres, ne peuvent oublier.

Le procès Iung-Wœstyne aura toujours ce résultat de montrer à la nation dans quelles mains ignobles nous étions tombés, nous autres défenseurs de la République. Et les Cissey qui entretenaient, sur le budget de la France, des espionnes prussiennes, auxquelles ils ouvraient leurs draps et leurs cartons ministériels, nous accusaient, dans des feuilles aussi sales que leurs âmes, de pactiser avec les Allemands!

C'est Trinquet qu'on envoie au bagne et c'est M. de Cissey qu'on envoie au Sénat! On aurait pris à tâche de réhabiliter les galères et de dégrader à jamais le Parlement qu'on n'aurait pas opéré d'une autre façon.

Henri Rochefort.

Thiers et Mac-Mahon avaient eu, on en conviendra, la main heureuse dans le choix des généraux destinés à saccager Paris. Celui-là faisait, bien entendu, régulièrement ses Pâques et avalait sa messe tous les dimanches. Le général Farre, protégé de Gambetta et à ce moment ministre de la guerre, donna à ce Cissey une sorte de certificat de patriotisme que celui-ci fit publier et muni duquel il se présenta devant les juges correctionnels.

Cette espèce de société d'assurance mutuelle contre le déshonneur formée entre le gouvernement et l'amant de l'espionne indigna la France et m'arracha cette nouvelle clameur qui n'était pas précisément de nature à m'attirer l'indulgence du tribunal devant lequel j'allais comparaître :

On s'attendait hier, soit au suicide du souteneur Cissey, soit à sa destitution comme commandant du onzième corps. (Le douzième c'est celui de la fille Kaulla.)

Cissey vit toujours et il commande de plus en plus. Les scorpions se percent quelquefois de leurs dards, mais jamais Alphonse ne s'est percé de ses nageoires. Il ne se suicidera pas, parce qu'il est un lâche, et le gouvernement se gardera de le révoquer, parce qu'il est son complice. En effet, tous les journaux ont raconté que le lendemain du jour où M. Iung était allé déclarer à Mac-Mahon qu'il brûlerait la cervelle à l'amant de sa femme s'il restait ministre de la guerre une heure de plus, l'*Officiel* annonçait le remplacement de ce misérable.

Les membres du conseil dont il faisait partie et ceux de la Chambre où il siégeait savaient donc que cette vile canaille aidait dans ses espionnages la pieuvre qui l'étreignait de ses mille pattes. L'histoire était tellement connue dans le monde parlementaire qu'un député, qui était venu me rendre visite à Genève, me l'a racontée, il y a plus de trois ans.

Après la divulgation des crimes du traître Cissey, le devoir du gouvernement était tout indiqué : c'était de le traduire en conseil de guerre, et, à l'issue de la condamnation afflictive et infamante à laquelle il ne pouvait échapper, de lui faire subir, devant les troupes assemblées, la dégradation militaire, avec accompagnement de crachats à la figure.

Le gouvernement a adopté un autre genre de procédure : il l'a nommé commandant du 11° corps d'armée.

On a dit aux soldats :

« Voilà un vieux marlou de soixante-sept ans qui vit maritalement avec une mouchardé prussienne mariée à un de ses subordonnés, et dont, selon toute vraisemblance, il partage les émoluments payés sur le fond des reptiles. Eh bien ! nous allons vous le donner pour chef suprême. Vous lui devez comme tel obéissance et respect. »

Ce qui n'empêche pas les officieux de nous accuser constamment d'insulter l'armée. Ils nous rendront cependant cette justice que nous ne l'avons jamais insultée à ce point-là.

Aujourd'hui la complicité est établie et indéniable. A toutes les révocations qui paraîtraient à l'*Officiel*, l'opinion publique pourrait répondre, comme feu Villemessant :

— Trop tard, le tonnerre !

Le gouvernement savait ce qu'était Cissey, et il le gardait précieusement à la tête de nos troupes. Si bien que, sans les révélations d'un procès que rien ne faisait prévoir et que les hasards de la polémique ont seuls provoquées, Cissey continuerait à commander les manœuvres à l'intérieur et surtout à l'extérieur.

Ce n'est pas le cabinet qui révoquera cet émule de Bazaine. Le cabinet le connaissait dans tous ses jolis détails, et il le trouvait très bien et très digne de sa confiance. C'est l'indignation publique qui force M. Ferry et M. Farre à balayer cette ordure. Sans le scandale Wœstyne, le scandale Cissey durerait encore. Le gouvernement est aujourd'hui obligé d'avouer ; mais s'il n'avait pas été pris la main dans le sac, il se serait bien gardé d'ouvrir la bouche.

Il est donc absolument démontré que nos gouvernants sont allés chercher dans sa bauge un pourceau dont les ignominies n'avaient aucun secret pour eux; qu'ils l'ont pris à leur service, comblé de dignités et d'appointements, et qu'à cette heure encore ils hésitent à s'en séparer tant le cléricalisme et le bonapartisme de cet être fangeux cadrent avec leurs instincts réactionnaires.

Et quand on songe que si la politique belliqueuse de M. Gambetta avait triomphé, l'amant de la Kaulla eût été chargé de conduire nos soldats à l'ennemi — à l'ami, veux-je dire — car, sans aucun doute, Bismarck, en l'apercevant, se fût écrié :

— C'est grâce aux renseignements fournis par vous-même à votre maîtresse que je suis arrivé jusqu'ici. Ne tirez pas ou rendez l'argent!

Quand M. Iung a découvert ce qu'était sa femme, il l'a à jamais chassée de sa maison ; quand le gouvernement a su ce qu'était Courtot de Cissey, il l'a pourvu de la plus haute des fonctions militaires.

Ce n'est pas par une erreur dont tout le monde peut être victime que le cabinet a imposé ce misérable à l'armée française ; c'est de propos délibéré et avec la plus entière préméditation. Celui-là est démasqué, mais d'autres probablement ne le sont pas encore.

*

Se sentant soutenu par le cabinet Ferry, Cissey réclama une enquête, et, bien que le gouvernement français fût presque autant que l'Allemagne renseigné sur ses agissements, il la lui accorda complaisamment. Ce Cissey n'avait, lui, procédé à aucune enquête avant de faire passer par les armes, malgré leurs réclamations, cinq ou six Billioray, trois ou quatre Vallès et autant de faux Cluseret.

Pas plus que les maréchaux, les ministres ne se déshonorent mutuellement. Mac-Mahon avait gracié d'abord, puis fait évader Bazaine, et Farre sauvait son prédécesseur à la guerre. Avoir été au gouvernement a toujours constitué une garantie contre toutes les catastrophes. Il y a la bande des hommes d'Etat comme celle des « Cravates vertes ». Quand un des membres de la confrérie gouvernementale a eu l'imprudence de se laisser pincer, tous ses collègues se dévouent pour le tirer d'affaire.

Toucher à un ancien ministre serait enlever aux nouveaux toute sécurité pour l'avenir. L'autorité, comme la France, est une et indivisible. Elle laisse à celui qui en a été revêtu une estampille indélébile, et même quand il a abandonné le pouvoir, le pouvoir ne l'abandonne pas.

Courtot de Cissey, qui en même temps que le plus malpropre des barons Hulot, était le plus encrassé des cléricaux réactionnaires, savait parfaitement à quoi s'en tenir à ce sujet. Il exigeait une enquête parce qu'il avait la certitude qu'on lui choisirait des enquêteurs spéciaux, et, contrairement à toute discipline militaire, il la demandait par des lettres qui paraissaient dans les journaux.

Il est vrai que c'était, affirmait-il, comme sénateur, non comme général, qu'il les publiait, bien que ce fût comme général et non comme sénateur qu'il avait livré nos secrets à une espionne patentée à Berlin. Non seulement il bravait ainsi le ministre de la guerre, mais il se moquait outrageusement de lui.

Et, dans ses autobiographies apologétiques, il rappelait impudemment que, « trouvant la France livrée à la Prusse et à la Commune, il avait aidé à la relever ».

La France était, en effet, livrée à la Prusse, puisque c'était sa maîtresse, la femme Kaulla, qui la lui livrait; mais il avait bien soin d'ajouter qu'elle était en même temps « livrée à la Commune », ce qui était dire nettement au ministre Jules Ferry et à ses collègues :

— Est-ce que nous ne nous sommes pas baignés ensemble dans le sang des Parisiens? Est-ce que je ne vous ai pas délivrés à coups de chassepots des hommes qui vous gênaient, fussent-ils députés et inviolables? Vous savez où sont mes cadavres, mais je sais où sont les vôtres. Un peu d'indulgence, ou je mange le morceau. »

Cependant, malgré les bons papiers que le ministre Farre signait à son amant, la Kaulla, peu rassurée, était venue à l'*Intransigeant* me demander une entrevue. Je l'avais, à travers la porte — car il m'eût répugné de me trouver face à face avec elle — priée de déguerpir, et elle était partie en grommelant des menaces.

Que venait me raconter cette créature sinistre? Je n'avais pas voulu le savoir, car certaines confidences sont presque aussi humiliantes pour ceux qui les reçoivent que pour ceux qui les font, mais le bruit courut que, d'accusée, la Kaulla allait devenir accusatrice et se décidait à jeter en pâture, à l'indignation publique, des noms qui n'avaient pas encore été prononcés.

Il paraît que Courtot n'était pas le seul que cette Circé eût changé en un animal immonde. Peut-être venait-elle m'apporter sa liste. J'avais refusé d'en prendre communication, mais cette Autrichienne que nous faisions expulser de nos bureaux, il était étrange que le gouvernement n'eût pas encore songé à l'expulser de France.

Sur l'initiative du *Petit Parisien*, des meetings de protestation contre la trahison de Cissey furent organisés partout et partout interdits.

On nous disait :

— Donnez des preuves !

Nous répondions :

— Nous allons vous en donner.

Et le gouvernement ripostait :

— Je ne vous le permettrai pas.

La huitième chambre devant laquelle Cissey nous avait assignés, Laisant et moi, était présidée par un magistrat nommé Cartier qui s'était fait la réputation d'un fantaisiste et émaillait ses interrogatoires de mots presque toujours spirituels et quelquefois scabreux.

La salle, relativement petite, avait été, bien avant l'ouverture des portes, garnie de petits stagiaires sortis des écoles congréganistes et qui, depuis plusieurs années déjà, pullulaient au Palais. Nos amis, devant cet envahissement, avaient dû rester dehors. Il est vrai qu'ils s'en dédommageaient en poussant des cris de : « A bas Cissey ! à bas les traîtres ! » qui pénétraient jusque dans le prétoire.

Vers onze heures et demie, le général de Cissey fit son entrée dans un uniforme tellement constellé de croix de toute provenance que, lorsqu'il passa près de moi, je dis tout haut :

— Oh ! mais, c'est tout à fait un marchand de vulnéraire !

Je n'avais jamais vu ce massacreur qui avait avec tant d'insistance, après la Commune, réclamé ma mort, comme s'il soupçonnait que je lui causerais un jour une forte tablature.

Le front était bas, les joues flasques, le teint blême, les yeux éteints, entre des paupières à demi fermées. Il venait soi-disant pour faire éclater la vérité et il la redoutait tellement que son avocat, un clérical nommé Robinet de Cléry, déclara s'opposer tant à la lecture de nos pièces qu'à l'audition de nos témoins, sous prétexte que les unes avaient été signifiées et les autres cités douze heures après le délai légal.

A la seconde audience, le vieux débris des canapés impériaux n'osa exhiber ni sa tunique ni ses crachats, qui l'avaient fait houspiller par la foule, et parut en vulgaire civil. Sa défense fut piteuse et, devant les lettres signées de lui et qu'on lui mit sous le nez, il balbutia des explications qui ressemblaient à des excuses, puis n'attendit pas le prononcé du jugement pour déguerpir, flairant quelque conduite de Grenoble à laquelle il n'était que temps de se soustraire.

Notre condamnation, qui ne pouvait faire doute, fut seulement de quatre mille francs d'amende, au grand désappointement de Jules Ferry qui, tout au moins pour moi, avait compté sur plusieurs mois de prison. Mais nous étions copieusement vengés par les considérants du jugement, sous lesquels ce plaignant si peu à plaindre resta définitivement écrasé.

Le misérable, révoqué de toutes ses places, en arriva à ne plus vivre que des plus honteux expédients. J'ai encore dans mes papiers la lettre d'un banquier auquel on avait présenté une traite de dix mille francs tirée par Cissey et qui répondait :

— Nous n'acceptons pas cette signature-là.

Et cet ancien ministre de la guerre, ancien commandant de corps d'armée, ancien répresseur en chef de la Commune, sombra un beau jour dans l'escroquerie. Il avait acheté à Saint-Quentin, m'affirmat-on, pour environ quarante mille francs de toiles, qu'il revendit à vil prix, n'ayant jamais eu l'intention de les payer.

Les commerçants lésés le menacèrent de déposer une plainte et, pour éviter la police correctionnelle, où il eût cette fois comparu comme accusé, il avala du poison.

Tels étaient les hommes qui pendant dix ans nous avaient traités de pillards.

CHAPITRE XXVI

L'anniversaire de Mentana. — Visite a Garibaldi. — La mort de Louise. — Le petit local. — Mort et enterrement de Blanqui. — L'attentat de Saint-Pétersbourg. — Les Nihilistes et le Tzar Alexandre II. — Les condamnés. — Sophie Perowskaya. — Les Khroumirs.

Je quittai heureusement ce soldat du crime pour aller en embrasser un autre, le soldat de l'émancipation et de la libre pensée, l'admirable Garibaldi qui m'avait invité à l'inauguration du monument de Mentana à Milan, sur la place Santa Maria.

Aucun forfait clérical et militaire ne fut plus odieux que cette attaque soudaine par les forces franco-papales des troupes de Garibaldi, au moment où, renonçant momentanément à son attaque sur Rome, il avait ordonné la retraite qu'elles opéraient sans défiance.

C'était sur un corps d'armée aussi peu prêt que possible au combat que les chassepots du général de Failly avaient fait merveille.

Je tenais donc à accentuer par ma présence cette prostestation dirigée à la fois contre l'Empire et contre la papauté.

Le comité central pour l'érection du monument des « martyrs de Mentana » m'avait adressé la lettre suivante, qui confondait dans une même réprobation Pie IX et Napoléon III. son protecteur :

Milan, le 21 octobre 1880.

Illustre citoyen Henri Rochefort,

Le 3 novembre sera un jour solennel pour la démocratie italienne.

A l'occasion du treizième anniversaire de la glorieuse défaite de Mentana, un monument sera inauguré en l'honneur des intrépides foudroyés par les « merveilleux chassepots » de Bonaparte.

Ce monument, modeste tribut d'hommage à nos martyrs, s'élève pour protester contre la souscription à une statue équestre de l'homme fatal du Deux-Décembre.

Aux centaines de mille lires jetées par mille réactionnaires riches et titrés, cent mille des nôtres nous répondirent en versant l'obole du pauvre. Au défi des privilégiés du sort, le suffrage du peuple privé de droits répondit éloquemment.

Garibaldi, notre héros, dans lequel sont personnifiées non seulement la légende de la renaissance politique italienne, mais aussi la fraternité des peuples, assistera à l'inauguration.

Quel bonheur pour nous si vous, infatigable, courageux champion de la démocratie française, vous pouviez assister à la fête patriotique destinée à resserrer toujours de plus en plus les liens entre les deux nations unies par les mêmes aspirations et les mêmes espérances !

Vous à qui l'Italie doit une gratitude sans bornes pour avoir déchiré le *jamais* de Rouher, vous serez reçu fraternellement par nous... Et notre fête sera la fête des deux peuples qui renouvellent, en dépit des gouvernements, le traité d'alliance scellé à Dijon.

Recevez, illustre citoyen, nos affectueuses salutations.

Pour le comité:

E.-Giuseppe Mussi, Fill. Terny.
E.-R. Moneta, Achille Bizzoni.

Les républicains italiens voyaient on ne peut plus juste : sans le guet-apens de Mentana, les désastres de 1870 nous eussent été probablement épargnés. L'inepte Bonaparte s'était allié au parti du pape sans profit, sans motif, uniquement pour donner satisfaction aux manies ultramontaines d'une Espagnole qu'il nous avait donné à entretenir, et, au jour du danger, l'Italie a refusé de s'allier à la France contre la Prusse. La mort de sept ou huit cents patriotes italiens a amené celle de deux cent mille Français. Voilà la merveille dont le général de Failly serait surtout en droit de revendiquer la responsabilité.

Ajoutons qu'en somme les combattants de Mentana ont beaucoup moins souffert de leur défaite que nous de notre honteuse victoire, car ils ont actuellement Rome et nous n'avons plus Strasbourg et Metz.

Ils ont eu leur revanche, et nul ne sait si nous aurons jamais la nôtre. Le pape n'est plus qu'un bonze, occupé à étiqueter les cadeaux que lui envoient ses derniers fidèles; de Failly et ses télégrammes ont sombré dans le cloaque où s'est immergé l'Empire; Napoléon III repose en cire chez la veuve Tussaud, à Londres; Napoléon IV a épousé la mort au lieu de la princesse Béatrice, et l'Italie, en possession de sa capitale, allait fêter l'anniversaire de ses braves, non comme une catastrophe, mais comme un triomphe.

C'est pourquoi l'alliance, que l'Empire repoussait hier encore et que l'opportunisme aujourd'hui dédaigne, entre la démocratie italienne et la démocratie française, nous voulions nous efforcer de la faire. Les organisateurs de la grande fête d'inauguration du monument de Mentana n'avaient pas hésité à nous y inviter, et nous n'avons pas hésité à nous y rendre, car ils savaient que, bien avant la chute du fantoche impérial, nous avions répudié de toute notre énergie ces aventures cléricales qui faisaient naguère encore l'espoir des Mac-Mahon et des Broglie, comme elles faisaient la joie des Bonaparte.

J'en étais à regretter quelquefois que l'abruti dont les pièces de cinq francs nous ont conservé le profil, eût rendu au Dieu d'Eugénie son âme fétide.

Il eût été instructif autant que moral de pouvoir le traîner, menottes aux mains, accouplé avec son digne lieutenant de Failly, sur la grande place de Milan, au milieu des républicains de tous pays scellant leur union sur les os de leurs morts, et de lui dire :

— Regarde, pauvre idiot : tu croyais écraser l'Italie, tu l'as faite plus puissante ! Tu croyais grandir la France, tu l'as presque anéantie !

Je ne connaissais pas même de vue Garibaldi, l'ayant manqué de douze heures à l'Assemblée de Bordeaux, qu'il avait quittée après l'indécente algarade des sacristains de la droite. Je le trouvai non le sabre au côté, debout dans sa chemise rouge, mais étendu, paralysé et ankylosé dans une sorte de grande boîte, hors d'état de remuer bras ou jambes et n'ayant de vivant que ses yeux d'un bleu si franc et si clair, au milieu d'une face encore jeune et souriante.

Je l'embrassai tendrement, en lui cachant de mon mieux l'émotion qui m'étreignait devant ce lit de douleur qui allait devenir bientôt son lit de repos, car il s'y éteignit quelques mois plus tard.

Nous eûmes une assez longue conversation que j'abrégeai le plus possible, sentant que chacune de ses répliques entraînait pour lui une souffrance. Sa famille, dont avec Blanqui et Olivier Pain j'étais l'hôte, nous avait retenu des chambres à l'hôtel où elle logeait elle-même, de sorte que nous vécûmes deux jours pleins avec Canzio, le gendre du grand homme; avec Teresita Garibaldi, femme de Canzio; avec Menotti, fils aîné et dans les batailles coadjuteur du héros. Ricciotti était alors, je crois, en Amérique.

Une des plus intéressantes figures de la maison était celle du petit Manlio, l'enfant que lui avait donné la seconde femme de Garibaldi à qui il ressemblait étonnamment. Manlio, aujourd'hui un grand jeune homme, avait à ce moment onze ou douze ans et, toujours sautant et courant, passait comme un éclair entre les visiteurs qui affluaient dans l'hôtel, sans qu'il fût possible de s'en saisir une seconde pour l'embrasser.

— Il est tout à fait sauvage, me dit Garibaldi. Il est bien de Caprera, c'est une vraie chèvre.

Il semblait l'adorer et, pendant toute notre causerie, le suivait des yeux dans ses cabrioles. Le pur profil de Teresita me rappela les belles têtes du peintre Beltraffio, l'élève de Léonard de Vinci. Elle était grande et superbe. J'aperçus aussi, mais seulement le jour de la fête et dans une voiture, Clélia, sœur de Manlio par sa mère et son père. Elle paraissait environ quinze ans et n'avait avec Garibaldi qu'une ressemblance assez éloignée.

L'entrée du grand patriote à Milan avait été triomphale et il avait fallu trois heures pour le trajet du chemin de fer à l'hôtel où ses appartements et les nôtres avaient été désignés.

Blanqui, Pain et moi, nous eûmes notre part de l'enthousiasme général : bien que nous eussions débarqué à Milan sur le coup de minuit, le comité des fêtes était venu tout entier au-devant de nous, et l'énorme foule qui l'accompagnait partageait ses acclamations entre Blanqui et moi.

Le vieux prisonnier de toutes les réactions, royalistes, impérialistes ou républicaines, touchait alors à sa fin et, comme Garibaldi, mourut peu de temps après ce dernier triomphe. Pendant le voyage, nous dûmes, Olivier et moi, lui donner les mêmes soins qu'à un enfant. Il oubliait l'heure des repas, se perdait dans les couloirs et quelquefois tombait dans les escalier. Un soir il lui fut impossible de retrouver sa chambre. Il voulait absolument entrer dans celle de Mme Canzio.

La presse démocratique de presque toute l'Europe était représentée à cette fête de la libre pensée, et deux heures à peine avant le départ pour la place Santa Maria, où se dressait la statue érigée en l'honneur des garibaldiens tombés pour l'indépendance de leur pays, une délégation de journalistes vint me prier de prendre la parole au nom de tous. Cette perspective me fit frissonner jusque dans la moelle des os. Je compris cependant qu'il m'était impossible de me dérober à ce devoir ; qu'en tout état de cause les Italiens groupés autour du monument me demanderaient de parler et que le mieux était d'aller au-devant du danger.

Quand je m'avançai sur l'énorme estrade où on avait hissé la voiture dans laquelle était étendu Garibaldi, j'ignorais absolument ce que j'allais dire, n'ayant eu le temps de rien préparer. Si j'ose m'exprimer ainsi, je parlai de « trac », et pour la première fois de ma vie les idées et même les mots me vinrent sans effort ni embarras. Je fus plus que personne surpris de cet accès de facilité oratoire qui, je crois, ne m'est jamais revenu. Tous les Milanais présents me parurent comprendre parfaitement les nuances de la langue française et soulignaient par leurs applaudissements les phrases à effet.

Quand, après dix minutes de ce supplice que j'ai toujours considéré comme le plus intolérable de tous, je regagnai ma place, Garibaldi fit à Olivier Pain resté auprès de lui cette réflexion imméritée :

— Comme il parle bien !

Et il a sans doute emporté dans la tombe l'illusion de mon éloquence.

Le passage le plus acclamé de mon allocution fut celui-ci, où je rappelais les services rendus par Garibaldi à la France.

Si nous n'étions pas ici, mes amis de France et moi, pour rendre hommage au magnifique mouvement démocratique et anticlérical qui envahit l'Italie, nous y serions encore venus par reconnaissance pour le héros qui préside à cette cérémonie.

Attaqué par les chassepots de Bonaparte, il avait, plus que tout autre peut-être, le droit de nous abandonner, lorsque, au moment de nos désastres, tout le monde nous abandonnait.

Mais sa grande âme ne connaît pas ces mesquineries. Il est de ceux qui ne rendent pas les peuples responsables des folies ou des crimes de leurs gouvernements. Il savait qu'il y avait deux Frances : la France impériale, qui soutenait tous les despotismes ; la France républicaine, qui défendait toutes les libertés. C'est à cette dernière qu'il a offert son glorieux sang et celui de ses dignes fils, et il a oublié Mentana pour courir au secours de Dijon.

Il n'a pas dépendu de lui de faire plus encore. Lorsque j'étais membre du gouvernement de la Défense nationale, il nous fit proposer de venir s'enfermer avec nous dans Paris où, chargé du commandement de la garde nationale, il eût rallié toutes les opinions comme tous les courages et probablement débloqué la capitale.

Les susceptibilités coupables des généraux bonapartistes qui étaient restés à la tête de notre armée, comme ils y sont encore aujourd'hui, firent repousser ce projet. Mais c'est au nom de la population parisienne, qui l'a élu député en 1871 et dont il n'a cessé d'être le glorieux représentant, que je remercie publiquement l'illustre Garibaldi des bonnes paroles qu'il vient d'adresser à ma patrie et des admirables efforts qu'il a faits pour la sauver.

Quelques semaines plus tard, je fus frappé d'un des plus grands chagrins que j'aie ressentis dans ma vie et dont le souvenir ne s'effacera certainement jamais, les événements et les gens même n'ayant pour nous d'importance que par l'impression qu'ils nous laissent. Louise, une petite bonne de seize ans qui était à mon service depuis l'âge de quatorze ans et demi, s'asphyxia dans sa chambre sans autre motif que la peur de passer pour m'avoir volé cinq pièces d'or qu'elle était allée chercher pour moi à la caisse de l'*Intransigeant*, et qui avaient glissé par une déchirure de sa poche.

Cette pauvre petite Savoyarde, très battue chez elle où elle gardait les volailles, se trouvait on ne peut plus heureuse chez moi où elle mangeait tout son saoul et où je n'avais jamais eu pour elle que de bonnes paroles. Son attachement pour moi était devenu comme de l'hypnotisme. Je crois qu'elle m'aurait défendu contre une armée. L'ovation qui m'avait accueilli à la gare de Lyon et à laquelle elle avait assisté, puisque je l'avais ramenée de Genève, l'avait extraordinairement émotionnée.

Je la grondais de ses imprudences et je n'avais pas de peine à lui en prédire les suites. Elle avait, par exemple, la manie de nettoyer avec du pétrole le devant des cheminées, même quand le feu y flambait. Je lui avais fait observer qu'elle finirait par se brûler et, en effet, le lendemain même du jour où je l'avais avertie de ce danger, le pétrole s'enflamma et elle se fit au pied une brûlure assez grave.

Elle en conclut que je savais tout, que je lisais à livre ouvert dans l'avenir, et elle me dit un matin, en me servant mon café au lait :

— Je voudrais bien vous demander quelque chose : comment ça se fait-il que tout ce que vous annoncez arrive comme ça ? N'est-ce pas, monsieur, que vous êtes sorcier ?

— Mais non, fis-je, je ne suis pas sorcier. Seulement, quand tu fais une bêtise, je vois tout de suite quels en seront les résultats et je t'en préviens.

— Non, insista-t-elle, je suis sûre que vous êtes sorcier. Bah ! si vous êtes sorcier, vous pouvez bien me le dire. Je ne le répéterai à personne.

Par une fatalité affreuse, quelques jours avant l'horrible catastrophe dont je ne suis pas encore consolé, elle avait tiré de la poche de son tablier les cent francs qu'elle allait, avec un bon signé de moi, chercher de temps en temps au journal, et je lui avais fait remarquer qu'on ne mêlait pas ainsi des pièces d'or avec des pelotons de fil et des mouchoirs ; que sa poche pouvait se découdre et qu'elle perdrait l'argent en route.

Le pronostic se réalisa à la lettre et, quand elle arriva à la hauteur de la cité Malesherbes, où je demeurais, elle s'aperçut que sa poche était non seulement trouée, mais vide. Ma pauvre Louise affolée alla raconter son aventure à la papetière d'à côté, qu'elle supplia de lui prêter les cent francs perdus. Mais celle-ci, en bonne commerçante et quoiqu'elle connût la probité de la petite bonne, refusa net.

Alors Louise se décida à me conter son aventure. Et de cette perte insignifiante pour moi, exagérément importante pour elle, la malheureuse se montrait si navrée que, tout en lui reprochant sa distraction, je fus, je me le rappelle, obligé de me retourner pour dissimuler mon envie de rire.

Puis il ne fut plus question de ce minime incident et je me rendis à la Chambre où je passai malheureusement toute l'après-midi. Lorsque je rentrai, vers six heures, cité Malesherbes, je vis une cinquantaine de personnes devant ma porte, et j'appris l'irréparable malheur.

Mes voisins, M. et Mᵐᵉ Leclanché, me virent dans un tel désespoir qu'ils ne me permirent pas de rentrer chez moi et m'emmenèrent à leur hôtel, situé rue Victor-Massé. J'y restai trois jours dans les larmes. Presque toute la rédaction de l'*Intransigeant* suivit le convoi mortuaire de la petite servante pour laquelle j'achetai au cimetière de Saint-Ouen le terrain où elle repose sous une pierre qui porte ces simples mots :

LOUISE GAILLARD

Seize ans

Une chose m'enfonça encore plus profondément dans ma tristesse. J'appris plus tard que, sur le refus de cette affreuse papetière, la chère petite était partie en disant :

— Monsieur va me prendre pour une voleuse. J'aime mieux mourir !

Si ce propos m'avait été rapporté à temps, j'aurais veillé sur elle et, à la suite de son récit, remplacé mes reproches par des consolations.

Plus Gambetta perdait pied dans la faveur populaire, plus il affectait, à la présidence de la Chambre, de jouer les satrapes. L'excentrique Baudry d'Asson ayant, à propos de l'application des décrets aux congrégations religieuses, crié aux ministres :

— Vous êtes un gouvernement de crocheteurs !

Gambetta fit voter son expulsion, puis son incarcération dans une prison d'opéra-comique, enclavée dans le Palais-Bourbon, et vulgairement appelée « le petit local ». C'était se couvrir volontairement de ridicule. D'abord M. Baudry d'Asson avait le droit de faire observer qu'il représentait la Vendée, non la la Seine ou les Bouches-du-Rhône, et que, si les décrets plaisaient aux électeurs de M. Gambetta, ils froissaient considérablement les siens.

En second lieu, même au point de vue strictement grammatical, le mot « crocheteur » n'affectait pas du tout le sens que lui prêtait Gambetta. Il aurait fallu que M. de Baudry d'Asson ajoutât à sa formule : « crocheteurs », ces deux mots : « de serrures » qui eussent complété sa pensée. En effet, légalement, un crocheteur n'est pas du tout un individu qui force des cadenas. Il eût suffi au président de la Chambre d'ouvrir un dictionnaire pour y lire que crocheteur est synonyme de portefaix, c'est-à-dire de celui qui porte sur des crochets les objets qu'on lui confie.

Or les crocheteurs sont de très braves travailleurs, formés en syndicat et connus pour leur probité professionnelle. Gouvernement de crocheteurs pouvait donc et devait être compris dans le sens de gouvernement d'honnêtes gens, ce qui constituait pour celui que défendait Gambetta à la fois l'éloge le plus flatteur et le plus rare.

Enfin, à moins d'un jugement régulier, dont l'exécution appartenait aux seuls agents de la force publique, aucun citoyen n'avait le droit de faire mettre la main au collet d'un autre citoyen, nul règlement n'étant susceptible de primer la loi. La réclusion courte ou longue imposée à M. de Baudry d'Asson pour le bon plaisir de Gambetta était donc essentiellement arbitraire et, par-dessus le marché, grotesque.

Il en rejaillit sur l'autocrate de toutes les gauches une telle pluie de quolibets qu'il n'osa plus se laisser aller une seconde fois à cette fantaisie du plus pur vaudeville.

Mais la mort trop prévue qui frappa le vieux Blanqui fit apparaître plus nettement encore le sentiment populaire.

Ce Latude de la démocratie, qui comptait cinq ans d'emprisonnement de plus que l'autre et dont l'âme était autrement grande, trouva encore moyen, après sa mort, de faire trembler les modérés. Emile de Girardin, l'ancien candidat à une sénatorerie impériale, proposait, à peu de chose près, qu'on enterrât, à trois heures du matin, ce vétéran de la liberté. Toutefois, de peur de provoquer des troubles par une attitude trop hostile, les journaux de l'ordre voulaient bien reconnaître que Blanqui avait été une individualité supérieure, que sa vie privée était inattaquable et qu'il était personnellement, beaucoup moins que ses amis n'avaient voulu le faire croire, partisan de la violence.

Et quels étaient les politiciens qui lui rendaient

cet hommage posthume? Ceux qui l'avaient emmuré pendant quarante années consécutives; qui, en 1871, l'avaient embastillé dans une casemate du fort du Taureau, avec ordre aux sentinelles qui le gardaient de l'assassiner immédiatement si une tentative quelconque était risquée pour sa délivrance.

Mais si Blanqui était honnête dans sa vie politique, pur dans sa vie privée, si ses idées étaient droites, quels misérables étaient donc les gouvernants qui, quelques mois auparavant, le maintenaient encore à Clairvaux, dans l'horrible supplice de la cellule, privé du droit d'adresser un mot à qui que ce fût, au point, m'a-t-il raconté lui-même, qu'il était obligé, pour ne pas perdre l'usage de la parole, de se tenir tout haut des discours et de prononcer au hasard des phrases incohérentes?

C'était au moment où le vieux révolutionnaire était conspué, honni, enchaîné, avec des canons braqués sur ses fenêtres et des chassepots sur sa poitrine, qu'il eût été juste et généreux de plaider hautement sa cause.

Depuis qu'il n'était plus là pour faire honte à l'opportunisme, l'opportunisme ne faisait aucune difficulté de reconnaître qu'en somme son âme avait été magnanime et sa vie austère; qu'il n'avait jamais touché aucun pot-de-vin, non plus que participé à aucune affaire financière, et que la République, à laquelle il avait tout sacrifié, ne lui avait jamais rapporté que la satisfaction de pouvoir se dire le premier prisonnier de France, comme Latour-d'Auvergne en avait été le premier grenadier.

Comme je reconnaissais dans ces articles larmoyants et crocodilesques les hypocrisies dont j'avais moi-même souffert et dont j'allais souffrir encore! Si je n'avais pas éprouvé une forte répugnance à fouiller dans les collections des feuilles de 1871, il m'eût été trop facile de replacer sous les yeux de ces panégyristes les articles où ils demandaient, comme une chose qu'il eût été malséant de leur refuser, l'exécution sommaire de Blanqui.

Ah! si sa maladie ne l'avait pas emporté, c'eût été une autre musique! Le réacteur Girardin qui, depuis le procès de la Kaulla, son amie, était déchaîné contre moi, et aux attaques duquel j'avais dédaigneusement répondu :

« Le sénile Girardin peut continuer ses divagations à son aise. Je ne m'appelle pas Marius : je ne m'assieds pas sur des ruines »,

résumait en une ligne sa pensée qui représentait exactement le cri du cœur de l'opportunisme:

« La prison dans laquelle vient d'entrer Blanqui, il n'en sortira plus!

Ce qui impliquait cet abominable sous-entendu :

« Si, par hasard, il s'avisait d'en sortir, gare à lui! »

Ses obsèques furent extraordinaires. Plus de cent cinquante mille Parisiens suivirent, de la barrière d'Italie au Père-Lachaise, ce convoi du pauvre qui semblait un convoi de millionnaire, tant le corbillard disparaissait sous les fleurs et les couronnes. Il n'y avait guère plus de six mois que j'étais rentré à Paris, et je me montrais peu. Aussi fus-je sur tout le parcours du cortège l'objet d'une telle curiosité que j'étais presque porté par la foule, au point que le *Temps*, dont les sympathies pour moi étaient plutôt médiocres, disait le lendemain :

« C'est la première fois qu'on aura vu un mort presque délaissé pour un des vivants qui l'escortaient ».

La cérémonie fut imposante et significative :

« Tuez tout ! Dieu reconnaîtra les siens ! »

s'écriaient les égorgeurs de la Saint-Barthélemy.

« Frappez ! aurions-nous pu crier à notre tour aux emprisonneurs de la réaction, la France reconnaîtra les siens, et elle leur fera des funérailles comme les rois n'en ont jamais eu, parce que l'idolâtrie populaire est la seule chose qu'on n'achète pas. »

Les politiciens qui ont abandonné le peuple prétendent volontiers que le peuple est ingrat. Mais les hommes loyaux qui l'ont toujours fidèlement servi savent bien jusqu'où va sa reconnaissance. Les cent cinquante mille Français qui avaient accompagné Blanqui à sa dernière prison étaient là pour l'attester. Cette grande et superbe manifestation était à la fois une consolation et une menace. Une consolation pour ceux qui s'étaient voués à la défense de la République ; une menace pour ceux qui rêvaient de la détruire.

Cependant, comme il faut toujours que les modérés tremblent, à la frayeur qu'inspirait Blanqui succéda subitement la peur folle du nihilisme. L'attentat auquel succomba le tsar Alexandre II, au moment où les révolutionnaires russes semblaient avoir désarmé, fut un coup de tonnerre dans un ciel relativement serein. Depuis quelques semaines déjà, je m'attendais à une catastrophe que les réfugiés de Genève m'avaient annoncée, sans me renseigner exactement sur la façon dont elle se produirait.

Peu de temps avant l'amnistie, j'avais reçu la visite d'une charmante jeune fille russe de dix-neuf ans dont les aventures tenaient du roman. Cette pauvre enfant avait été, pour affiliation à une société secrète, arrêtée à Saint-Pétersbourg où son père était général attaché à l'état-major de l'empereur.

Enfermée à la prison de Pierre-et-Paul, dans un cachot souterrain qu'à l'époque des crues la Néva envahissait, elle fut atteinte d'une affection nerveuse provoquée par les souffrances qu'elle endurait et surtout par les cris des prisonniers auxquels on administrait quotidiennement le knout ou les verges. Comme elle était dans ce terrible état, elle apprit la maladie, puis l'agonie de son père qui demanda à embrasser son enfant avant de mourir. Grâce à la haute situation qu'occupait le moribond, cette faveur exceptionnelle lui fut accordée. Extraite de sa prison, la jeune fille fut conduite par deux argousins au chevet de son père, mais après les premières effusions elle prit sa course dans les escaliers, après avoir tourné une clef sur ses surveillants, et fila par une seconde sortie.

Après avoir longtemps joué à cache-cache avec la police, la jolie nihiliste était arrivée à Genève d'où elle trouva encore moyen de travailler pour son parti; sa mère, aussi dévouée qu'elle, dépensa la moitié de sa fortune à favoriser les évasions des révolutionnaires déportés en Sibérie, et voici comment elle en sauva par centaines :

Ce qui avait toujours enlevé toute chance de succès à leurs tentatives de fuite, c'était d'une part l'immensité des steppes à traverser pour gagner une frontière, d'autre part le peu de ressources dont disposaient les évadants pour un voyage de quinze cents lieues.

La mère et la fille imaginèrent alors de louer ou d'acheter sur la route de Tobolsk à Saint-Pétersbourg des terrains sur lesquels elles firent élever d'étape en étape des chaumières où s'établirent de pauvres agriculteurs dont personne n'avait aucune raison de se défier.

Les condamnés, prévenus, gagnaient ces refuges où les recevaient les prétendus paysans, et d'où ils repartaient après s'être reposés et réconfortés, ce qui leur permettait de gagner quelque grande ville dans lesquelles ils se perdaient avant de passer à l'étranger.

Cette ingénieuse manœuvre réussit pendant lontemps; puis, en présence de la multiplicité des évasions, le gouvernement russe en chercha si activement la cause qu'il finit par la découvrir et les secourables auberges furent démolies.

Toutefois la jeune fille, qui était venue se confier à moi et que j'ai revue depuis deux ou trois fois à Paris, resta toujours en communication avec ses frères d'armes et me donna à entendre qu'un grand événement se préparait. Après les essais infructueux du Palais d'Hiver et du chemin de fer de Moscou, je me doutais naturellement qu'il s'agissait de la mort prochaine d'Alexandre II. Je dînais un jour chez Mme Dorian, la digne veuve de l'ancien ministre de la Défense nationale, et au moment où on se mettait à table un domestique de la maison vint me dire que quelqu'un m'attendait dans l'antichambre pour une communication très importante et très pressée.

J'eus si bien le pressentiment de l'attentat que je dis à Edouard Lockroy, qui sans doute se le rappellera :

— Je suis sûr qu'il s'agit de quelque coup tenté contre le tsar.

Le visiteur était un Russe qui avait couru chez moi m'annoncer la nouvelle, et, y ayant appris où je dînais, s'y était rendu en courant. Lorsque je rentrai dans la salle à manger, je dis à mes compagnons de table :

— Vous voyez que je ne me trompais pas : Alexandre II vient d'être tué.

Le lendemain, je recevais la lettre suivante, qui parut dans l'*Intransigeant* et confirmait toutes mes prévisions :

Genève, le 14 mars 1881.

Cher monsieur Rochefort,

Je vous envoie à la hâte quelques renseignements par un voyageur du train rapide, qui vous les remettra ce soir à votre journal.

Un avis mystérieux du comité révolutionnaire nihiliste parvint à Alexandre II, le 3 mars. Une adresse portant la signature collective du *comité exécutif* enjoignait au tyran d'avoir à donner au peuple russe une liberté si justement et depuis si longtemps revendiquée, ou de tout craindre.

L'empereur répondit par des proscriptions nouvelles.

Après les tentatives de Moscou et du Palais d'Hiver, toute l'Europe crut notre malheureux parti à jamais vaincu.

L'avortement du complot du Palais d'Hiver avait eu cette conséquence de faire confisquer 400,000 francs que les nihilistes avaient déposés entre les mains de notre ami S..., employé du palais, chez qui on fit une descente de police.

Entre parenthèse, jamais on n'a su ce qu'était devenue cette somme, dont il n'a été fait mention dans aucun procès-verbal et que les policiers se sont appropriés sans aucun doute.

Les révolutionnaires ont dû reconstituer leur caisse. C'est ce qui a pu faire croire à un sommeil momentané de leur part. Vous voyez qu'ils ne dormaient que d'un œil.

Mais, contrairement à ce qu'affirmaient les journaux, les

nihilistes n'ont jamais cessé de faire tenir au tsar des avertissements catégoriques.

Ne les voyant pas suivis, à court délai, de tentatives d'exécution, il avait reconquis toute sa sérénité.

Les bombes n'ont pas été fabriquées à Londres, ainsi qu'on le prétend, mais à Pétersbourg même. Comme pour Vera Zassoulitch, à l'arrestation de laquelle ses amis ont fait croire pour éviter qu'on ne l'arrêtât réellement, le comité exécutif a fait beaucoup de bruit avec une prétendue fabrication d'engins explosibles à Londres, dans le quartier de Hammersmith.

C'est ainsi que, dans le courant de février, la police russe, mise en éveil, fit saisir à la douane une caisse d'objets en fer forgé et en fonte, parmi lesquels des haltères destinés à une école de gymnastique.

Pendant ce temps, le travail s'achevait en plein cœur de Pétersbourg.

Je ne puis vous en dire davantage, sinon que les bombes ont été chargées par des femmes.

Je lis dans plusieurs journaux que le jeune homme arrêté se nomme Ryssakoff; les nihilistes n'ont pas ce nom sur leurs listes d'affiliés.

D...

L'instigatrice et la préparatrice du complot était en effet une femme extraordinaire, Sophie Perowskaya, qui, à peine âgée de vingt-six ans, avait déjà pris une part active à toutes les conspirations organisées en vue de l'émancipation du peuple russe.

Sophie, que les nihilistes appelaient la « grande Sophie », comme les impériaux disaient la « grande Catherine », s'était faite institutrice et gouvernante, mangeant avec les domestiques et les moujiks, à qui elle insufflait les idées de liberté, et convertissant à ses idées les élèves qu'on lui donnait à instruire.

Olivier Pain et moi, nous partîmes sans désemparer pour Genève afin d'y recueillir de la bouche même des conspirateurs toutes les informations relatives à cette effrayante aventure.

Nous trouvâmes les révolutionnaires russes en proie à une exaltation tellement délirante qu'ils paraissaient hors d'eux-mêmes. Ils étaient, en tout cas, hors de chez eux où ils n'étaient pas rentrés depuis trois jours, célébrant ainsi par une sorte de kermesse ce qu'ils appelaient leur triomphe. A ce moment, l'alliance franco-russe, à laquelle j'ai poussé autant et plus que personne, était encore à l'état de rêve et les républicains français ne voyaient dans le gouvernement moscovite, autocratiquement représenté par le tsar, que la prépondérance de la force sur le droit et le despotisme d'un seul planant sur la volonté de tous.

L'assassinat d'Alexandre II qui, sans cause apparente ni explication bonne ou mauvaise, avait jeté puis gardé en prison pendant deux ans la jeune Vera Zassoulitch, fut donc généralement accepté comme une réponse de la violence à la violence. Je formulai cette opinion dans un article de l'*Intransigeant* que j'avais intitulé : la *Revanche des nihilistes*, et j'y disais :

« Les avertissements n'ont pourtant pas manqué. D'abord Trépoff, puis Mézentzoff, puis Kropotkine (cousin du réfugié de Londres, et qui fut assassiné à Kiew) ont été, comme on dit, battre, là-haut, le rappel pour le tsar. Il n'a pas entendu le funèbre tambour et il a continué à dépeupler les villes pour peupler les mines et les bagnes.

« La bombe Orsini qui arrêtera ce dépeuplement a fait pour la Russie ce que la flèche de Guillaume Tell a fait pour la Suisse, ce que l'échafaud de

Charles Iᵉʳ a fait pour l'Angleterre et ce que celui de Louis XVI a fait pour nous. La liberté, chez tous les peuples, a germé dans le sang des oppresseurs. »

L'ambassade de Russie s'émut et réclama contre moi et plusieurs autres journalistes des poursuites que le gouvernement français n'hésita pas à lui accorder. Elles étaient assez maladroites, en ce qu'elles offraient aux prévenus une excellente occasion de flétrir le despotisme, qui peut être toléré ou subi, mais qui dans aucun cas n'est défendable.

J'étais depuis quelques mois à peine rentré en France, dans les bras du peuple, et pour la troisième fois déjà je comparaissais devant les tribunaux. L'accusation portait : *Apologie de faits qualifiés crimes*, à quoi je répondais que l'envoi arbitraire de vingt mille personnes en Sibérie, qui y étaient annuellement déportées sans jugement, constituait indiscutablement un crime, et que le procureur ne traduisait cependant pas à la barre ceux qui en faisaient journellement l'apologie.

Cependant, malgré les terribles résultats de la tentative, les conspirateurs et conspiratrices qui l'avaient osée avaient montré tant d'intrépidité dans le sacrifice de leur vie, qu'ils donnèrent sans récriminations ni remords, que mes juges hésitèrent à faire montre d'une rigueur que l'opinion publique eût trop nettement réprouvée.

En ce qui me concernait, moi qui étais encore dans tout le renouveau de ma popularité, il eût été dangereux de me frapper durement. Aussi le président Gressier, devant lequel j'avais déjà plus ou moins comparu sous l'Empire, feignit-il d'accepter dans une certaine mesure mon système de défense qui valait, au point de vue de la mauvaise foi, le système d'attaque du ministère public.

— Vous êtes, me dit le président, l'auteur de l'article intitulé : « la Revanche des nihilistes ». Cet article a paru dans le numéro de l'*Intransigeant* qui porte la date du 15 mars.

Et je répondis :

— J'accepte toujours la responsabilité de mes écrits. Mais je suis étonné d'être poursuivi pour le délit visé par la citation. Il faudrait pourtant être un peu logique. On me poursuit avant même que la justice russe se soit prononcée. Paris tient à devancer Saint-Pétersbourg. Qui prouve que le tsar n'est pas mort d'une attaque d'apoplexie ou d'une tuile qui lui serait tombée sur la tête ? Il y a des hommes arrêtés sur le soupçon d'un attentat, mais tout accusé étant réputé innocent, il me semble qu'il aurait au moins fallu attendre que les tribunaux de là-bas eussent statué sur le sort de Ryssakoff et de ses soi-disant complices.

Et tenez, il y a un précédent : Vera Zassoulitch a été acquittée par le jury russe. M'aurait-on poursuivi et condamné, s'il m'avait plu d'exalter ou tout au moins d'apprécier l'acte de la vaillante fille, au lendemain même du jour où il avait eu lieu ? On s'est, en somme, énormément pressé aujourd'hui.

J'ai constaté qu'il y avait des nihilistes bien aises de la mort du tsar, de même qu'il y a des parents bien aises de voir mourir ceux dont ils doivent hériter ; mais se réjouir de la disparition d'un homme ne peut constituer l'apologie de faits qualifiés crimes, surtout quand les causes de son décès n'ont pas encore été judiciairement établies.

Mon argumentation manquait essentiellement de solidité, puisque tous les matins je fournissais aux lecteurs de l'*Intransigeant* les nouveaux détails que je tenais des révolutionnaires réfugiés à Genève et notamment de la charmante jeune fille évadée de la prison de Pierre-et-Paul.

Ces confidences me permirent même de rectifier plusieurs légendes relatives à l'organisation de l'association révolutionnaire russe qui fonctionnait à cette époque d'agitation et de terreur. Ce n'était pas, comme on le prétendait, une espèce de « charbonnerie » avec assemblées générales et convocations périodiques, grâce auxquelles la dénonciation et l'espionnage sont si faciles. Elle se composait de jeunes gens résolus à mourir, et on avait vu comment ils mouraient. Ils se présentaient à un siège social et se faisaient inscrire dans tel ou tel but et pour telle ou telle opération déterminée.

Pour l'affaire de Moscou, où il s'agissait de faire sauter les rails et d'effondrer le train impérial, ils étaient quinze.

Pour l'explosion du Palais d'Hiver, ils étaient dix-huit.

Pour l'assassinat de Mezentzoff, ils étaient trois. Cette fois, le comité exécutif n'avait résolu la mort d'Alexandre II que quand il avait vu se présenter à lui plus de bras qu'il n'en fallait pour que l'insuccès d'une première tentative n'empêchât pas la réussite des tentatives suivantes.

Dans les premiers temps de la fondation de la société nihiliste, les hommes chargés d'une exécution étaient désignés par le sort. Le nombre toujours croissant de volontaires — de la mort — avait permis de supprimer cette conscription.

Quand l'attentat eut été absolument décidé, au point que la date en était déjà débattue, on choisit les jeunes gens aptes à la fabrication des engins et les femmes sur l'adresse desquelles on pouvait compter pour la dangereuse manipulation de la nitroglycérine.

Presque tous les conjurés s'offrirent pour lancer les bombes. On en choisit cinq, mais ils eussent été trente, si le comité n'avait craint que la présence, sur le passage de l'empereur, de tant de jeunes gens dont la plupart étaient plus ou moins surveillés par la police, ne lui donnât l'alarme.

Ryssakoff, qu'on ne connaissait pas avant l'attentat, était affilié, paraît-il, depuis quelques jours à peine ; c'est ce qui avait fait douter du sérieux de sa participation au lancement des bombes.

Je me tirai de mon nouveau procès avec mille francs d'amende, prix assez doux, comparativement à l'importance et à la valeur de la marchandise.

L'émotion profonde causée par l'exécution des nihilistes et surtout de Sophie Perowskaya, pendue quoique appartenant à l'aristocratie russe, et qui était montée en souriant à l'échafaud, fut subitement enrayée par l'annonce de la campagne que Jules Ferry prépara tout à coup contre l'indépendance et l'autonomie de la Tunisie, sous le fallacieux prétexte de réprimer les « incursions des Khroumirs ».

Dans cette expédition contre les Khroumirs auxquels personne n'avait jamais pensé, je flairai immédiatement quelque sale affaire financière, en quoi je ne me trompais pas. J'appris bientôt en effet, par des renseignements que me fit adresser Taïeb, propre frère du bey de Tunis, que le coup prémédité était celui-ci :

Les obligations de la dette beylicale, dont le payement était constamment ajourné, avaient dégringolé du prix d'émission de cinq cents francs à cent, puis quatre-vingts et même soixante-quinze francs. La Banque franco-égyptienne, dont le directeur fut plus tard mis en faillite et dont M. Charles Ferry, frère de

Jules, le président du conseil, était administrateur, avait racheté la presque totalité de ces paquets de titres tombés au-dessous de tous les cours.

Il ne s'agissait plus que d'imaginer une manœuvre destinée à les faire remonter. Jules Ferry eut vite combiné son plan : on envahirait la Tunisie sous couleur d'incursions de Khroumirs, et, dès qu'on en aurait pris possession, on déclarerait la France disposée à rembourser au prix fort les emprunts contractés par le bey.

C'étaient quinze ou vingt millions de bénéfice que du jour au lendemain encaissait la Banque franco-égyptienne. Je démasquai le complot dont je tenais tous les fils et je débutai en affirmant, dans un article sensationnel, lequel fit en effet sensation, qu'il n'y avait pas de Khroumirs. On commença par rire beaucoup de cette fantaisie, mais on rit moins quand j'apportai mes preuves.

Ma protestation, que j'avais intitulée : *Cherchez le Khroumir*, était ainsi formulée :

Une chose à la fois étrange, folichonne, translunaire, et à laquelle on n'a pas assez réfléchi, c'est qu'il n'y a pas de Khroumirs. On en a parlé pendant deux jours, mais personne n'en ayant aperçu un seul, on a lâché les Khroumirs pour s'occuper exclusivement du bey, du consul Maccio, de l'Italie et de la continuation du chemin de fer de Bône à Guelma.

Celui qui a inventé les Khroumirs est évidemment un homme très fort. On peut imaginer, à leur sujet, des histoires d'autant plus terribles qu'on ne les a pas encore entrevus et que, selon toute vraisemblance, on ne les apercevra jamais.

M. de Freycinet disait dernièrement dans un salon :

— Mes successeurs ont plus de chance que moi. Il y a deux ans, nous avions déjà besoin de trouver des Khroumirs. J'en ai cherché partout. Il m'a été impossible d'en dénicher un.

Cependant le gouvernement ayant annoncé qu'il entreprenait sa campagne uniquement pour les châtier, a dû expliquer aux populations pourquoi il allait à Tunis où il était sûr de ne pas les rencontrer. Il n'y a que le peuple français pour absorber sans broncher des anguilles de cette longueur.

Un crime a été commis à Orléans. Vite la police envoie des gendarmes à Périgueux. Aussi, pour calmer les récalcitrants qui demandaient pourquoi on essaye d'atteindre les Khroumirs où ils ne sont pas et non là où ils passent pour être, on a découvert que le nœud de la question était à Tunis.

Vous n'ouvrez pas une feuille un peu officieuse sans y lire, à toutes les colonnes, que le « nœud de la question est à Tunis ». Feuilletez-les toutes : les Khroumirs, il n'en est plus question nulle part. Ces mythes, ces fantômes, ces êtres de raison, ayant donné tout ce qu'on attendait d'eux, se sont volatilisés subitement. Nous sommes sûrs que le cabinet Ferry offrirait trente mille francs à qui lui procurerait un Khroumir, afin de pouvoir le montrer à l'armée, ne fût-ce que comme échantillon. Malheureusement le Khroumir manque absolument sur le marché. C'est le cas de dire que nous allons combattre un ennemi invisible.

Néanmoins, pour faire croire à l'existence de cet adversaire qui n'existe pas, on enverra quelques colonnes piétiner dans le sable de la frontière tunisienne et les rapports constateront qu'à mesure que nous avancions contre elles ces hordes de pillards fuyaient devant nous, si bien que nous sommes revenus dans nos campements sans avoir eû l'occasion de nous mesurer avec elles. On dira :

« Lâches Khroumirs ! Après nous avoir provoqués, ils n'ont pas seulement osé nous attendre ! »

Et tous les capitaines chargés du commandement des

compagnies lancées à la recherche de ces indigènes aussi introuvables que La Pérouse seront instantanément promus colonels.

Nous nous rappelons avoir été, il y a peu de semaines, accablé d'injures pour avoir insinué que les fameuses incursions dont on avait résolu de les punir n'étaient peut-être, au fond, qu'une question de chemins de fer. Maintenant que le ministère paraît résolu à s'en prendre au bey lui-même, il est remarquable que pas une nouvelle incursion, non plus qu'aucun nouvel acte de pillage n'aient été signalés de la part de ces indomptables peuplades.

Ce serait pourtant le moment pour elles de recommencer leurs expéditions, puisque tous les efforts de l'armée française sont actuellement concentrés sur Tunis. La vérité est qu'on a joué du Khroumir tant qu'on a eu besoin ; mais comme, actuellement, on a mieux que lui, on l'a tout simplement remisé au magasin des accessoires.

Il y a lieu de croire que, finalement, tout ce qui restera du « châtiment exemplaire » que le gouvernement feint de vouloir appliquer à ces prétendus pirates, ce sera une affiche des Folies-Bergère, annonçant l'exhibition d'un chef khroumir qui entrera en scène à neuf heures du soir.

La foule émue s'approchera de ce phénomène et s'apercevra bientôt avec stupeur qu'il est né aux Batignolles, de parents français.

Henri Rochefort.

Et, les renseignements s'accumulant de plus en plus, j'avais appris qu'après une longue conférence entre Gambetta et M. Léon Renault celui-ci s'était embarqué pour Tunis ayant en poche un projet de Crédit agricole tunisien qu'il allait placer sur la gorge du bey comme un revolver, et qui eût conféré aux fondateurs de cet établissement de haute flibusterie la facilité d'émettre des billets de banque sur tout le territoire de la Régence.

Or le papier jeté dans la circulation doit être naturellement représenté par le dépôt d'un numéraire égal au chiffre de l'émission. Et comme pas plus M. Léon Renault que ses associés n'avaient un sou vaillant, c'était en réalité le droit de fabriquer de la fausse monnaie qu'ils venaient exiger du malheureux bey.

Il refusa de donner dans ce guêpier, mais, dès ce jour, sa déchéance fut résolue. M. Léon Renault, qui avait été piloté auprès de lui par le consul général Roustan, revint à Paris à la fois exaspéré et déconfit. L'entreprise tunisienne naquit uniquement de cette double intrigue : le rachat au pair par le Trésor français de la dette beylicale et la résistance du bey à la création d'un établissement financier qui eût amené, au profit de quelques boursiers opportunistes, la banqueroute du gouvernement de la Régence.

Tout le reste : armements militaires, réformes politiques, nécessité de couper l'herbe sous le pied à l'Italie, n'était que la sauce destinée à faire avaler à la naïveté publique ce poisson avarié. Et, comme toujours, la naïveté publique l'avala.

Pour compléter mon outillage, je déléguai notre collaborateur Georges Meusy à Constantinople, auprès de Khérédine, alors grand-vizir, et qui, en qualité d'ancien premier ministre du bey, en savait long sur les chantages dont ce monarque africain avait été victime.

Puis, quand je me sentis suffisamment lesté, je lâchai le paquet dans un grand article ou plutôt un acte d'accusation que je présentai sous ce titre :

LE SECRET DE L'AFFAIRE TUNISIENNE

J'y révélais toute l'intrigue avec des détails d'une précision qui jeta le désarroi et la terreur dans le groupe des financiers du Parlement. J'y faisais notamment cette prédiction que j'appuyais par des preuves de toute évidence et qui s'est, du reste, réalisée à la lettre :

MM. Gambetta et Roustan avaient formé une association dont le but était de faire d'abord tomber au prix du papier les obligations de la Dette tunisienne et de les racheter ensuite pour quelques liards. Mais comme jamais le bey n'aurait eu les deux cent millions nécessaires à leur remboursement, les deux compères poussaient le gouvernement français à intervenir dans la Régence et à prendre à son compte le payement des obligations qui eussent été converties en trois pour cent. M. Gambetta et M. Roustan eussent alors échangé leur tas de papier contre des coupons de rente pour une valeur de plus de cent millions, et ces rentes, c'étaient les contribuables qui les leur auraient servies.

Voilà pourquoi vingt mille de nos soldats sont allés mourir là-bas d'insolation et de misère. Nous comparions la guerre de Tunisie à celle du Mexique. Certes, elles ont entre elles cet air de ressemblance qui relie si bien l'opportunisme au bonapartisme. Les bons Jecker aussi avaient été rachetés à vil prix par les aigrefins de l'entourage impérial, et quand ils en eurent suffisamment bourré leurs poches ils excitèrent le Bonaparte à installer à Mexico un semblant d'empereur qui s'engagerait d'abord à verser entre leurs mains les soixante-quinze millions représentant les bons qu'ils avaient eus pour cinq cents francs.

Dans les deux cas, il s'agissait de faire couler notre sang pour remplir les coffres des banquistes qui dévalisent ceux qu'ils se vantent de gouverner. Cependant l'entreprise mexicaine était incontestablement moins scélérate que celle dont nous recueillons actuellement les fruits, car c'était sur l'argent des Mexicains que les bons Jecker devaient être remboursés, tandis que c'est des ressources de la France, déjà épuisée par les milliards de la dette prussienne, que nos vampires avaient projeté de se repaître.

(*Intransigeant* du 27 septembre 1881.)

Abasourdi par cette attaque soudaine, Jules Ferry essaya de me faire rentrer mes indiscrétions dans la gorge par l'annonce retentissante d'un procès en cour d'assises qu'il donna au consul général Roustan l'ordre de m'intenter. Ce fut la plus grosse des maladresses que Ferry, d'ailleurs éminemment maladroit, eût jamais commises. Les plaintes et les accusations m'arrivèrent en trombe, mettant à nu les exactions, les pots-de-vin et les iniquités judiciaires de notre administration dans la Régence. Le scandale prit des proportions que les poursuites intentées contre moi ne servirent qu'à développer.

Je compris que l'affaire était sérieuse, qu'il s'agissait de la ruine de mon journal, qu'en cas de condamnation les juges eussent écrasé sous les amendes, et je jouai mon va-tout, dans la conviction que, sur le terrain des intérêts des contribuables, j'aurais avec moi le jury auquel on me déférait.

Au lieu de reculer, je fonçai donc sur l'ennemi. J'établis, par la reproduction d'articles financiers de la *République française*, fondée et dirigée par Gambetta, qu'on y avait tout tenté pour amener la baisse des obligations tunisiennes. Je m'occupai activement de réunir des témoins et j'en trouvai dont les dépositions furent écrasantes pour le syndicat des financiers tunisiens, notamment le baron de Billing, ancien consul général de France à Tunis, et M. Leblanc, inspecteur des finances, qui avait été chargé de la vérification des comptes dans la Régence.

De son côté, le malheureux Roustan, qui marchait par ordre et comme un chien qu'on fouette, avait, probablement pour influencer les jurés, cité les plus hauts dignitaires de l'État, ministres, ambassadeurs, généraux, et jusqu'à Ferdinand de Lesseps qui ne savait trop sur quels faits on allait l'interroger.

Les feuilles officieuses répétaient :

« Le récit de M. Rochefort est un conte à dormir debout, M. Roustan n'étant arrivé en Tunisie qu'en 1875, c'est-à-dire après que les embarras d'argent où se trouvait le bey avaient été depuis longtemps constatés. »

Or, c'était précisément en 1875, immédiatement après l'installation de M. Roustan, qu'avait commencé la campagne à la baisse, à ce point qu'à la date du 20 juillet 1876 le bey reprochait, dans une lettre pleine d'aigreur, à ce même Roustan de laisser déprécier par les journaux français les obligations de la dette tunisienne.

L'intention, chez les flibustiers du syndicat, d'amener la faillite beylicale ne pouvait d'ailleurs faire doute, comme le démontre irréfutablement cet article que j'avais extrait de la *République française* pour le servir à mes lecteurs :

Je ne voudrais pas jeter l'inquiétude chez les porteurs de la Dette tunisienne, mais il est cependant nécessaire qu'ils sachent la vérité.

D'abord l'état-major et les innombrables employés préposés à la perception des revenus leur coûtent 600,000 francs par an ; c'est 400,000 francs de trop, au moins. Vous dire ce qu'il y a de fonctionnaires inutiles et largement rétribués, la liste en serait longue ; mais nous savons que les consuls des trois puissances intéressées, l'Angleterre, la France et l'Italie, se préoccupent de cette situation et qu'ils songent à y apporter d'importantes réformes.

Il est vrai que ce nombreux personnel, entre les mains du général Khérédine, premier ministre et président de la commission financière, lui sert, au besoin, à faire de bruyantes manifestations contre la France, comme nous l'avions vu lorsque notre précédent chargé d'affaires, agissant comme magistrat, fit arrêter un personnage de grand nom, à raison de faits graves sur lesquels la justice n'a pas dit son dernier mot. Mais qu'est-ce que cela dans un pays d'inégalité ?

Ensuite il faut bien qu'on sache qu'il y a peu de temps encore, et à la suite de mauvaises récoltes, l'argent manquait pour payer entièrement les coupons de juillet 1871, janvier et juillet 1872 et janvier 1873.

A cet article si probant, j'ajoutais cet autre, de nature à édifier complètement le public et que je cueillais également dans la *République française :*

De longtemps, la Tunisie n'éteindra sa dette ; son intérêt est de la maintenir, pour échapper aux exactions de Constantinople.

Peut-être amortira-t-on quelques titres, pour donner une apparence de satisfaction aux légitimes inquiétudes des créanciers.

Mais vienne une année de sécheresse, les coupons cesseront d'être payés, parce que le gaspillage d'une administration rapace n'aura pas permis la constitution d'un fonds de réserve, et qu'il ne faut pas compter sur la générosité du richissime président de la commission financière pour aider au payement des coupons, comme l'a fait son beau-père, le vieux Khasnadar, en 1871, 1872, 1873.

Et je concluais par cette prophétie :

Voilà comment on a pour quinze francs le tas des morceaux de papier qu'on revend cinq cents francs la pièce quelques années plus tard.

En quoi je me trompais. La Banque franco-égyptienne avait bien revendu cinq cents francs chacun des titres de la Dette, mais elle n'attendit pas

« quelques années » pour en réaliser le bénéfice, attendu que, moins d'un an après mon procès, l'effronté Jules Ferry proposa et fit voter par la Chambre le remboursement au pair, c'est-à-dire à cinq cents francs, de ces « valeurs » qui, quelques mois auparavant, ne valaient absolument rien.

CHAPITRE XXVII

L'AFFAIRE TUNISIENNE. — LE « CRÉDIT AGRICOLE ». — LE PROCÈS ROUSTAN. — RÉVÉLATIONS, ACQUITTEMENT. — PRÉDICTIONS RÉALISÉES. — C'EST LA FRANCE QUI PAIE. — LA DÉCADENCE DE GAMBETTA. — LA SŒUR DU FUSILLÉ. — LES KRAKS FINANCIERS. — L' « UNION GÉNÉRALE ». — ASSOMMEURS ET ASSOMMÉS. — CASSE-TÊTE D'HONNEUR. — MORT DE GAMBETTA. — FERRY LE SORCIER.

Par un hasard assez remarquable, Ferry, qui avait ordonné les poursuites contre moi, fut renversé et remplacé par Gambetta qui, aussi compromis que lui dans l'affaire, avait au moins autant que lui intérêt à ma condamnation. Peut-être y mit-il plus de passion encore et je reçus secrètement l'avis que si le verdict du jury m'était défavorable, ce dont on ne doutait pas, les instructions données par le gouvernement à la cour étaient celles-ci :

Dix-huit mois de prison ;

Cinquante mille francs d'amende ;

Cinquante mille francs de dommages-intérêts envers le consul général Roustan.

Afin d'enlever aux magistrats toute velléité d'indulgence ou d'atténuation à mon égard, Gambetta avait choisi pour présider l'audience ou les audiences, car il y en eut trois, un bonapartiste militant, M. Lefebvre de Viefville, ancien familier des salons de Compiègne et commensal de la princesse Mathilde. L'irréconciliable de 1869 se réconciliait ainsi sur mon dos avec ses prétendus adversaires.

Mais la chance, qui ne m'a presque jamais abandonné aux moments les plus critiques de ma périlleuse carrière, me servit encore cette fois-là, malgré et contre tous les calculs de la diplomatie gambettiste. Ce Lefebvre de Viefville passait, dans les salons impérialistes, pour avoir présenté ses hommages à la cousine de Napoléon III, et quelques journaux avaient fait allusion aux propos probablement fantaisistes qui avaient à ce sujet circulé dans un certain monde.

J'étais aussi peu que possible au courant de ces racontars qui, on le comprendra facilement, n'étaient venus me trouver ni en Nouvelle-Calédonie ni dans mon exil de Londres et de Genève. Je fus donc tout surpris lorsque mon ami, l'avocat-député Gatineau, qui avait bien voulu se charger de ma défense, vint m'apprendre que M. Lefebvre de Viefville lui avait, dans la conversation, glissé cette sorte de requête :

— Vous savez quelles calomnies stupides ont couru au sujet de mes fréquentations chez la princesse Mathilde. M. Rochefort, j'en suis parfaitement sûr, est un homme trop bien élevé pour rappeler en quoi que ce soit ces absurdes mensonges.

Je les aurais d'autant moins rappelés que je n'en connaissais pas le premier mot, mais cette confidence ne tomba pas dans l'oreille d'un sourd. Pendant tout le cours des débats, je gardai, vis-à-vis du président, un ton d'indépendance qui contrastait avec l'attitude ordinaire des accusés et, j'en ai la conviction, impressionna quelque peu le jury.

A propos d'une lettre assez importante que je reçus

d'un avocat de Tunis, M. Pelletier, le matin même du dernier jour, et dont la cour avait le droit d'interdire la production, puisqu'elle n'avait pas été signifiée dans les délais légaux, je triomphai de la résistance du président par ces mots prononcés d'un ton suffisamment sec :

— Vous déclariez tout à l'heure que vous ne vous opposeriez en quoi que ce soit à la manifestation de la vérité ; et, quand je vous l'apporte, vous m'enlevez les moyens de la faire connaître !

— Très bien ! fit immédiatement M. Lefebvre de Viefville ; je vais donner lecture de la lettre.

Ce qui établissait nettement le côté véreux de l'affaire tunisienne, c'était un dossier racheté à un banquier grec nommé Bockos, et dont M. Barthélemy Saint-Hilaire avait supplié MM. Veil-Picard frères de se rendre acquéreurs.

MM. Veil-Picard m'avaient un jour communiqué ce dossier que je connaissais à fond. Aussi le président des assises fut-il fort désappointé lorsque, au moment où M. Léon Renault, ancien préfet de police, comparut pour témoigner, je fis cette déclaration que je retrouve dans les journaux judiciaires de 1881 :

Avant de poser des questions à M. Léon Renault, j'aurais voulu raconter brièvement comment j'ai été amené à considérer l'affaire de Tunisie comme une affaire financière.

Quelques jours avant l'expédition, je me trouvais dans l'atelier d'un peintre, lorsque je vis arriver là les deux frères Veil-Picard, que je ne connaissais pas. Ces messieurs sont plutôt mes adversaires politiques.

Au bout de deux ou trois rencontres, M. Veil-Picard me déclara qu'il venait d'acheter, à l'instigation de M. Barthélemy Saint-Hilaire, un dossier qui était fort compromettant pour notre consul général en Tunisie.

Notez que c'était bien avant la guerre. Je ne pensais pas du tout, à ce moment, à l'expédition de Tunisie. « Ce dossier, très curieux, me dit-il, m'a coûté très cher. » Il contenait des lettres en italien, en français, en arabe, je le répète, fort compromettantes pour M. Roustan dont le nom m'était peu familier à cette époque.

Elles étaient très singulières relativement à M. Léon Renault.

Il ressortait de ces lettres qu'on voulait fonder à Tunis un *Crédit foncier agricole*, que l'on avait proposé au bey un projet de traité extraordinaire et que ce malheureux bey était tellement sous la domination de M. Roustan, qu'il pouvait craindre une déclaration de guerre s'il ne cédait pas aux suggestions de notre consul, dissimulé derrière M. Léon Renault.

Comme je ne pensais pas à la campagne tunisienne, je n'ai pas attaché une grande importance à ce que me disait M. Veil-Picard. C'est seulement après la déclaration de guerre que j'ai compris la valeur de ce dossier.

Ce Crédit agricole, projeté par des parlementaires qui, n'ayant jamais mis le pied en Tunisie, n'avaient eu aucune occasion d'en étudier l'agriculture, respirait en plein l'escroquerie. De plus, la prétention d'émettre des billets de banque, quand ceux qui allaient les jeter dans la circulation ne possédaient pas un sou du numéraire nécessaire à les garantir, touchait au vol qualifié. Je le fis sentir durement à M. Léon Renault à qui je dis, en présence de ses explications confuses :

— La vérité, monsieur, est que les fondateurs de ce prétendu Crédit agricole se composaient d'une bande de faux-monnayeurs.

Je suivais, sur la physionomie des jurés, les progrès de la conviction qui s'emparait d'eux, malgré les certificats de bonne vie et mœurs délivrés à

M. Roustan par MM. Barthélemy Saint-Hilaire et quelques autres anciens ministres. Le procureur général, une espèce d'apoplectique nommé Dauphin, dont je disais qu'il portait le nom d'un poisson et qu'il raisonnait comme une oie, acheva la déroute gouvernementale.

Cet infortuné gaffeur, ne sachant plus à quel argument se vouer, perpétra nettement une tentative de chantage sur le jury auquel il posa ce scandaleux ultimatum :

— Si vous acquittez M. Rochefort, c'est que vous acceptez ses accusations comme véridiques. C'est alors M. Roustan que vous proclamez coupable, auquel cas je demanderai moi-même qu'il prenne immédiatement, sur le banc des assises, la place de l'accusé qui est devant vous.

Roustan était venu tout exprès de Tunis pour se porter partie civile contre moi et assistait aux débats dans une attitude extrêmement gênée. Il paraissait constamment craindre la mise au jour de quelque nouveau pot-aux-roses. C'était un petit homme à la figure plate et basse, aux yeux clignotants et cachés sous des paupières boursouflées.

Et s'il ne payait pas de mine, il payait encore moins de parole. La sienne était une sorte de bredouillement sourd où les mots se confondaient et s'enchevêtraient si singulièrement, avec tant de vague et de circonspection, qu'ils semblaient se démentir.

Il intervint plusieurs fois dans la discussion et s'y distingua par un bafouillage qui, je m'en apercevais facilement, lui aliénait de plus en plus l'auditoire.

Avec une très grande habileté, mon avocat, Mᵉ Gatineau, député d'Eure-et-Loir, fit ressortir ce que la menace sous condition formulée par le procureur général Dauphin avait d'inconvenant et même d'illégal.

Puis, comme ce même Dauphin avait eu l'imprudence de donner sa parole d'honneur qu'aucune affaire financière ne se dissimulait sous l'expédition tunisienne et que jamais le gouvernement n'avait nourri l'intention de faire rembourser par les contribuables français les obligations de la dette beylicale, Gatineau lui envoya ce défi :

— Avant peu, nous saurons qui, de M. Rochefort ou de M. le procureur général, a dit la vérité.

Rappelant alors la campagne du Mexique à laquelle nous devions la désorganisation de l'armée et subséquemment notre écrasement par la Prusse, mon défenseur s'écria :

— On soutenait alors comme aujourd'hui que l'expédition mexicaine ne cachait aucun dessein suspect. Il s'agissait pourtant aussi de bons achetés à vil prix par un syndicat d'hommes politiques et que la France devait rembourser plus tard. Si à cette époque Rochefort avait eu le journal qu'il dirige actuellement, il eût sans doute démasqué la manœuvre et prévenu nos désastres. Qui donc dans notre pays dira jamais la vérité, si ce ne sont les hommes résolus à la payer soit de leur liberté, soit de leur sang ?

Je vis alors plusieurs jurés, profondément remués par l'évocation de ce souvenir, s'essuyer les yeux, ce qui constituait une forte présomption d'acquittement. Néanmoins Gambetta, alors premier et tout-puissant ministre, avait tellement donné à son entourage ma condamnation comme certaine, il en avait si nettement fixé à un jour près le chiffre des mois de prison et à un centime près le taux de l'amende comme des dommages-intérêts, que je n'osais croire à un verdict négatif.

L'avocat de M. Roustan était un de mes anciens camarades presque de jeunesse, Léon Cléry, que j'avais connu à de longues années de là chez Edouard Pailleron et qui, bien que nous nous fussions perdus de vue, ne pouvait guère ne pas user de ménagements à mon égard. Cette modération relative de la partie adverse me servit encore dans une certaine mesure et, ma foi, après une vingtaine de minutes de délibération, les jurés rentrèrent dans le prétoire, tandis que le chef du jury, un papier à la main, attendait que le président lui donnât la parole.

Je surpris sur les lèvres d'un de ceux qui avaient pris part au verdict un sourire de bon augure :

— Je crois que nous sommes acquittés, me glissa tout bas Gatineau.

Quatre questions avaient été posées : deux me concernant et deux concernant Delpierre, notre gérant.

Delpierre était même le principal accusé, comme m'ayant fourni les moyens de commettre le méfait pour lequel j'étais cité. Aussi, chaque fois que nous nous rencontrions à la barre, je lui disais amèrement :

— Delpierre, vous êtes décidément mon mauvais génie. Sans vous, sans vos exécrables excitations, je serais un homme honnête et considéré, au lieu de m'asseoir périodiquement sur le banc d'infamie.

Le chef du jury fit, au milieu d'un silence quasi religieux, cette déclaration qui allait retentir jusqu'en Afrique :

— Sur la première et la deuxième question, la réponse du jury est : Non !

— Sur la troisième et la quatrième question, la réponse du jury est : Non !

Des bravos, bientôt changés en hourras, éclatèrent

dans la salle, d'autant que mon acquittement équivalait à la condamnation de Roustan, astreint aux dépens en qualité de partie civile.

Je quittai le Palais escorté par la foule à laquelle se joignit celle du dehors, si bien que j'eus peine à regagner ma voiture. La nouvelle du résultat de ce procès, si obstinément machiné en haut lieu, se répandit dans Paris avec une rapidité foudroyante. On s'arracha les journaux que les crieurs annonçaient ainsi :

— Demandez l'acquittement de Rochefort ; la condamnation de Roustan !

Jules Ferry, qui avait eu l'idée de ces poursuites saugrenues, fut navré ; mais Gambetta, qui les avait continuées avec une âpreté et une rancune implacables, délira de colère en en apprenant l'issue. Il creva le lendemain sa poche au fiel dans les colonnes de la *République française*, mais il n'en eut pas moins la douleur de constater que la presse, fût-ce la plus modérée, jugeait sévèrement cette tactique imbécile, qui avait eu pour effet de permettre à la justice de laver en public tout le linge sale que le promoteur du *Crédit agricole tunisien* avait tant d'intérêt à envoyer discrètement à la blanchisseuse.

On jugera par quelques extraits des feuilles les moins révolutionnaires de la détestable posture qu'il avait volontairement adoptée.

Voici ce qu'avait dit le *Petit Parisien* avant même le verdict du jury :

Le public se retire en échangeant des appréciations qui sont des plus défavorables à M. Roustan. « Il y a un fait indéniable, dit-on, c'est qu'il vit à Tunis avec des gens absolument tarés. A-t-il reçu des pots-de-vin ? Il est difficile de le prouver, les gens qui reçoivent des pots-de-vin n'ayant pas l'habitude de signer un reçu. Mais Mme Elias en a reçu, et des charges morales très graves pèsent sur M. Roustan, au point de vue de sa complicité. »

Tel est le raisonnement généralement tenu.

La *France* appréciait ainsi le procès et ses suites :

Si le gouvernement, en poussant M. Roustan à intenter ce procès, n'a eu pour but que de ramener l'opinion publique et de lui faire envisager les origines de la guerre tunisienne sous un jour plus favorable, il s'est trompé.

Plus on jette de clarté sur cette affaire, moins l'opinion a lieu de se déclarer satisfaite.

Et elle ajoutait :

Il ressort, en effet, de l'ensemble des témoignages que le gouvernement de la République a été compromis par une foule d'intrigants qui s'abritaient à l'ombre de notre drapeau. Les procédés de cette bohème orientale ont été expliqués, catalogués, on pourrait dire.

Celui-ci est un voleur avéré. On le protégeait. Pourquoi? Il rendait des services à M. Roustan. Cet autre est un faux-monnayeur. On le couvrait. Pourquoi? Il est impossible de trouver mieux. Mais ce général, mais cette femme recevaient des pots-de-vin !...

La *Vérité :*

En condamnant M. Roustan, le jury a également condamné les deux ministères qui l'ont maintenu à Tunis et qui lui ont ordonné de poursuivre M. Rochefort : le ministère Ferry et le ministère Gambetta.

On ne pourra plus dire maintenant qu'il n'y a que les « braillards » des réunions publiques qui réclament la mise en accusation.

En déclarant M. Rochefort innocent, le jury a suffisamment dit combien étaient coupables à ses yeux la politique et les hommes qu'a dénoncés le rédacteur en chef de l'*Intransigeant*.

La *Lanterne* :

L'acquittement de M. Rochefort, ce serait « la condamnation de M. Roustan », a dit Mᵉ Cléry ; et si l'on s'en rapportait à ses conclusions, M. Roustan « mériterait d'être fusillé comme un chien ». C'est bien possible ; et, quoique nous trouvions Mᵉ Cléry bien sévère pour son client, nous n'y contredisons pas. Mais, à notre avis, s'il peut y avoir pour M. Roustan des circonstances atténuantes, il y a dans l'affaire un condamné pour qui les circonstances atténuantes n'existent pas : c'est le gouvernement.

A ces pavés que Gambetta recevait en plein crâne, j'ajoutais celui-ci sous forme d'un article que j'avais intitulé :

LE VRAI RÉSULTAT

Ce n'est pas des quelques mois de prison qu'ils m'ont épargnés que je remercie le jury ; c'est d'avoir, par leur verdict, probablement sauvé la vie à plusieurs milliers d'hommes. Si j'avais été condamné, tous les baissiers de la *République française*, tous les collaborateurs de l'honnête Desfossés se seraient unis pour crier en chœur :

— La France vient de sanctionner l'expédition tunisienne. Que rien ne nous retienne plus !

Et, au lieu de rappeler les troupes, on se fût hâté d'en expédier là-bas de nouvelles.

Maintenant Vitellius aura beau se rebiffer contre la décision de douze hommes indépendants, d'autant plus aptes à juger cette aventure véreuse qu'ils n'ont pas d'intérêt politique à défendre ; Vitellius aura beau menacer la France de remplacer prochainement la cour d'assises par la cour martiale et les jurés par Galliffet, il faudra qu'il s'incline. Du moment où il n'y a plus moyen d'émettre des assignats en Tunisie, il devient inutile d'y dépenser encore plus d'argent qu'on n'espérait en gagner.

Le coup est manqué. Les glorieux associés de Mme Elias Mussali comprendront qu'il ne reste aucun motif pour accumuler dans les ambulances des malades qui ne rapportent rien, et, au lieu de renforcer l'armée, ils ne tarderont certainement pas à la faire revenir.

Voilà l'immense résultat que donnera fatalement le jugement d'avant-hier. Que j'eusse été condamné seulement à quinze jours d'emprisonnement, et dix mille des nôtres étaient en même temps condamnés au typhus.

Si M. Gambetta n'avait pas peu à peu glissé de son faux césarisme dans une véritable imbécillité, il lâcherait dès demain cette inassimilable Tunisie que l'Italie se garderait bien de prendre, sachant ce qu'il lui en coûterait pour la garder. Mais ce serait avouer qu'on a été aussi sot en pénétrant à Tunis qu'en m'envoyant en cour d'assises pour faire souffleter publiquement deux anciens ministres, un ancien député, heureusement non réélu, l'ancien directeur politique de la *République française* et son rédacteur financier.

Les furibonds de l'opportunisme en arrivent à injurier l'institution du jury. Le *Télégraphe*, un des aboyeurs de la ménagerie, assure que « M. Roustan sera, à bref délai, nommé à un poste supérieur ». Ça ne nous étonnerait pas: l'ancien Gambetta a tellement disparu sous l'enveloppe graisseuse à laquelle a fait allusion Henry Maret qu'il est parfaitement capable de riposter à mon acquittement par cette spirituelle mesure.

Ce serait la véritable moralité de cette entreprise où on a rencontré jusqu'ici si peu de Khroumirs et tant de voleurs.

Nous comprenons parfaitement, d'ailleurs, le trouble et le découragement de celui que nous appelions, l'autre jour, le chef du pouvoir exécuté. Il assurait, avant-hier matin, que j'aurais dix-huit mois de prison. Je doute fort qu'il ait encore six mois de ministère.

Il était matériellement impossible de prédire plus juste ; quelques jours après, le « grand ministère », composé et présidé par Gambetta, était culbuté et Roustan non seulement ne s'asseyait pas à ma place sur le banc des assises, mais il était nommé ministre plénipotentiaire à Washington.

Et une année ne s'était pas écoulée que Ferry, alors le Tunisien, comme il allait devenir le Tonkinois, déposait un projet de conversion de la dette beylicale en rentes françaises. Or, c'était pour avoir pronostiqué ce dénouement de l'expédition dans la Régence que j'avais été traduit devant le jury de la Seine. Cet acte de brigandage, auquel naturellement s'associa la majorité ferryste, était tout de même à ce point révoltant qu'un membre de la droite, après la lecture de l'exposé des motifs, s'écria, aux éclats de rire de toute la Chambre :

— Allez-vous au moins rembourser à M. Rochefort les frais du procès que vous lui avez intenté ?

Mais, à force de se bourrer de truffes, Gambetta s'était gâté l'estomac au point de ne pouvoir même plus digérer un acquittement. Il déclarait, par la voix éraillée de la *République française*, que la solution de mon procès était une des choses les plus extraordinaires qui se fussent vues en France depuis dix ans.

Il y avait pourtant un moyen bien simple de s'épargner la surprise dont il se plaignait : c'était de ne pas s'y exposer. Je ne lui avais jamais demandé à passer en cour d'assises. Au lieu de m'obliger, avec toutes sortes de papiers timbrés, à aller écouter pendant trois jours les incroyables dépositions de M. Barthélemy Saint-Hilaire, de M. Léon Renault et de M. Waddington, rien ne lui était plus facile que de me laisser chez moi.

N'était-ce pas lui qui m'avait placé en face de douze

jurés que je n'avais pas l'honneur de connaître et dont je n'avais pas récusé un seul ? Je les avais acceptés tels qu'il me les avait donnés. Il ne pouvait logiquement s'en prendre qu'à lui de sa défaite. Quand un homme se jette sur vous pour vous mordre, tant pis pour lui s'il se casse une dent ! et quand on tend des pièges pour les autres, on n'a aucun droit de se plaindre si on s'y prend la jambe.

Ces épisodes de la courte carrière du grand ministère, auquel on ne laissa pas le temps de grandir, sont à peu près oubliés aujourd'hui, mais marquèrent l'évolution rapide de Gambetta vers le centre gauche le plus rétrograde. Il fit assommer d'abord, puis arrêter et condamner aux peines les plus dures les républicains comme Eudes, Louise Michel et nombre d'autres, coupables d'être allés porter des fleurs et des couronnes sur la tombe de Blanqui. Il en était à faire payer au peuple le rejet du scrutin de liste.

Quant à la Chambre, il était, de l'outrecuidance, passé vis-à-vis d'elle à la provocation. Ce scrutin de liste qui lui tenait tant au cœur et sur lequel il avait si longtemps compté pour se faire élire par acclamation président de la République, n'émit-il pas la prétention de le faire inscrire dans la Constitution ? Et comme la majorité paraissait vouloir se refuser à cette revision partielle, il qualifia ouvertement de « factieux » et menaça de traiter comme tels les députés récalcitrants.

Ce mot de « factieux » appliqué au Parlement sentait si bien son Deux-Décembre qu'il déchaîna contre Gambetta tout le monde politique. A partir de cette parole insurrectionnelle, la perte du dictateur fut résolue. Il lui était difficile de s'illusionner à cet égard et pouvait au moins sauver sa dignité. Le général Malet, interrogé par le président de la cour martiale sur la justification qu'il avait à fournir, s'était contenté de répondre fièrement :

— Quand un homme s'est constitué le vengeur des droits de son pays, il n'a pas de défense à présenter : il triomphe ou il meurt.

Barbès avait jeté au nez de ses juges de la Chambre des pairs cette déclaration superbe :

— L'Indien tombé entre les mains de ses ennemis ne discute pas avec eux. Il se laisse scalper sans récriminations ni plaintes.

L'attitude de Gambetta ne rappela en rien ce stoïcisme. Non seulement il ne sut pas vaincre, mais il ne sut même pas être vaincu. Il se chargea de consacrer par sa tenue son aphorisme favori : « Les temps héroïques sont passés. » Il désavoua piteusement ses menaces, essayant de démontrer que sa pensée avait été complètement dénaturée ; que traiter le Congrès comme « tout gouvernement a le droit de traiter les Assemblées révolutionnaires » ne signifiait pas du tout qu'on fût disposé à le disperser par la force des baïonnettes. Il n'avait jamais eu l'intention de recourir à ces procédés brutaux. Enfin, il formulait les excuses que Louis Bonaparte tenait peut-être en réserve pour le cas où son coup d'Etat eût avorté.

Les palliatifs et les émollients que le Génois faisait composer dans ses journaux transformés en cataplasmes ressemblaient à ces procès-verbaux de conciliation où le souffleteur déclare qu'il n'a jamais eu l'intention d'insulter celui auquel il a donné un soufflet. En réalité, le chef du grand ministère se réfugiait derrière des explications byzantines, comme il s'était, en 1871, réfugié au milieu des orangers de Saint-Sébastien.

Sur ces entrefaites éclata à la Bourse, avec une forte répercussion sur les boulevards, le krach de l'*Union générale*, qui inaugura les faillites retentissantes des grandes maisons de banque que nous avons vues plus tard successivement sombrer. Ce pieux établissement, dont le duc de Broglie était un des principaux administrateurs, prouvait en déposant son bilan qu'à tous les points de vue le cléricalisme était l'ennemi.

Le gouvernement commença par déclarer comme toujours, que l'épargne publique, à laquelle on avait volé environ un milliard, serait vengée et que tous les coupables seraient impitoyablement poursuivis. Puis il s'aperçut que M. Léon Say, à ce moment ministre des finances, était quelque peu parent de M. de Broglie par des alliances de famille, et celui-ci, appelé devant le juge d'instruction, n'y retourna pas. On circonscrivit l'affaire, comme plus tard on circonscrivit toutes les autres, à deux hommes non politiques, MM. Feder et Bontoux, contre lesquels le procureur général lança un mandat d'amener.

Malgré cette banqueroute, ou plutôt à cause de cette banqueroute, l'agiotage prit subitement en France un développement presque incompréhensible. Et, par la plus fâcheuse coïncidence, presque tous les députés d'affaires, coulissiers allemands et juifs, qu'on retrouva dans les plus véreuses combinaisons financières, comme les deux Reinach, les Rouvier, les Antonin Proust, les Thévenet et nombre d'autres non-lieu, étaient partis du cabinet de Gambetta pour s'abattre sur la France et ses trésors.

Bien qu'il n'ait pas, j'en suis convaincu, profité de leurs opérations, ce dont, au reste, la mort ne lui eût pas laissé le temps, il avait un flair spécial pour dénicher les malhonnêtes gens, et il se les adjoignait tout de suite.

Mais ce fut la clientèle catholique, pour laquelle Gambetta recommandait tant de ménagements, qui conduisit tout d'abord la sarabande. Cette banqueroute de l'*Union générale* sema les ruines et les suicides. De sorte que la bénédiction du Pape, attachée à une des plus vastes filouteries des temps modernes, avait surtout servi à envoyer en enfer les nombreux suicidés qu'elle avait faits et qui, on le sait, expirent en état de péché mortel.

Le principal argument du prêtre est dans la nécessité d'une croyance religieuse dont l'effet est d'arrêter les hommes sur la pente de la perversité. Or l'entreprise qui jonchait alors de cadavres l'escalier de la Bourse était l'œuvre exclusive des pratiquants les plus dévots et des coureurs de sacristie les plus avérés.

Et on cherchait en vain sur quelle pente ce symbole de toutes les vertus qui s'appelle le catholicisme avait retenu les Bontoux, les Feder, les Riant et les Broglie, car il était impossible d'avoir provoqué plus de désastres, produit plus de catastrophes et plongé dans la désolation plus de familles.

Et, spectacle remarquable, Dieu, dans cette aventure, n'avait même pas reconnu les siens, attendu que les curés de campagne et leurs servantes avaient été, plus que personne, atteints dans leurs économies.

Mais si communier tous les dimanches et faire faire tous les soirs à ses enfants la prière en commun, comme n'y manquait jamais l'aigrefin Bontoux, ne l'empêchait pas de transgresser toutes les lois régissant les sociétés financières et d'accumuler autour de lui des catastrophes incalculables, les républicains demandaient dans quel but l'Etat continuait à subventionner un culte dont le résultat le plus clair et même le seul palpable était d'attirer des innocents dans des pièges où on les égorgeait par la persuasion, ce qui ne rendait pas leur égorgement moins douloureux.

Cet exemple était plus que tout autre de nature à

ouvrir les yeux des jobards qui se nourrissaient à la fois d'hosties consacrées et de prospectus fallacieux. Il était évident que Léon XIII promettant le paradis à ceux qui mangeraient de la morue le vendredi saint était absolument aussi sérieux que lorsqu'il garantissait la fortune aux naïfs qui se jetaient sur les actions de l'*Union générale*.

Le placement qu'une faillite venait d'engloutir était recommandé au prône par des abbés qui trompaient leur auditoire sur les affaires d'ici-bas comme ils le trompent depuis des siècles sur les affaires de là-haut. A l'aide de ces sermons-là comme des autres, il s'agissait de soutirer des fonds aux crédules qui, ayant de tout temps donné dans la banque céleste, ne pouvaient moins faire que de donner dans la banque Bontoux.

Je fus douloureusement distrait des commentaires qui ne tarissaient pas sur cette aventure financière par la mort d'une jeune fille qui aurait pu prendre rang parmi les saintes, si nous en admettions dans notre calendrier. J'appris que Marie Ferré, sœur du fusillé de Satory, venait de s'éteindre à Levallois-Perret, dans le petit appartement qu'elle habitait avec sa mère et son frère.

On fouillerait Shakespeare, on remonterait le cours des tragédies les plus sanglantes, depuis Corneille jusqu'à Sophocle, sans y rien découvrir de plus sombre que l'histoire de cette ouvrière fleuriste. En mai 1871, Marie Ferré était malade d'une fièvre typhoïde. Un commissaire de police fait irruption dans sa chambre :

— Où est Théophile Ferré, membre de la Commune ?

— Je ne sais pas !

— Votre mère le saura peut-être.

On se jette sur Mme Ferré accourue au bruit et on la

prévient qu'elle dénoncera la retraite de son fils ou qu'elle sera immédiatement fusillée. Car voilà comment le grand parti des modérés comprend le respect du droit des mères.

Marie Ferré se jette à bas de son lit et demande à être exécutée à la place de sa mère.

— C'est bien, habillez-vous, dit le chef du peloton, trouvant cette substitution toute simple.

En voyant sa pauvre enfant grelotter de fièvre, tout en revêtant son costume de mort, Mme Ferré n'y tient plus : son cerveau éclate. De ses deux fils, l'un, le plus jeune, avec qui je me trouvais prisonnier à la maison de Versailles, lui a déjà été enlevé, bien qu'il n'eût pris aucune part au mouvement communaliste. L'autre n'échappera probablement pas longtemps aux fureurs versaillaises. Enfin on va égorger leur sœur sous ses yeux. La malheureuse femme tombe, prise de convulsions de démence, et des paroles sans suite qui s'échappent de ses lèvres les assassins recueillent soigneusement cette indication : « Rue Saint-Sauveur. »

Ils y courent et mettent la rue à sac jusqu'à ce qu'ils aient découvert Théophile Ferré. Mais, une fois qu'ils l'eurent capturé, leur férocité ne se déclara pas satisfaite. Ils ne pouvaient arrêter la mère, restée, à la suite de cette scène tragique, frappée de congestion cérébrale. Les misérables lâches entraînèrent la fille qui, bien qu'à peu près mourante, passa huit jours sur le carreau, sans lit et sans matelas, dans une prison fétide où on entassait les femmes par centaines.

En la rendant à la liberté, ses guichetiers lui apprirent gaiement que son père et ses deux frères étaient incarcérés, et que sa mère, dont la raison avait sombré dans la dernière secousse, avait été transportée à l'asile Sainte-Anne où elle mourut, du reste, au bout d'un mois.

Marie ayant ainsi perdu son père, sa mère et ses deux frères, demeurait donc seule au monde, sans autre ressource que son courage et son travail qui lui manqua bientôt. Après les légendes que les feuilles venimeuses avaient échafaudées sur les hommes de la Commune, où trouver de l'ouvrage quand on portait le nom de Ferré ? Au surplus, à quelle heure de la journée travailler, puisque l'orpheline était sans cesse sur la route de Paris à Versailles, dans l'espérance souvent déçue d'y voir ses frères à qui elle apportait les maigres extras qui constituaient le plus clair de leur nourriture ?

J'ai raconté plus haut comment, une nuit, je fus réveillé par les cris perçants du plus jeune des deux Ferré qui, à la nouvelle de la condamnation à mort de son frère aîné, avait été pris de délire. Marie, qui avait travaillé toute la nuit pour pouvoir apporter dans la journée à ses parents un peu de ce superflu qui leur était strictement nécessaire, apprit, en arrivant à la prison, que le plus âgé de ses deux frères venait d'être condamné à mort et que le plus jeune était tombé en proie à un accès de fièvre chaude.

Quant à son père, elle demanda pourquoi on ne le relâchait pas puisqu'on n'avait rien recueilli contre lui. L'officier chargé de l'instruction lui répondit en riant qu'on attendait toujours qu'on eût recueilli quelque chose. Ah ! ils étaient charmants, ces militaires, et puis, on le voit, ils avaient de l'esprit !

Le supplice de Marie Ferré dura cinq mois et se termina par un autre plus sombre encore : celui de son frère Théophile, exécuté à Satory. J'avais gardé de l'héroïque jeune fille un souvenir qui ne s'efface pas. Je la vois toujours, glissant comme une ombre dans ses vêtements noirs, le long du corridor qui menait au parloir de la prison, et nous nous rencontrions ordinairement trois dans ces espèces de boîtes qui faisaient de cette pièce oblongue comme une variété d'omnibus cellulaire : Rossel, Ferré et moi, tous trois marqués pour la mort, à laquelle seul j'échappai.

Comme la sœur de Delescluze, Mlle Ferré avait lutté bravement contre l'amertume de ses inconsolables regrets. Puis elle était tombée vaincue. A mon retour d'exil, après l'amnistie de 1880, je l'avais aperçue deux ou trois fois, mais si pâle, si anémique et si étiolée que, selon les merveilleux vers de Victor Hugo :

> La mort de plus en plus visible
> Se levait dans sa nuit et croissait à ses yeux
> Comme le froid matin d'un jour mystérieux.
> Son âme palpitait, déjà presque échappée.

Cette fin si rapide de l'admirable Marie Ferré m'affecta profondément, mais elle ne me surprit guère.

Il est vrai que, comme compensation, la justice, marâtre jusqu'à l'assassinat à l'égard de Marie Ferré, se montrait ruisselante de mansuétude envers Feder et Bontoux, les deux voleurs de l'*Union générale*, qui, arrêtés probablement à la suite de quelque erreur de police, avaient été immédiatement mis en liberté moyennant une caution de cinquante mille francs pour le premier et de cent mille francs pour le second. Après quoi, ils avaient disparu, et de leur procès qui devait s'instruire si rapidement, comme de cette égalité devant la loi qui mettrait sur le même rang tous les coupables, haut ou bas placés, il n'était plus du tout question.

Le silence s'était fait comme par enchantement sur

cette frasque financière d'un milliard. Personne, bien entendu, n'avait vu le reçu des cinquante mille francs déposés par M. Feder, et des cent mille consignés par M. Bontoux, lesquels avaient d'ailleurs fait imprimer partout qu'ils avaient donné jusqu'à leur dernier centime pour combler le déficit.

On se demandait comment, s'étant ainsi dépouillés de tout, ils étaient arrivés à constituer cent cinquante mille francs à eux deux. C'était à croire que ces gens-là n'avaient qu'à frapper la terre du pied pour en faire sortir des billets de banque.

— Fouillez-moi, je n'ai plus un sou. J'ai tenu à honneur de rester nu comme un petit saint Jean, afin qu'on ne m'accuse pas d'avoir détourné l'argent de mes créanciers.

— Tant pis! car, si vous aviez eu seulement de quoi fournir une caution de cent mille francs, j'avais reçu l'ordre de vous remettre immédiatement en liberté.

— Cent mille francs, mon bon juge? Les voilà! En voulez-vous deux cent mille? Vous faut-il un million? Ne vous gênez pas!

Et comme toutes ces folichonneries judiciaires se produisaient sous le gouvernement de Gambetta, la honte en rejaillissait en partie sur lui. En deux mois et demi de ce grand ministère, il avait trouvé moyen de détacher de sa fortune tous les partis que la grossièreté de ses allures satrapiques avait successivement froissés. Il ne conservait plus que l'état-major des non-valeurs politiques dont il s'était fait une sorte de garde du corps.

Réellement, il avait fini par lasser les plus braves et même les moins dégoûtés. La femme d'un ancien député, tout à fait intime avec le dictateur, me donnaît, au sujet de ses façons et de son sans-gêne, des détails stupéfiants. Il était venu passer huit jours à leur campagne et, après qu'il les eut quittés, il fallut laver à grande eau non seulement le parquet, mais les tentures et les murs de sa chambre à coucher qu'il avait inondés de crachats, au point que la bonne qui lui apportait son café le matin en avait le cœur sur les lèvres.

Il ne buvait pas dans l'acceptation précise du mot, mais il avait toujours la plus grande peine à quitter la table, où il restait quelquefois de sept heures et demie à onze heures ou minuit. Bien qu'il eût personnellement l'esprit élevé, ses goûts matériels étaient le contraire de la distinction.

Un jour il fut, de la part de M. Ribot, l'objet d'une attaque extrêmement directe, et tout le monde parlementaire s'attendait à une riposte à la Mirabeau, mettant sous ses pieds Beaumarchais qui avait commis l'imprudence de le prendre violemment à partie.

Gambetta répondit, mais si mollement, dans un discours si mal digéré, que toute la Chambre en resta désappointée. Et comme ses familiers lui demandaient comment il avait pu se montrer ainsi au-dessous de lui-même, il leur fit cette confidence que l'un d'eux m'a rapportée :

— Que voulez-vous ? J'ai été pris à l'improviste. J'avais fait la noce toute la nuit.

Il était trop intelligent et trop subtil pour ne pas sentir le terrain s'effondrer tous les jours sous ses pieds. Après la terrible réunion de la salle Saint-Blaise où il avait, la canne à la main, menacé ses électeurs d'aller les chercher jusque dans leurs repaires, il ne pouvait plus compter sur le renouvellement de son siège de député, tout au moins à Paris.

Après le rejet du scrutin de liste, sa candidature à la présidence de la République était à vau-l'eau ; ses efforts pour provoquer un plébiscite sur son nom ayant mis à nu son ambition sans bornes, il avait peu à peu pris place parmi les prétendants, presque au même titre que le comte de Chambord, et soulevait les mêmes suspicions.

Il traînait ainsi, à la recherche d'une occasion qui s'éloignait tous les jours, une existence de shah de Perse en disponibilité. La ventripotence qu'il avait acquise à rester si longtemps à table avait contribué aussi à le couler dans l'opinion.

Comme l'avait un jour fait remarquer Henry Maret : de César, il était passé Vitellius.

Aussi les derniers mois de sa vie furent-ils d'autant plus empoisonnés par l'amertume de ses échecs successifs que, hors du pouvoir, il n'était plus rien.

C'est ce qui expliquait le singulier acharnement avec lequel il se cramponnait aux débris du navire opportuniste qui avait sombré sous son maladroit commandement.

D'ordinaire, un ministre tombé se tient dans une ombre discrète et retourne ou feint de retourner à ses travaux habituels, que Thiers appelait emphatiquement ses « chères études ».

Mais de chères études et de travaux, Gambetta n'en avait jamais eu.

C'est pourquoi, après la culbute de son ministère de deux mois et demi, il avait recommencé avec un redoublement d'énergie à battre les buissons politiques. C'était en effet son métier et il n'en avait pas d'autre. M. de Freycinet était ingénieur, Thiers était historien. Il avait même été critique d'art et, les portefeuilles lui manquant, aurait pu vivre de sa plume. Gambetta, lui, était un « sans profession ».

Il avait bien été inscrit au barreau comme avocat, mais cette inscription était illusoire puisqu'il n'avait et ne pouvait se former aucune clientèle.

Dans la délicieuse et fantaisiste opérette intitulée l'*OEil crevé*, la fille du seigneur de la contrée a eu l'ingénieuse précaution d'apprendre la menuiserie, afin de se ménager une ressource dans le cas où son père perdrait sa fortune. Gambetta n'avait jamais songé à se prémunir d'un état manuel ou libéral pour le jour où il perdrait son siège de Belleville. Et il en était réduit à recommencer éternellement l'ascension de son éternel mât de cocagne, afin d'essayer de remettre la main sur la timbale qu'il avait imprudemment lâchée.

Sa chute prématurée l'avait laissé sans consolation ni compensation aucune. Il n'était pas journaliste, bien qu'il eût nourri un moment le projet scabreux d'acheter à peu près tous les journaux. Il n'était ni poète, ni romancier, ni peintre. On aurait, à la rigueur, admis un ouvrage signé Jules Ferry, qui devait sa fortune politique à une brochure intitulée : *les Comptes fantastiques d'Haussmann*, et qui avait collaboré au journal *le Temps*. On ne se figurait pas un livre signé Gambetta.

Son rôle ici-bas le condamnait à être maître de la France. Il s'était posé comme tel et, du moment où on lui enlevait ses outils dictatoriaux, il devenait l'être le plus inutile qui eût jamais promené sur le globe terrestre son encombrante oisiveté.

Il courait donc après le pouvoir avec l'obstination d'un joueur en déveine qui court après son argent. Il n'avait qu'une pensée : se refaire. Le reste ne comptait plus pour lui, car il savait que, s'il n'était pas tout dans le pays, il y tombait incontinent au-dessous de rien.

De là cette agitation qui côtoyait l'incohérence. Il battait les cartes avec fureur dans l'espoir d'attraper enfin beau jeu. Tout le monde a eu sa vie traversée par des défaites plus ou moins douloureuses et tout le monde a tâché de se dédommager de façon ou d'autre. En prison, mes compagnons et moi, nous trompions de notre mieux notre tristesse, les uns en composant des romans, les autres en rimant des chansons ; ceux-ci en sculptant des bagues en os, ceux-là en tournant des tabatières de buis.

Gambetta était un prisonnier hors d'état de se donner la moindre distraction et passant ses journées à ronger les barreaux de la cage où son ambition le tenait enfermé. Il était le type du forçat du pouvoir, et un forçat condamné à perpétuité.

Sa passion pour l'autorité — à la condition que ce fût la sienne — et l'amour de son « moi » le poussaient presque à la divagation. Tous les jours, il se consacrait à lui-même dans la *République française*, son propre journal, des articles à ce point dithyrambiques qu'après avoir fait rêver ils avaient fini par faire rire.

Il s'y comparait couramment à Cavour, à Bismarck, à Robert Peel, à Pitt et à Richelieu. Et ces premiers-Paris où on l'exaltait jusqu'à la canonisation, c'était lui-même qui les dictait ; ces cantates qui célébraient ses vertus civiques et militaires, il en composait à la fois les paroles et la musique. La seule concession qu'il accordât au bon goût était de signer ces apothéoses du nom de son gérant au lieu de les signer du sien.

Quelle étrange idée auraient eue de moi les lecteurs

de l'*Intransigeant* si je leur avais un jour servi un article de tête débutant par ces mots :

« Il y a à Paris un journaliste d'un esprit incomparable et d'une perspicacité rare rehaussée par une modestie touchante. Cet écrivain, ai-je besoin de le nommer? vous avez tous deviné que c'est moi. »

Or, depuis son effondrement comme grand ministériel, Gambetta se livrait corps et âme à ce délire de l'infatuation. Il n'était vraiment pas permis de se « gober » à ce point-là. L'opinion publique persistant à l'accuser d'aspirer au pouvoir personnel, on aurait pu supposer qu'il essaierait de se défendre en niant les tendances autocratiques qu'on lui prêtait. Pas du tout ; il répondait par l'exaltation et la glorification de ce pouvoir qu'on lui reprochait de convoiter, au point que la Chambre, pour l'empêcher d'y monter, avait dû le prendre par les épaules et le forcer à redescendre précipitamment les échelons qu'il avait déjà escaladés.

« Si l'on veut un gouvernement, écrivait-il, il faut des gouvernants, il faut des hommes d'Etat. Il faut des individualités marquantes, il faut un pouvoir personnel. »

C'était la théorie de Louis XIV, de Napoléon Ier et du tzar Alexandre III. Cette phrase de Gambetta aurait pu sortir de la bouche de Denys de Syracuse ou de Domitien. C'est grâce à ce système que quelques scélérats ont successivement opprimé pendant des siècles les nations les plus intelligentes et les plus généreuses. Mais admettons que Gambetta ait raisonné juste et que le pouvoir personnel soit le salut des peuples, encore faut-il que celui à qui on le remet sache en faire usage.

Palmerston, Robert Peel, Gladstone et tous ceux

qu'il citait réclamaient le droit d'agir à leur guise; et si l'Angleterre le leur avait octroyé, c'est qu'apparemment elle les jugeait aptes à cette autorité prépondérante. Mais Gambetta, qui la demandait également pour lui, négligeait le motif principal pour lequel on la lui avait refusée et qui était la profonde incapacité dont il avait fait preuve dès qu'il avait tenté de s'en servir.

Après les insanités dont il avait trouvé moyen d'émailler ses huit semaines de ministère, oser se plaindre que la Chambre lui eût marchandé la toute-puissance, ce n'était plus de l'outrecuidance, c'était de l'aliénation mentale. Quand Pitt fut le maître de l'Angleterre, ne pas faire de Gambetta le maître de la France, quelle ingratitude!

Mais sous le ministère Freycinet, Gambetta ou Ferry, les Parisiens étaient toujours soumis aux mêmes vexations comme aux mêmes brutalités. Après avoir tarabusté les blanquistes qui portaient pieusement des fleurs sur la tombe de leur chef, le préfet de police avait fait sabrer les étudiants dont le crime était d'avoir tenté d'expulser de leurs cafés et de leurs bals les souteneurs qui les transformaient en assommoirs.

Dans leur ignorance des dessous de la Préfecture, les élèves des écoles avaient pensé que les sergents de ville les aideraient dans cette épuration. Mais la plupart des alphonses des quartiers excentriques étant attachés à la boîte à laquelle ils apportent des renseignements sur les malfaiteurs qu'on recherche ou sur les auteurs de crimes difficiles à éclaircir, les agents des brigades centrales avaient énergiquement pris parti pour leurs « collègues » contre les étudiants épurateurs. Les hideuses promiscuités de la meute policière apparurent là dans toute leur ignominie. Comprend-on que ce misérable Camescasse avait fait déguiser en souteneurs de bas étage un certain nombre d'argousins qui prenaient le commandement des bandes lancées contre les jeunes gens du boulevard Saint-Michel?

Plus de cent d'entre eux furent grièvement blessés et une vingtaine en danger de mort. Ces actes de banditisme officiel provoquèrent à Paris et plus encore en province une émotion extraordinaire, les parents dont les fils étaient venus dans la capitale étudier le droit ou la médecine se demandant si ceux-ci ne se trouvaient pas parmi les victimes.

Devant le cri général, l'astucieux Freycinet, alors président du conseil, menacé d'une interpellation à la Chambre, insista pour que le débat en fût ajourné « jusqu'à ce qu'il connût les résultats de l'enquête ordonnée par M. Camescasse sur les événements du quartier Latin ».

La complicité gouvernementale dans la protection accordée aux souteneurs devenait ainsi indéniable. Le préfet de police était convaincu d'avoir aux trois quarts tué des jeunes gens inoffensifs et en tout cas soucieux de leur dignité ; d'avoir en outre commandé des bandes armées, qui avaient envahi des établissements publics où elles avaient commis d'énormes dégâts, et c'était lui que le ministre chargeait de faire un rapport sur ces faits révoltants!

On n'avait jusque-là jamais chargé Lacenaire de rédiger une consultation sur les assassinats reprochés à son complice Avril. Naturellement, ledit Camescasse — que nous appelions Camescasse-tête et qui tenait à ne rien payer de la casse à laquelle il s'était livré — mit tout sur le dos des étudiants encore étendus tout ensanglantés sur leurs matelas.

En vain le Conseil municipal, sur la proposition du futur ministre Yves Guyot, socialiste à cette époque, comme il devait plus tard devenir opportuniste et collaborateur du Constans de Fourmies, vota-t-il la résolution suivante :

« Considérant que le préfet de police est responsable des actes de violence commis par ses agents dans la soirée du 27 mai, car, dans une éventualité si grave, il est inadmissible qu'ils aient été armés de casse-tête, de coups-de-poing américains ; qu'ils aient enfermé la foule dans un cercle sans issue et l'aient ensuite chargée ; qu'ils aient dégainé, envahi et dévasté les cafés...

« Le Conseil municipal flétrit ces procédés ; invite M. le ministre de l'intérieur et M. le garde des sceaux à prendre les mesures nécessaires pour assurer la responsabilité légale du préfet de police et de ses agents. »

Le ministère tint compte de cet ordre du jour de flétrissure et ordonna des poursuites... contre les étudiants dont un grand nombre comparurent en police correctionnelle pour outrages aux agents et résistance aux souteneurs.

La plupart des prévenus avaient la tête enveloppée de linges, et, comme il était matériellement impossible de nier leurs blessures, le président et le substitut firent observer que, pour s'être décidés, non sans regret évidemment, à frapper avec cette énergie, il fallait que les policiers eussent été dans le cas de légitime défense.

Et les magistrats avides d'avancement émirent cette théorie que plus les incriminés avaient été maltraités, plus ils étaient couverts de compresses et de taffetas d'Angleterre, plus ils devaient être punis, car leur résistance aux argousins était certainement proportionnelle à la gravité des coups qu'ils avaient reçus.

Cependant, par une indulgence peut-être excessive, mais motivée par les grondements de la foule, le tribunal ne condamna ces éclopés qu'à des amendes plus ou moins fortes.

Toutefois, pour célébrer cette victoire non des blouses blanches, comme sous l'Empire, mais des casquettes à trois ponts, nous ouvrîmes, dans l'*Intransigeant*, une souscription dont le but était d'offrir au préfet de police, véritable chef de ces hautes casquettes, un casse-tête d'honneur, comme la première République décernait des sabres d'honneur à ses généraux.

Les rubriques sous lesquelles nos souscripteurs nous envoyèrent leurs offrandes égayèrent Paris. Un chapelier nous fit parvenir un franc en reconnaissance des nombreux coups de fer qu'il avait eu à donner sur des chapeaux défoncés à coups de poings. Un pharmacien nous adressait cinquante centimes « avec l'espoir que ça recommencerait ». Un autre signait son envoi : « un des esclaves ivres » de Gambetta ; un autre : « un monsieur à rouflaquettes », et un : « fabricant de voitures cellulaires ».

Quand nous eûmes réuni environ cent cinquante francs, nous fîmes finement ciseler, par un sculpteur de nos amis, un magnifique instrument en bronze portant à l'une de ses extrémités une tête de Ratapoil avec moustaches et barbiche bonapartistes et à l'autre bout un souteneur coiffé d'une casquette à innombrables ponts.

Puis, quand cette œuvre artistique fut terminée, nous choisîmes, pour la remettre entre les mains de son destinataire, un jour où Camescasse, qui était député, assistait à une séance de la Chambre, et sous nos yeux, car plusieurs des rédacteurs de l'*Intransigeant* avaient tenu à assister dans une tribune à cette représentation, un huissier sans défiance remit au préfet de police ce perfide cadeau, dûment enveloppé dans un papier de soie qui en dissimulait l'horreur.

Le malheureux assommeur déballa candidement le paquet et resta atterré. Nous y avions joint une carte portant ces mots : *A M. le préfet de police. Offert par souscription nationale.*

Au moment où il se trouva nez à nez avec la tête de Ratapoil, des rires et des applaudissements partirent des galeries et il s'empressa d'enfouir dans les profondeurs de son pupitre ce présent d'Artaxercès qu'il n'avait même pas eu la ressource de refuser.

Cette vengeance, d'ailleurs peu cruelle, n'empêcha en quoi que ce soit les assommades subséquentes d'étudiants ou d'ouvriers. Elles furent simplement ordonnées non par M. Camescasse, mais par M. Lozé qui lui succéda. C'était, en somme, le « grand ministère » qui les avait inaugurées au Père-Lachaise et M. Camescasse eût été dans une certaine mesure en droit de repasser son casse-tête à Gambetta.

Celui-ci, dont la mort a effacé les apostasies pour le gros du public et à qui l'opportunisme a élevé sur la place du Carrousel un affreux monument où il a l'air de marcher sur le rebord d'une corniche avec un homme qui le protège de la main pour l'empêcher de tomber, s'était jusqu'au cou enlisé dans la réaction. A ce point que M. Goblet, à ce moment ministre de l'intérieur, avait à Saint-Lô, dans un discours officiel, signalé la défection totale de l'ancien chef des gauches. Il s'était écrié, aux applaudissements de son auditoire :

« On a vu renier la cause de la liberté par un homme qui a fait en sa faveur les plus belles campagnes. »

Et Gambetta se reconnaissait si bien dans cet « homme », qu'il répondait dans la *République française* du 15 juin 1882 :

« M. Goblet s'est permis de désigner *personnellement* M. Gambetta comme ayant renié la cause de la liberté... Il a mis au service de ses haines et de ses rancunes le prestige du pouvoir que lui a confié la République. »

Sa mort, survenue quelques mois plus tard, arriva donc à temps pour sauver sa mémoire. S'il avait eu seulement dix ans d'existence de plus, il aurait peut-être fini par siéger à droite.

Cette dégringolade politique et morale du dictateur de la persuasion, qui ne persuadait plus personne, constituait le thème du moment et m'occupait d'autant plus que j'avais un des premiers vu clair dans son jeu.

Je ne vivais donc plus guère que de la vie extérieure et n'avais pas eu le temps de reprendre mes habitudes parisiennes. Cependant, comme j'avais énormément entendu parler de Sarah Bernhardt que mes emprisonnements, mes déportations et mes exils m'avaient privé d'aller entendre et que je ne connaissais que pour l'avoir vue jouer toute jeune le rôle de Cordelia dans le *Roi Lear,* je profitai d'une représentation où elle devait faire sa rentrée à Paris pour combler dans ma carrière cette lacune artistique.

Après une assez longue absence qui l'avait mise un peu en froid avec les Parisiens, elle reparaissait dans la *Dame aux camélias* où elle donna toute son âme et fut prodigieusement acclamée. La pièce était jouée au bénéfice de Mme Chéret, la veuve du décorateur connu, lequel n'a aucune parenté avec le merveilleux peintre qui a retrouvé le crayon de Watteau pour dessiner des affiches dont la plupart sont d'adorables compositions.

Sarah Bernhardt, toujours généreuse et qu'il est si facile d'exploiter, avait refusé toute rémunération, bien que, les places ayant été mises à cent et cinquante francs, la recette eût monté à près de soixante mille.

Tous les autres artistes avaient également renoncé à leurs cachets. Seul, l'auteur, Alexandre Dumas fils, sous prétexte, dit-on, que la pièce avait été représentée sans son assentiment, réclama ses droits d'auteur qui montaient, au prorata de cette recette exceptionnelle, à environ sept mille francs.

Ce fut dans le monde des théâtres, et même dans le public, un scandale d'autant plus fâcheux pour le réclamant que, quelques semaines auparavant, il avait eu une querelle dénouée devant les tribunaux avec le peintre Jacquet qu'il accusait de l'avoir caricaturé dans un tableau intitulé intentionnellement le *Marchand juif de Bagdad*.

Alexandre Dumas fils avait conquis avec une seule phrase, d'ailleurs incompréhensible et peu française, toutes les antipathies des fédérés de la Commune dont il avait dit :

« Quant à leurs femelles, n'en parlons pas, par respect pour nos femmes à qui elles ressemblent quand elles sont mortes. »

Aucun sens ne ressortait de cette construction vicieuse où il n'y avait d'appréciable que l'intention hostile. Aussi l'*Intransigeant* se jeta-t-il sur l'incident de la représentation Chéret pour reprocher impitoyablement sa cupidité au fils du père prodigue.

J'intitulai également mon article : *le Marchand juif de Bagdad.* Voici le morceau :

Quand un directeur aux abois a l'idée de reprendre la *Dame aux camélias*, cette rengaine, dans laquelle une femme de joie se sacrifie, jusqu'à la mort inclusivement, pour un père qu'elle ne connaît pas et une jeune fille qu'elle n'a jamais vue, il fait généralement trente-cinq francs de recette à la quatrième représentation.

Par suite de circonstances inutiles à rappeler, Sarah Bernhardt, absente de Paris depuis plus d'un an, y faisait sa rentrée dans cette pièce que son admirable talent a galvanisée. A la curiosité qui s'attache à la grande actrice s'ajoute l'envie de tirer de la misère la veuve d'un décorateur à qui plus d'un auteur de féeries doit en grande partie ses succès. Le prix des places est décuplé. On s'arrache, pour cinq cents francs, des loges qu'on n'aurait certainement pas payées quinze, s'il s'était agi d'aller voir mourir, non Sarah Bernhardt, mais Mlle X... ou Z..., dans le rôle de Marguerite Gauthier.

Tout le monde a versé son offrande pour ce spectacle unique. En première ligne, la grande artiste et son mari qui ont donné sans marchander leur soirée, leur fatigue et leurs frais de voyage; puis tous leurs camarades : Dumaine, Mme Grivot, Jeanne Bernhardt, et vingt autres, depuis les utilités jusqu'aux figurants. Seul M. Alexandre Dumas fils n'a pas craint de déroger à tous les usages établis à l'égard des bénéficiaires, en exigeant la totalité de ses droits d'auteur, montant à la somme énorme de plus de sept mille francs pour la seule représentation d'une pièce qui, jouée dans d'autres conditions et par d'autres comédiens, lui eût vraisemblablement rapporté quelque chose comme deux francs cinquante.

M. Jacquet a été décidément bien dur pour les marchands juifs de Bagdad, en leur comparant ce carottier de lettres. Pas un des débitants de nougats d'Alger ou de pastilles du sérail, qui vendent leur marchandise sous les portes cochères, n'eût été capable du monstrueux trait de rapacité accompli par l'indigne fils du plus prodigue de nos romanciers.

A cette heure, c'est la pauvre Mᵐᵉ Chéret qui fait à cet académicien millionnaire l'aumône de sept mille francs, car il est bien évident que c'est à elle qu'il les doit et que, sans le vif intérêt qu'elle inspirait au public, il ne les aurait jamais touchés. On comprend maintenant qu'il ait écrit *Monsieur Alphonse*. Il était le seul auteur capable de rendre avec autant de vérité l'homme qui se fait entretenir par une femme.

Notez que, si quelqu'un devait encaisser ce magot, c'était Mᵐᵉ Sarah Bernhardt plutôt que M. Dumas fils, attendu que, sans elle, la recette, qui a été de cinquante-huit mille quatre cent quatre-vingt trois francs eût été de cent écus au maximum. Le *Figaro*, l'organisateur de la représentation, a pris dernièrement, avec la plus grande énergie, la défense du juif de Bagdad contre M. Jacquet. Il doit être fixé aujourd'hui sur la valeur morale de son généreux client.

Et, après la Commune, le même Dumas fils, qui vient de se signaler par cet acte de magnificence, nous appelait, dans une brochure écumante : assassins et pillards! On n'a pu établir au juste ce que nous avions pillé. En tout cas, on ne nous a jamais accusés d'être allés jusque dans leurs buffets rafler le pain des veuves.

Mais ministres, auteurs dramatiques, incidents de théâtre et de Parlement furent tout à coup mis de côté par la découverte de ce fameux crime du Pecq qui vint reléguer au second plan les questions en apparence les plus palpitantes, car, en France, les sensations de cour d'assises priment toutes les autres. Tout le monde oublia bientôt les luttes politiques pour se repaître du cadavre de l'assassiné Aubert et lâcha les ficelles ministérielles pour les tuyaux de plomb du macchabée de Chatou.

Cependant je ne rappellerais pas ici ces souvenirs de *Gazette des Tribunaux* si, par les plus imprévues

J'intitulai également mon article : *le Marchand juif de Bagdad*. Voici le morceau :

Quand un directeur aux abois a l'idée de reprendre la *Dame aux camélias*, cette rengaine, dans laquelle une femme de joie se sacrifie, jusqu'à la mort inclusivement, pour un père qu'elle ne connaît pas et une jeune fille qu'elle n'a jamais vue, il fait généralement trente-cinq francs de recette à la quatrième représentation.

Par suite de circonstances inutiles à rappeler, Sarah Bernhardt, absente de Paris depuis plus d'un an, y faisait sa rentrée dans cette pièce que son admirable talent a galvanisée. A la curiosité qui s'attache à la grande actrice s'ajoute l'envie de tirer de la misère la veuve d'un décorateur à qui plus d'un auteur de féeries doit en grande partie ses succès. Le prix des places est décuplé. On s'arrache, pour cinq cents francs, des loges qu'on n'aurait certainement pas payées quinze, s'il s'était agi d'aller voir mourir, non Sarah Bernhardt, mais Mlle X... ou Z..., dans le rôle de Marguerite Gauthier.

Tout le monde a versé son offrande pour ce spectacle unique. En première ligne, la grande artiste et son mari qui ont donné sans marchander leur soirée, leur fatigue et leurs frais de voyage ; puis tous leurs camarades : Dumaine, Mme Grivot, Jeanne Bernhardt, et vingt autres, depuis les utilités jusqu'aux figurants. Seul M. Alexandre Dumas fils n'a pas craint de déroger à tous les usages établis à l'égard des bénéficiaires, en exigeant la totalité de ses droits d'auteur, montant à la somme énorme de plus de sept mille francs pour la seule représentation d'une pièce qui, jouée dans d'autres conditions et par d'autres comédiens, lui eût vraisemblablement rapporté quelque chose comme deux francs cinquante.

M. Jacquet a été décidément bien dur pour les marchands juifs de Bagdad, en leur comparant ce carottier de lettres. Pas un des débitants de nougats d'Alger ou de pastilles du sérail, qui vendent leur marchandise sous les portes cochères, n'eût été capable du monstrueux trait de rapacité accompli par l'indigne fils du plus prodigue de nos romanciers.

A cette heure, c'est la pauvre Mme Chéret qui fait à cet académicien millionnaire l'aumône de sept mille francs, car il est bien évident que c'est à elle qu'il les doit et que, sans le vif intérêt qu'elle inspirait au public, il ne les aurait jamais touchés. On comprend maintenant qu'il ait écrit *Monsieur Alphonse*. Il était le seul auteur capable de rendre avec autant de vérité l'homme qui se fait entretenir par une femme.

Notez que, si quelqu'un devait encaisser ce magot, c'était Mme Sarah Bernhardt plutôt que M. Dumas fils, attendu que, sans elle, la recette, qui a été de cinquante-huit mille quatre cent quatre-vingt trois francs eût été de cent écus au maximum. Le *Figaro*, l'organisateur de la représentation, a pris dernièrement, avec la plus grande énergie, la défense du juif de Bagdad contre M. Jacquet. Il doit être fixé aujourd'hui sur la valeur morale de son généreux client.

Et, après la Commune, le même Dumas fils, qui vient de se signaler par cet acte de magnificence, nous appelait, dans une brochure écumante : assassins et pillards ! On n'a pu établir au juste ce que nous avions pillé. En tout cas, on ne nous a jamais accusés d'être allés jusque dans leurs buffets rafler le pain des veuves.

Mais ministres, auteurs dramatiques, incidents de théâtre et de Parlement furent tout à coup mis de côté par la découverte de ce fameux crime du Pecq qui vint reléguer au second plan les questions en apparence les plus palpitantes, car, en France, les sensations de cour d'assises priment toutes les autres. Tout le monde oublia bientôt les luttes politiques pour se repaître du cadavre de l'assassiné Aubert et lâcha les ficelles ministérielles pour les tuyaux de plomb du macchabée de Chatou.

Cependant je ne rappellerais pas ici ces souvenirs de *Gazette des Tribunaux* si, par les plus imprévues des circonstances, je n'avais connu le drame dans des détails que le public a ignorés et qu'il ignore encore.

Par ce manque de raisonnement qui caractérise les premières impressions de la foule, l'opinion s'acharna sur le mari, bien que la sévérité publique eût dû se porter d'abord sur la femme et même sur l'amant, tout assassiné qu'il eût été. De toutes les prétendues tentatives de chantage inventées par la police, et des révélations compromettantes contenues dans les lettres introuvables, il résultait, en effet, que Marin Fenayrou adorait sa femme qu'il avait épousée sans fortune; que, parti de très bas, il était arrivé, à force de volonté, à compléter ses études pharmaceutiques; qu'il travaillait avec acharnement pour élever ses enfants et leur procurer une instruction supérieure, et qu'il aurait continué à se montrer le modèle des époux, des pères et des pharmaciens, si le nommé Aubert n'était pas venu lui ravir non seulement son honneur de mari, mais son honneur de commerçant.

Si la jalousie ne constituait pas la plus effrayante des maladies, l'*Othello* de Shakespeare ne serait pas resté son plus terrible drame. Or, comme il est des hommes qu'elle torture à l'état de simple soupçon, on juge des ravages qu'elle peut produire chez ceux qui ont en mains les preuves évidentes de leur infortune. Le malheureux supplicié qui s'était si sauvagement vengé de son supplicieur avait essayé de noyer ses souffrances dans le jeu; mais comme, au jeu, on perd toujours, de désespoir il était tombé dans la misère et de la misère dans l'improbité.

Ce fantôme, qui l'obsédait, lui enlevait tout courage au travail; seulement, avec une femme à habiller et des enfants à nourrir, on n'a pas le temps de rêver longtemps à ses malheurs conjugaux.

Alors il s'était mis à contrefaire des eaux minérales,

ce qui, au lieu de lui rapporter l'aisance sur laquelle il comptait, lui rapportera trois mois de prison.

Et le jour où il se réveilla trompé et condamné, le jour où il apprit que l'argent si péniblement entré dans la caisse de la maison, sa femme le glissait furtivement dans le gousset de son suborneur, il réfléchit que l'abîme matériel et moral au fond duquel il gisait, c'était son ancien élève, son ancien ami qui l'avait ouvert devant lui et l'y avait précipité.

Il se disait que les trois mois qu'il passerait en prison, le misérable qui, en réalité, l'y envoyait, les passerait dans les bras de sa femme et qu'ils iraient ensemble faire à la campagne de bons dîners sur l'herbe, entrecoupés de baisers, tandis qu'il mangerait dans la solitude de sa cellule le pain moisi des malfaiteurs !

C'est pourquoi, avant de payer sa dette à la société, il avait juré que son bourreau lui paierait la sienne. Les représailles avaient été épouvantables, inouïes, cannibalesques ; mais les monstrueux raffinements d'une vengeance si savamment préparée, si longtemps savourée, dénotaient la prodigieuse quantité de haine et de fiel amassée dans ce cœur qui ne pouvait plus déborder que dans le crime.

Les magistrats, qui n'ont d'autre passion que leur avancement, n'admettent guère, chez un meurtrier, d'autre mobile que l'intérêt. Aussi n'avaient-ils absolument rien compris à ce marteau, à cette canne, à ce piège à loups, à ce rendez-vous d'amour transformé en guet-apens, et ils se sont écriés avec conviction :

— Il voulait faire signer des billets à Aubert, et c'est sur l'énergique refus de ce dernier qu'il l'a assassiné !

Ce diagnostic était inepte, puisque, le lendemain

du jour où on lui eût ainsi extorqué sa signature, Aubert n'aurait eu qu'à se rendre chez le commissaire de police de son quartier pour faire saisir l'extorqueur et annuler les billets.

Contrairement à ce qui se passe d'ordinaire au sein de notre société déséquilibrée, Marin Fenayrou s'était trouvé « être le plus malheureux des trois ». Voilà ce que les gens respectables avaient toutes les peines du monde à se fourrer dans la tête.

Mais ce malfaiteur que la société montrait, comme dans le tableau de Prud'hon, poursuivi par la Vengeance divine et humaine, s'était pendant tout le cours de sa prévention et de son procès conduit, je le sus plus tard, presque à l'égal d'un héros. Voici comment la vérité me fut dévoilée tout entière, vérité que les jurés ont ignorée, sans quoi c'eût été la femme et non le mari qu'ils eussent condamnée à mort :

On se rappelle cette échauffourée de l'esplanade des Invalides, où Louise Michel fut accusée d'avoir, en frappant la terre d'un bâton, donné le signal du « pillage des boulangeries ». Aucune boulangerie n'avait été pillée, mais à l'instar de l'ancien ministre Pinard sous l'Empire, Jules Ferry, alors président du conseil, avait voulu avoir sa « journée » et avait transformé en tentative d'émeute une simple promenade populaire.

La cour d'assises avait, pour cette soi-disant manifestation pillarde et insurrectionnelle, frappé Louise de la peine invraisemblable de six ans de prison. Notre amie fut, avant son transfert à la maison centrale de Clermont dans l'Oise, internée à Saint-Lazare où j'allais assez souvent lui rendre visite et où sa cellule avoisinait celle de la femme Fenayrou, également en partance pour Clermont.

Le directeur de Saint-Lazare, je dois le déclarer, ne ressemblait en rien aux geôliers par les mains desquels j'avais moi-même passé. Il professait pour Louise un très grand respect et c'est dans son bureau même, sans grille séparatrice et sans gardiens, qu'avaient lieu mes entrevues avec elle.

Tout en l'attendant, je regardais dans la cour, par les fenêtres du greffe, les détenues monter dans les paniers à salade pour aller « à l'instruction », et, spectacle atroce, plusieurs d'entre elles portaient sur les bras leurs enfants qu'elles allaitaient.

Je constatai que les autres femmes, qui peut-être étaient filles, mais qui n'étaient pas mères, paraissaient pleines d'attention et même de tendresses pour ces pauvres petits êtres qui n'avaient encore aperçu la vie qu'à travers une grille.

Un jour, je me sentis navré à la vue d'une de ces prévenues qui, avant de s'engouffrer dans la boîte de la voiture cellulaire, attifait de son mieux son adorable petite fille, âgée de quinze mois environ, et dont elle nouait avec un joli ruban bleu les admirables cheveux blonds.

J'en eus le cœur déchiré et je demandai au directeur l'autorisation de faire remettre vingt francs à cette infortunée maman. Il me l'accorda bien volontiers en me disant :

— Nous avons ainsi dans la maison presque toujours une vingtaine d'enfants et toutes les prisonnières s'en occupent avec beaucoup de sollicitude.

Je compris là à quel point j'avais peu l'âme administrative. Si le directeur de Saint-Lazare c'eût été moi, aucune considération humaine ou hiérarchique ne m'eût empêché d'ouvrir toutes grandes les portes de la prison à ces vingt malheureuses sacrées par la maternité et de vider mes poches dans les leurs avec cette recommandation :

— Allez vous cacher avec vos petits dans quelque endroit bien aéré où ils respireront autre chose que des émanations de cloaque et de chambrée.

Le directeur m'avoua qu'il était désolé du prochain départ de Louise Michel qui exerçait sur ses codétenues une telle influence que, depuis son arrivée au milieu d'elles, la surveillance était devenue presque inutile. Quand elle se promenait avec elles dans la cour, c'était à celle qui l'entourerait de plus de soins. Il est vrai que Louise leur distribuait tous ses vivres, se contentant de se soutenir avec un peu de café noir, et que, pour l'empêcher de mourir littéralement de faim, le directeur et moi nous la forcions à manger devant nous les quelques gâteaux que je lui apportais.

Quant à Gabrielle Fenayrou qui, étant un monstre, s'était immédiatement plongée dans la plus ardente dévotion, ne quittant pas les sœurs et ne démarrant pas du confessionnal, elle inspirait aux plus perdues parmi les pensionnaires de Saint-Lazare un si insurmontable dégoût qu'ayant un jour essayé de descendre dans le préau avec toutes les autres, elle avait failli y être assommée et que le directeur avait dû lui réserver dans la journée une heure spéciale pour une promenade absolument solitaire.

Ces habituées de prison qui s'y connaissaient en scélératesse ne lui pardonnaient pas d'avoir trouvé moyen de se venger de son amant en le faisant tuer par son mari, provoquant ainsi l'égorgement de l'un et la condamnation de l'autre à la peine capitale.

Eh bien! ni ces femmes ni le public ne savaient à

ce sujet toute la vérité que Fenayrou, le principal accusé, eût facilement établie et qu'il persista à taire, de peur de livrer à l'échafaud sa femme qu'il n'avait jamais cessé d'aimer passionnément.

Ce fut un des employés de Saint-Lazare qui me fit du drame du Pecq le récit véridique et circonstancié De qui lui-même le tenait-il? Je n'oserais rien certifier à cet égard, mais j'eus quelque soupçon que le secret de la confession de la pieuse criminelle n'avait pas été aussi strictement gardé que l'Eglise soutient qu'il l'est.

L'acte d'accusation qui relate le crime commet une énorme et capitale erreur en l'attribuant à Fenayrou. Ce fut sa femme qui l'accomplit de ses propres mains, après l'avoir prémédité longuement. Le rapport de M. Macé, chef de la Sûreté, portait :

« Quand Fenayrou supposa que sa femme et Aubert débarquaient à la gare, il se déchaussa pour ne pas faire de bruit, plaça derrière la porte une canne à épée dégainée, prit son marteau à la main et attendit.

C'était là une fable que Fenayrou avait généreusement laissée s'accréditer. Voici en réalité quelle avait été la tragédie :

Gabrielle Fenayrou, ayant appris de la bouche même d'Aubert son prochain mariage, avait, dans son exaspération de maîtresse lâchée, résolu de l'empêcher à tout prix. Elle commença par laisser traîner sur une table une lettre de son amant, de façon à ce qu'elle tombât inévitablement sous les yeux de son mari. Celui-ci, armé de ce document probant, n'aurait eu qu'à aller trouver celui-là à son magasin et à lui brûler la cervelle, ce qui était l'acquittement certain basé sur l'excuse de la légitime colère.

Mais la féroce Gabrielle n'eût pas considéré cette

vengeance comme suffisante, et elle combina tout le guet-apens auquel le mari acquiesça par pure faiblesse, attendu qu'il ne gagnait absolument rien à s'y associer.

Alors, contrairement à ce que prétendait l'acte d'accusation et relatait M. Macé dans son rapport, elle ne fit pas aposter Fenayrou derrière la porte pour qu'il tuât Aubert au moment où celle-ci mettait le pied dans la maison de Chatou. Elle y introduisit son amant, se déshabilla, le fit déshabiller aussi. Tous deux se couchèrent, et c'est de dessous le traversin du lit que, tirant une canne à épée qu'elle y avait cachée, elle la plongea à deux reprises dans le corps d'Aubert, au moment où il était le plus hors d'état de se défendre.

Le malheureux, bien que blessé à mort, eut encore la force de se jeter hors des draps et de gagner la porte où Fenayrou l'acheva d'un coup de marteau. Mais, s'il avait expiré dans le lit, le mari n'aurait pas eu à intervenir et la femme seule aurait frappé.

Elle avait tenu à honneur d'assassiner de ses propres mains celui qui l'abandonnait et l'égaré Fenayrou, prenant la haine jalouse de la femme pour le remords de son adultère, n'était venu là que pour empêcher la victime de sortir vivante des bras de la mégère.

Cette créature infâme avait regardé de sang-froid son mari se charger de toutes les responsabilités, et avait écouté sans sourciller la condamnation à mort de celui qu'elle avait de toutes ses forces poussé à l'aider dans son crime, résolue qu'elle était à l'abandonner au moment de l'expiation.

Telles sont les confidences que me valurent mes visites à la prison de Saint-Lazare. Fenayrou, on se le rappelle, fut envoyé au bagne en Nouvelle-Calédonie, après la cassation de l'arrêt entaché d'un vice de forme, et mourut là-bas de consomption, tandis que l'odieuse femme qui l'avait trompé et perdu restait en France où elle est encore, jouissant dans la maison centrale de Clermont des faveurs qu'on accorde d'ordinaire aux grands criminels beaucoup plus facilement qu'aux petits.

L'assassinat d'Aubert, d'après la confession même de la principale coupable, fut donc beaucoup moins la vengeance raffinée d'un mari trompé que celle d'une maîtresse mise au rancart.

Elle avait empêché Fenayrou d'aller brûler en plein jour la cervelle à son amant, parce qu'elle tenait à cacher sa honte, et la corde pour descendre Aubert dans la Seine, le tuyau de plomb et les linges dont on avait entouré les roues du chariot d'enfant, tout décelait un ouvrage de femme.

A quelques mois de là, un autre assassinat, œuvre aussi d'une maîtresse délaissée et dont le pays n'a jamais non plus connu le fin mot, vint mettre la France et l'Europe en émoi. Des agences préposées aux mensonges gouvernementaux publièrent négligemment, à la date du 28 novembre 1882, cette note insignifiante :

« M. Gambetta, en maniant ce matin un revolver, s'est légèrement blessé à la main. La balle n'a fait que traverser les chairs et la blessure ne présente aucune gravité. »

Or Gambetta avait été atteint non pas d'une, mais affirma-t-on d'abord de deux blessures, dont la seconde au moins était mortelle, et il s'était si peu blessé lui-même qu'il avait été assassiné. Le mystère qui entoura l'événement, la difficulté de pénétrer jusqu'au malade donnèrent lieu tout de suite à la suspicion publique.

Les versions les plus disparates commencèrent à courir: tentative de suicide provoquée par des déboires politiques et électoraux; attentat à la dynamite par quelques-uns des « esclaves ivres » qu'il avait juré, à la salle Saint-Blaise, de poursuivre jusque dans les entrailles de la terre.

Enfin, simple accident sans importance aucune, allait répétant l'état-major.

Ce qui étonnait quand même, c'était l'idée singulière qu'aurait eue le chef de l'opportunisme d'aller à la fin de novembre, par un froid de dix degrés au-dessous de zéro, jouer avec des revolvers dans une maison de campagne située à Ville-d'Avray.

Cinq chirurgiens avaient été simultanément appelés et réunis autour du blessé, ce qui sembla énorme pour une quasi-éraflure.

Dès le lendemain, la vérité commença vaguement à se faire jour, malgré le serment prêté par les intimes de garder le secret de la catastrophe et de démentir effrontément les informations contraires à la note officielle de l'*Agence Havas*.

Toutes les feuilles à la dévotion du dictateur se renfermaient dans ce renseignement qu'elles reproduisaient invariablement tous les matins :

« L'état de M. Gambetta est aussi satisfaisant que possible. »

« Que possible » ne voulait rien dire, l'état du blessé pouvant n'être satisfaisant que relativement à la gravité de la blessure. Par la femme d'un des intimes de Gambetta je connus bientôt le drame dans ses origines, ses causes et dans ses moindres péripéties. Le voici exactement :

Quoique entouré de financiers et d'hommes d'affaires dont la malpropreté devait éclater plus tard, Gambetta n'était pas ce qu'on aurait pu appeler un homme d'argent, en ce sens qu'il ne rêvait pour lui-même ni luxe, ni châteaux, ni pignons sur rue. Il avait bien été mêlé à l'affaire avortée du *Crédit agricole tunisien;* toutefois, ce qu'il en eût retiré, si elle avait réussi, il l'eût vraisemblablement consacré ou à l'achat des créatures qui commençaient à lui manquer, ou au développement de sa propagande politique.

Mais sa *République française*, qui était devenue un nid à candidatures législatives ou municipales, ne battait que d'une aile. Or il en est des journaux comme des femmes dont un alphonse disait :

— Si elles ne rapportaient pas, elles coûteraient trop cher.

Gambetta, pour soutenir sa feuille, avait, selon son expression « frappé à la caisse » de beaucoup de ses amis, notamment d'Edmond Adam qu'il avait saigné de cent mille francs. Vivre au milieu des embarras financiers étant intolérable pour un homme politique, il chercha à faire ce qu'on appelle vulgairement un « coup », non, je le répète, par cupidité, mais par nécessité. Nous avons tous connu un journaliste dont la fille, récemment devenue veuve, avait été anoblie et enrichie par un mariage à millions. La jeune femme s'était fait, dans un de ses nombreux châteaux, présenter Gambetta, au moment où il avait le droit — dont il usait largement — d'aspirer à tout, et avait paru jeter sur l'homme du jour que, comme dans les restaurants, on pourrait aussi nommer le « plat du jour », un œil sympathique.

Gambetta, dans ses ennuis d'argent, s'était emballé sur cette piste et commença un flirtage qu'il espérait voir aboutir à une de ces unions quasi américaines où le mari apporte le nom et la femme la fortune.

La jeune veuve s'y prêta d'abord, mais, intelligente comme elle l'était, devina-t-elle que le pouvoir après lequel courait son poursuivant, il ne l'atteindrait jamais? Lui fût-il impossible, comme on me l'a assuré, de surmonter l'espèce de répugnance que lui inspira le manque total d'éducation de celui qui la convoitait? Le fait est qu'après une période de fréquentation pendant laquelle on regardait, non sans rire un brin, Gambetta arriver à la Chambre la boutonnière fleurie de gardénias, la jeune millionnaire sembla avoir abandonné tout projet de mariage et partit pour d'assez lointaines propriétés.

Mais, entre autres attaches, Gambetta en avait une qui remontait à sa jeunesse et à laquelle la femme qui en était l'objet s'était cramponnée en proportion de la haute situation qu'elle en espérait. Cette femme, partie de très bas, mais ambitieuse et très virago, avait réussi à devenir le pivot des intrigues et des manœuvres de l'entourage gambettiste, comme la Dubarry avait été la cheville ouvrière du parti jésuite pour le renversement de Choiseul.

On m'a assuré qu'une sorte de contrat avait été passé entre elle et ses courtisans. « Vous pousserez de toutes vos forces Gambetta à m'épouser, et je m'engage, lorsqu'il sera président de la République ou président du conseil, à faire attribuer les ministères à ceux d'entre vous qui m'auront utilement servie. »

On conçoit tout ce que l'évolution du dispensateur des portefeuilles vers une autre femme et peut-être une autre société jeta de désarroi dans la bande. Heureusement pour la maîtresse en péril, Gambetta, étant parti, dans l'espoir de renouer, pour un des domaines où l'évitait la riche veuve, en était revenu tout à fait découragé par l'accueil glacial qu'il avait reçu d'elle, et les familiers purent supposer que leurs combinaisons matrimoniales allaient enfin réussir.

Peut-être eussent-elles réussi en effet si le fils du marchand de denrées coloniales n'avait pas été foncièrement atteint de la rage d'aimer dans le grand monde. Il avait succédé à plusieurs clubistes et sportsmen dans les grâces d'une jolie comtesse avec laquelle il se consolait des déconvenues de son riche mariage manqué.

C'est dans la petite maison des Jardies qu'il se rencontrait avec sa « nouvelle ». Mais l'ancienne, qui ignorait cette aventure, se trompa, dans les rapports qu'on lui en fit, sur l'identité de la personne. Elle s'imagina que les pourparlers avaient été renoués avec la marquise aux millions et vit ainsi crouler tout l'édifice de ses projets si obstinément entretenus par la bande courtisanesque.

Elle eût sans doute pardonné ou feint d'ignorer un amour de passage. Elle perdit la tête devant la menace d'être supplantée par une femme qui lui soufflait l'homme célèbre qu'elle considérait déjà comme son mari.

Ce fut cette erreur qui causa la mort de Gambetta. L'Ariane qui consentait à être trompée, non à être à jamais abandonnée pour une autre, partit pour les Jardies où elle arriva au moment psychologique. Comme elle possédait toutes les clefs de la maison et qu'ayant couché dans le sérail elle en connaissait les détours, elle surprit les deux amants en pleine causerie et visa de son revolver la femme, non Gambetta, qui, très généreusement, se jeta entre ses deux maîtresses et reçut soit une, soit deux balles.

Il eût été impossible d'arrêter l'assassin sans compromettre tout le monde, y compris l'assassiné, et presque tous les chefs de l'opportunisme dont les sales manœuvres et les dénonciations avaient eu pour dénouement la mort de leur général. Et comme, sous la troisième République, l'égalité devant la loi est exactement aussi respectée que sous Louis XV, les gambettistes, en invoquant la raison d'Etat, n'eurent aucune peine à arrêter toute instruction judiciaire et toute poursuite.

Les politiciens et financiers de la meute allèrent même plus loin dans la voie du cynisme et de l'ingratitude. Loin de chercher à venger la mémoire de leur grand homme, ils n'eurent d'autre préoccupation que celle de soustraire à la justice la mégère que leur prétendu dévouement à sa victime les obligeait à poursuivre jusqu'au fond des enfers. Ils se réunirent au contraire pour collaborer ensemble à une fable destinée à innocenter la coupable dont ils paraissaient par-dessus tout redouter les révélations.

Ils firent plus : comme elle restait sans ressources et avec son revolver pour tout capital, ils se cotisèrent pour lui assurer une petite rente qui lui permît d'aller au loin cuver son crime et que, m'assure-t-on, ils lui servent encore.

Et, après avoir dissimulé l'attentat, ils s'empressèrent de nier la gravité de la blessure, comme si leurs mensonges en eussent dû amener la guérison. A tous nos renseignements, ils opposaient des dénégations qui ne contribuèrent pas peu à aggraver le mal.

En effet, dans la férocité de leur égoïsme, ils obligèrent presque les médecins à arrêter avant l'heure la suppuration des plaies, afin d'affirmer que Gambetta était rétabli, et cette cicatrisation prématurée amena un épanchement interne dont les ravages ne s'arrêtèrent plus.

Ils forcèrent le malade à prendre une nourriture excessive et dont il n'avait aucune envie. Son sang depuis longtemps vicié ne le prédisposait que trop à une inflammation purulente qui se déclara et finit par l'envahir tout entier.

Alors que pour tous ceux qui l'approchaient, il était visiblement perdu, la *République française*, son propre journal, n'avait-elle pas la mauvaise foi d'insérer, à la date du 20 décembre 1882, cet avis au public :

Plusieurs journaux ont publié hier matin, sur l'état de santé de M. Gambetta des nouvelles alarmantes qui sont complètement inexactes.

M. Gambetta a souffert depuis dimanche de douleurs d'entrailles qui sont la conséquence d'une immobilité prolongée et qui ont à plusieurs reprises amené un peu de fièvre ; ces douleurs qui du reste, à la suite d'une nuit de sommeil calme, avaient, hier, sensiblement diminué, ne peuvent avoir aucune influence sur la blessure, dès à présent cicatrisée et à l'abri de toute complication.

Et les conjurés n'hésitaient pas, pour ce qu'ils croyaient être la satisfaction de leurs honteux intérêts, à torturer ce moribond qu'ils voulaient contraindre à mourir debout, alors qu'il ne demandait qu'à rester couché.

Les douleurs d'entrailles, que les aigrefins du parti — le plus hideux qui ait jamais déshonoré une nation — attribuaient à une immobilité prolongée, avaient pour cause probable la perforation du sternum, produite par la seconde balle dont il avait été convenu qu'on ne parlerait pas.

Et quand il leur fut impossible de nier la rechute, ils imaginèrent le retour d'une prétendue fièvre intermittente dont il aurait été atteint autrefois. Ces bourdes étaient d'autant plus niaises et inadmissibles que si la santé du blessé eût été à ce point satisfaisante, les docteurs qui le soignaient l'eussent fait transporter à Paris au lieu de le laisser en plein hiver dans une maison glaciale située au milieu des bois, loin de tout secours.

Jusqu'au dernier jour, presque jusqu'à la dernière minute, ils se jouèrent ainsi de la crédulité publique, au point que pour retarder, fût-ce de quelques heures, le démembrement de l'empire opportuniste dont Gambetta était l'Alexandre, ils n'eurent pas honte d'empaqueter l'agonisant et, malgré l'intensité du froid, de le promener en voiture dans les rues de Ville-d'Avray, afin de pouvoir raconter le lendemain qu'il avait opéré sa première sortie.

Ce fut aussi la dernière avant celle d'où on ne revient pas. Il expira dans la soirée du 31 décembre 1882, c'est-à-dire, en réalité, à l'instant même où naissait l'année 1883. Le parti frelaté auquel il avait donné son nom l'avait exploité sans vergogne jusqu'à la porte même du tombeau. Et de tous les intimes qui, réunis dans la chambre mortuaire, recueillirent son dernier soupir, on n'en trouverait pas dix qui n'aient été, à peu d'années de là, mêlés à des concussions ou à des tripotages sur lesquels les juges d'instruction ont eu à se prononcer.

Cette agglomération d'insatiables au milieu desquels il vécut d'abord et mourut ensuite a ainsi, après avoir si fort compromis son existence politique, presque déshonoré sa mémoire. Le plus matériellement probe parmi les aventuriers de ce syndicat fut encore M. Waldeck-Rousseau, et ce débris du gambettisme représente si bien la réaction qu'aucun président de la République, même parmi les plus rétrogrades, n'a osé le charger de la formation d'un cabinet.

Mais, sous le coup de l'émotion, Gambetta mort bénéficia des souvenirs qu'avaient laissés ses efforts contre l'Allemand en 1870. C'est à son attitude pendant cette lugubre époque qu'il dut les statues qu'on lui dressa et les rues dont les plaques s'émaillèrent à son nom ; tout le reste de sa vie s'étant écoulé en incohérences, contradictions, alliances louches et attentats à la liberté et au droit public.

J'ajouterai que si, pour beaucoup de ses clients, sa disparition fut une ruine, pour plusieurs de ses rivaux, comme, par exemple, Jules Ferry, elle fut une délivrance. Tous deux s'étaient entendus pour l'organisation du coup de bourse à tenter en Tunisie, mais ils n'avaient jamais cessé de s'exécrer, Ferry jalousant Gambetta, Gambetta méprisant Ferry : car si l'un paraissait atteint de la folie dictatoriale, l'autre l'était certainement de la passion du numéraire.

Pour ce dernier, toute campagne politique ou militaire affectait immédiatement la forme d'une indemnité à recevoir ou d'une conversion à opérer. C'est ainsi qu'il avait conçu la prétendue expédition contre les Khroumirs et qu'il entrevit au premier abord celle du Tonkin, combinée entre lui et l'explorateur Dupuis et au fond de laquelle il voyait surtout le versement de deux cent cinquante millions, bientôt réduits à quatre-vingts qu'il réclama à la Chine, laquelle refusa péremptoirement de se prêter à cette chinoiserie.

Jules Ferry poussait tellement loin sa frénésie pour la découverte de trésors imaginaires ou non qu'il s'associa un jour avec une pauvre folle pour la recherche de sommes considérables qu'elle prétendait savoir être ensevelies dans les fondations de la basilique de Saint-Denis ! C'était, comme dans les contes de Perrault et de Mme d'Aulnoy, une baguette de coudrier qui lui avait indiqué la cachette, et, moyennant la promesse de quinze cent mille francs, Jules Ferry et le crédule Turquet, aujourd'hui tombé de la sorcellerie dans le mysticisme, autorisèrent la toquée Mlle Cavailha à pratiquer sous la basilique des fouilles aussi profondes et aussi complètes qu'elle le jugerait à propos.

Cependant cette détérioration d'un monument historique n'ayant donné aucun résultat et les lazzis dont nous poursuivions la démente et Jules Ferry, son associé, commençant à ameuter la foule contre ces personnages carnavalesques, le préfet de la Seine reçut du gouvernement l'ordre d'interdire la continuation des fouilles dont l'inutilité n'était que trop démontrée.

Toute croyance est respectable dès qu'elle est sincère. Mais ce en quoi la fouilleuse de Saint-Denis était infiniment plus loyale que le gouvernement, c'est qu'elle avouait ses convictions relativement à la vertu de sa baguette divinatoire, tandis que les ministres, qui y avaient cru tout comme cette pauvre hallucinée et avaient passé avec elle un traité parfaitement régulier, signé de Jules Ferry, de Turquet et du directeur des Domaines, refusaient de l'exécuter, sous prétexte que, le pot aux roses étant découvert, ils avaient peur de passer pour des Bobèches.

C'est alors que la vieille demoiselle exhiba le traité passé entre elle et le ministre Jules Ferry, puis lança contre le préfet de la Seine une assignation basée sur la rupture illégale d'un contrat parfaitement régulier.

Nous prîmes naturellement parti pour Mlle Cailhava. Elle croyait à la sorcellerie : c'était son affaire. Il y a bien des milliers de femmes, qui, lorsqu'un prêtre leur a mis sur la langue des ronds de farine sur lesquels il a prononcé des mots de basse latinité, s'imaginent avoir avalé le corps de Jésus-Christ.

— Pardon ! faisait observer Mlle Cailhava ; si, comme vous le prétendez, vous n'ajoutiez aucune foi aux propriétés de ma baguette, il ne fallait pas prendre avec moi l'engagement dont j'ai l'original entre les mains. Du moment où vous avez pris cet engagement, c'est que vous partagiez mon inébranlable confiance dans la découverte du trésor sur lequel vous deviez m'abandonner quinze cent mille francs. Vous êtes donc tenus soit de m'aider à reprendre mes fouilles, soit de me compter les quinze cent mille francs convenus.

Qu'il se fût rencontré des hommes d'Etat et un directeur des domaines pour signer sérieusement un pareil contrat, c'était à en tomber foudroyé par la stupéfaction ; mais le fait était là, flamboyant et irrécusable. Plus ils affectaient de jouer avec leur parole et leur signature, plus ils étaient inexcusables de les avoir données. La pythonisse de Saint-Denis était folle ; mais les Ferry, les Turquet et les Demachy qui avaient accepté la convention qu'elle leur proposait étaient atteints de la même démence qu'elle ; et il était souverainement injuste et immoral qu'elle supportât seule les conséquences de son état mental sans qu'il en coûtât rien à ses associés, dont le cerveau était aussi malade que le sien.

Le jour où la femme à la baguette était venue trouver ces étonnants fonctionnaires pour leur soumettre son plan, ils n'avaient qu'à la prier d'aller voir au Jardin des Plantes s'ils y étaient. Ils avaient, au contraire, approuvé si complètement son projet, qu'ils y étaient entrés, eux et tout leur ministère. Il était trop commode à ces jocrisses, en présence du ridicule qui les écrasait, de filer à l'anglaise, laissant leur malheureuse complice seule avec sa baguette dans une main et sa pioche dans l'autre.

On pense si nous nous égayâmes sur le dos de Jules-Ferry qui essaya de balbutier une défense à laquelle l'obstinée Cailhava, qui n'en démordait pas, répondit par cette irréfutable lettre adressée au *Figaro* :

> Monsieur le directeur,
>
> J'ai sous les yeux le n° 342 du *Figaro*, du 8 courant, et je lis au compte rendu de la séance du 7, à la Chambre des députés, que M. le ministre des Finances, répondant à une interpellation de M. Delattre, dit que le traité passé entre le Domaine et moi a été signé par un employé en retraite depuis un an. Je réponds à cela en disant que l'autorisation de faire des fouilles dans la basilique de Saint-Denis m'a été donnée par M. Jules Ferry, alors ministre; elle est signée par M. Edmond Turquet, pour le ministre de l'Instruction publique et des Beaux-Arts.
>
> Le projet de traité avec le Domaine a été signé par M. Demachy, *directeur des domaines*, et l'acte définitif par M. Sauger, inspecteur, faisant les fonctions par intérim, le directeur étant absent.
>
> Veuillez, monsieur le directeur, faire insérer ces détails dans votre estimable journal, afin de rectifier ceux qu'a donnés M. le ministre des Finances.
>
> Recevez, monsieur, l'assurance de ma considération très distinguée.
>
> CAILHAVA.

Eh bien, j'en rougis pour ceux qui auraient eu tant de sujets d'en rougir à ma place, ce fut sur des pronostics de la valeur de ceux dont Mlle Cailhava avait berné Jules Ferry que fut résolue l'expédition du Tonkin.

CHAPITRE XXVIII

Le Tonkin. — L'explorateur Dupuis. — La danse des millions. — Le roi Uhlan. — L'affaire Campi. — Le rôle des témoins. — La peine de mort. — Le divorce. — Le désastre de Langson. — La chute de J. Ferry. — Olivier Pain chez le Mahdi. — Djemal-el-Din.

Un négociant voyageur, nommé Dupuis, avait rapporté de ces contrées des récits enthousiastes et d'autant plus difficiles à contrôler qu'il avait été à peu près seul à explorer ces pays montagneux.

Le premier ministre d'alors était précisément Duclerc, ancien repris de finance, mêlé à l'escroquerie des « Galions de Vigo » et toujours prêt à des entreprises de cet ordre. Il avait reçu ce Dupuis, retour d'Orient, qui n'avait pas eu la moindre peine à faire miroiter à ses yeux d'alouette les pépites d'or que cette terre bénie ne pouvait manquer de recéler. D'ailleurs, si elle ne les recélait pas, il suffisait que le public crût à ce recel pour que l'affaire devînt magnifique.

Exactement comme pour Mlle Cailhava, un traité, à la discussion duquel Gambetta prit part, avait été passé entre divers politiciens de l'opportunisme et le voyageur Dupuis qui leur avait dit :

— Je vous indique les gisements aurifères : c'est maintenant à vous d'aller les conquérir.

Dès que les membres de l'association seraient en possession des territoires désignés, ils devaient compter *neuf millions* au Christophe Colomb qui y avait abordé le premier. Seulement un dernier délai pour le règlement de cette grosse somme avait été fixé; les payements ne s'opéraient pas et Dupuis, inquiet, commençait à récriminer contre ses commanditaires qui retardaient ainsi l'apport de leur commandite.

Il eut l'idée, me sachant peu tendre pour les députés agioteurs et les ministres d'affaires, de me choisir comme dépositaire de ses doléances. Après m'avoir fait remettre une brochure dithyrambique où le paradis terrestre tonkinois était célébré dans une véritable apothéose de féerie, il me rendit, au petit hôtel que j'habitais alors cité Malesherbes, une visite dans laquelle il me laissa clairement entendre qu'une campagne de presse dont il me fournirait les éléments obligerait seule les membres du syndicat à s'exécuter.

Et, bien entendu, en cas de payement des neuf millions promis, une bonne petite part m'en était réservée. Il y avait là un vague chantage dont je tins à me dégager immédiatement, et, après lui avoir fait comprendre que je ne travaillais pas dans cette spécialité, je le saluai pour l'inviter à prendre congé.

Il n'en revint pas moins me trouver, mais cette fois je refusai nettement de le recevoir et je criai à mon domestique qui lui avait ouvert la porte :

— Dites à ce monsieur que je n'y suis pas.

Après le krach qui avait mis à mal la plupart des sociétés financières, c'était donc au gouvernement lui-même que les écumeurs avaient résolu de demander les subsides que leur refusaient les particuliers devenus réfractaires à l'eau froide à force d'avoir été échaudés. Jusqu'alors nous ne connaissions le Tonkin que par la mort qu'y avait rencontrée l'officier Garnier dans un audacieux coup de main dont l'utilité n'avait jamais été démontrée. Ce jeune marin avait prouvé qu'il était très brave, non que le pays offrait la moindre ressource à la colonisation française.

Mais la grar de flibuste ne s'inquiétait pas de ces détails, et le président du conseil Duclerc, qui était dans l'affaire jusqu'aux épaules, demanda onze millions aux Chambres pour l'armement de navires destinés à aller faire respecter là-bas notre influence. Le Tonkin cadrait avec ces plans dévalisateurs pour plusieurs motifs auxquels la prospérité de la France était d'ailleurs complètement étrangère.

D'abord il était situé par delà les mers les plus lointaines, et, comme a beau mentir qui vient de loin, cette distance permettait aux exploiteurs de raconter sur ce pays que personne ne connaissait des légendes puisées dans le *Voyage à travers l'impossible*, de d'Ennery et Jules Verne.

Si tous les hommes d'argent qui se déclaraient disposés à voter les onze millions de crédit exigés par leur ami Duclerc avaient été mis en demeure d'énumérer les richesses encore inexplorées de cette terre promise, ils eussent été contraints de déclarer qu'ils en ignoraient tout, y compris le degré de latitude sous lequel elle s'étendait. Ce que ces syndiqués recherchaient, c'était un titre à effet, une étiquette susceptible de parler à l'imagination de l'actionnaire, comme l'*Eau des Brahmes* ou le *Nafé d'Arabie*.

Le mot « Tonkin » leur avait plu par sa sonorité ; ils s'étaient dit :

« Il y a là-dedans une des plus jolies émissions dans lesquelles ait encore « coupé » l'imbécillité humaine. Lors de l'expédition du Mexique, les dames portaient des chapeaux Puebla. Elles porteront des manteaux Tonkin; on inventera dans les restaurants des filets Tonkin ou des soles Tonkin, et quand le moment sera favorable nous lancerons sur la France enthousiasmée un Crédit minier tonkinois qui ne peut manquer de faire à la Bourse cinquante francs de prime par action. »

Il suffisait, du reste, à un homme impartial, d'un raisonnement de cinq minutes pour sonder tout le vide d'une aventure dont les dangers sautaient aux yeux. Quand la Tunisie, qui est à deux jours de mer de Marseille et dont les défenseurs n'avaient pas tiré vingt-cinq coups de fusil sur nos troupes, nous avait coûté déjà plus de cent cinquante millions, il était évident que les onze millions que le ministre réclamait pour aller au Tonkin, qui est à deux mois de navigation du plus rapproché de nos ports de mer, devait faire l'effet de ce qu'on appelle vulgairement une fraise dans la gueule d'un loup.

Et, me lançant de nouveau dans les prédictions, j'écrivais, à la date du 26 décembre 1882 :

Après les onze premiers millions, les Duclerc et les Jauréguiberry établiront facilement qu'il est indispensable de leur en accorder quarante autres, sous peine de laisser inachevée cette brillante conquête. Et, toujours comme pour la Tunisie, quand nous serons installés au Tonkin au prix d'effrayants sacrifices, nous aurons besoin de les quadrupler pour nous y maintenir. C'est alors qu'on s'apercevra que le Tonkin est aussi improductif qu'inhabitable, que les colons y sont exposés aux incursions continuelles des Tartares et des Chinois et que nous aurons dépensé pour une fantaisie suspecte les sommes dix fois nécessaires à la construction de maisons d'école dans tous les villages et même dans tous les hameaux du territoire français.

Après avoir débuté par onze millions, nous en sommes aujourd'hui à plus de huit cents et nous arrivons à grands pas au milliard.

Sheridan disait un jour à la Chambre des Communes :

— Le patriotisme est presque toujours le dernier argument des scélérats.

Jamais aphorisme n'avait trouvé comme alors une plus complète justification. Quand Jules Ferry avait organisé la campagne tunisienne, il s'était appuyé sur de prétendues attaques de Khroumirs dont nous étions encore à découvrir un spécimen. Les promoteurs de l'affaire tonkinoise avaient inventé que le commandant Rivière était bloqué dans la citadelle d'Hanoï, dont il s'était emparé, et qu'il était urgent d'aller à son secours.

Ce racontar avait été fabriqué dans les bureaux de la maison de banque qui rêvait de nous tonkiniser; mais eût-il été sérieux, il y avait lieu de croire que puisqu'il était entré dans cette citadelle, le commandant Rivière trouverait moyen d'en sortir. Et s'il y était en danger, comme il devait se passer au bas mot trois ou quatre mois avant qu'il fût possible de le secourir, ou il se fût délivré lui-même ou notre armée fût arrivée trop tard.

C'était à peu près comme si la Chambre des députés de 1816 avait voté un crédit pour acheter des vivres aux naufragés qui mouraient de faim sur le radeau de la *Méduse*. Celui qui les leur eût portés aurait eu toutes les chances de n'en pas trouver un seul à qui les offrir.

Le fait est que les préparateurs du coup du Tonkin songeaient à faire le blocus de notre porte-monnaie et pas du tout à aller débloquer le commandant Rivière.

Telle fut la véritable origine de cette colonisation à laquelle il n'a manqué que des colons : conquête de Nessus que nous traînons attachée à notre peau sans pouvoir nous en débarrasser, non plus qu'en achever l'organisation. Si M. Dupuis avait renoncé à son voyage ou ne fût pas revenu en France faire miroiter les fausses pépites aux yeux avides des politiciens financiers, nous aurions à cette heure huit cent millions de plus dans nos caisses, à moins, aléa probable, qu'on ne les eût dépensés à autre chose de non moins inutile.

Un événement international et qui faillit, au point de vue populaire et même diplomatique, tourner à la tragédie, vint arracher la nation à ses préoccupations coloniales et financières. Le jeune roi d'Espagne Alphonse XII qui, déjà mortellement atteint, promenait sa phtisie à travers l'Europe, était allé rendre visite à l'empereur d'Allemagne, lequel, à la suite d'une revue solennelle, l'avait nommé colonel honoraire du 15e régiment de Schleswig-Holstein, en garnison à Strasbourg même.

Cette provocation à l'adresse de la France était d'autant plus évidemment préméditée que le malade espagnol avait annoncé son intention de passer par Paris pour retourner dans son royaume.

Les convenances lui ordonnaient soit de renoncer à la visite qu'il nous annonçait, soit de refuser le grade que Bismarck, dans sa fourberie, lui avait fait offrir. Il accepta l'un et ne renonça pas à l'autre. Naturellement le ministère dont Ferry, Challemel-Lacour et Martin-Feuillée faisaient l'ornement s'associa à ce défi et résolut d'aller en personne attendre à la gare du Nord, pour lui rendre hommage, celui que la population surnomma immédiatement le « roi Uhlan. »

Ce fut un véritable déchaînement de colère nationale, mais le gouvernement français s'était trop avancé pour qu'une reculade ne fût pas considérée comme un affront à l'Espagne d'abord, ensuite à l'Allemagne.

Il risqua donc la guerre civile de peur de complications étrangères. Mais je me fis l'interprète de l'indignation universelle dans cet article que j'avais intitulé :

UN RESTE D'INVASION

Lorsqu'en 1871, après la capitulation, les Prussiens ont fait leur entrée dans Paris, l'attitude de la population fut admirable. Les fenêtres se fermèrent, l'avenue des Champs-Elysées se vida comme par enchantement, et les uhlans qui la parcoururent durent penser que les voyageurs leur avaient fait des récits singulièrement inexacts des plaisirs de la plus célèbre des capitales connues. Seules, quelques-unes de ces femmes

> Qui font passer la rue au travers de leur lit

allèrent au-devant des vainqueurs, dans l'espérance de leur reprendre un certain nombre des pendules qu'ils avaient emportées. Cette expédition amoureuse leur réussit mal, car l'une de ces drôlesses fut saisie, fouettée publiquement, et jetée par les Parisiens indignés dans une des fontaines de la place de la Concorde.

Puisqu'un uhlan portant les épaulettes de colonel doit faire, encore une fois, son entrée dans ce même Paris, nous ne pouvons que conseiller à la population d'adopter à son égard l'attitude qu'elle a gardée, en 1871, vis-à-vis de ses collègues de l'armée allemande.

S'il plaît à M. Challemel-Lacour, qui n'est jamais là quand il s'agit de sauver nos soldats de la mort, de revenir tout exprès on ne sait d'où pour se confondre en aplatissements devant un officier prussien; si l'indomptable Ferry tient à honneur de se laisser dompter par ce jeune soldat de la landwehr, nous ne pouvons empêcher ces hommes d'Etat de se livrer à leurs instincts monarchiques et courtisanesques. Nous nous contenterons de les fouetter — moralement — et de leur infliger, à l'instar des femmes dont nous parlons plus haut, un bain complet de mépris et de dégoût.

Le physique du roitelet madrilène, que nous avons vu trotter, sous l'Empire, sur son vélocipède en argent, n'est pas de ceux qui excitent la curiosité.

Les habitants de Paris ne perdront donc pas grand'chose à rester chez eux au lieu d'aller faire la haie sur son passage. Que la gare soit déserte et les rues par lesquelles il passera livrées au seul enthousiasme des agents des Camescasse. Les mêmes hommes, qui ont lancé les bombes du café Bellecour et pris aux étalages des boulangers de petits pains qui ont coûté si cher à Louise Michel, suffiront parfaitement à faire retentir les échos d'alentour des cris de : « Vive Alphonse XII! Vive le colonel de uhlans! »

Si le silence du peuple est la leçon des rois, son absence constitue une leçon mille fois plus rude encore. Une revue sans spectateurs et une représentation de gala sans public, tel est le programme que doit adopter Paris pour fêter ce souverain qui remplace, à l'étranger, sa couronne par un casque à pointe. D'ailleurs, du moment où il s'est fait Prussien, il ne pourrait sans inconvénient voir manœuvrer nos troupes, expérimenter notre artillerie et prendre des croquis de nos fortifications. Comme roi d'Espagne, il commande à une des nations les plus braves et les plus généreuses du globe; mais comme colonel de uhlans il est tenu d'obéir à son général, sous peine d'être fourré au bloc comme un tambour. Or, qui nous dit que le maréchal de Moltke ne l'a pas précisément chargé de lui faire un rapport sur la tenue et l'aptitude de nos troupes?

Il serait difficile à Alphonse XII de se plaindre d'avoir

été mal reçu en France, puisqu'on ne l'y aura pas reçu du tout. Il faut qu'en retournant chez lui il puisse dire à sa jeune épouse, qui paraît si peu disposée à l'accompagner dans ses voyages :

— Paris est une ville superbe où l'on voit de tout, excepté des Parisiens.

Henri Rochefort.

Bismarck ne craignait rien tant qu'une alliance entre l'Espagne et la France, et il avait inventé le « coup du colonel », destiné à faire pendant au coup du commandeur. Le chancelier s'était dit :

« Mettons Alphonse XII à la tête du régiment de uhlans qui, en 1870, s'est signalé par sa gallophobie et qui actuellement occupe Strasbourg. Il est impossible que les Parisiens ne se révoltent pas à l'idée de recevoir le roi d'Espagne, devenu subitement officier prussien. Si quelque incident se produisait soit à la gare, soit au théâtre, les deux nations seraient à jamais brouillées. »

C'était, en effet, particulièrement bien joué. L'Espagnol et l'Allemand ne faisant plus qu'un chez Alphonse XII, il était extrêmement difficile de protester contre le second sans offenser le premier.

La manifestation dépassa tout ce que le patriotisme le plus exalté aurait été en droit d'en attendre. Bien que le train royal ne fût annoncé que pour trois heures quarante, dès deux heures de l'après-midi la foule commença à se masser aux abords de la gare du Nord qui, en prévision d'une invasion populaire, était déjà gardée par de nombreuses escouades de gardiens de la paix.

Repoussée de la place, la foule se déversa dans les rues avoisinantes et surtout dans la rue Lafayette que devait longer le cortège. Les gradins de l'église Saint-

Vincent-de-Paul avaient été pris d'assaut. Toutes les fenêtres, les balcons, les toits même des maisons regorgeaient de curieux.

J'étais sorti de chez moi vers trois heures, sans intention de me mêler aux manifestants et ne sachant d'ailleurs pas au juste l'heure de l'arrivée du train, lorsqu'en débouchant en voiture dans la rue Lafayette, je me vis presque cerné par des crieurs qui m'offrirent les uns l'*Intransigeant* du matin, les autres la *Complainte du roi Uhlan*. Ma voiture ne pouvant plus avancer, je continuai ma route à pied à travers la foule, moins irritée que gouailleuse.

Bientôt pressé et assailli de toutes parts, je me réfugiai chez un marchand de vin qui mit à ma disposition sa salle du premier donnant sur la rue et d'où j'assistai à tout le spectacle.

Il fut on ne peut plus amusant. Tous les ministres : Ferry, Challemel-Lacour, qui se donnait comme malade et était sorti de son lit tout exprès pour venir saluer le nouveau gradé. Le président Grévy aussi passa avec tous ses grands cordons, sous les huées envahissantes. Seul, le général Thibaudin, ministre de la guerre, avait nettement menacé de donner sa démission motivée plutôt que de prendre part à cette cérémonie humiliante. De sorte qu'aux cris de : « A bas Ferry! » que depuis ce ministre entendit si souvent, et de « A bas Challemel! » s'ajoutait celui de : « Vive Thibaudin! » dont on constatait l'absence.

Au signal de l'arrivée du train répondit une bordée de sifflets, et des milliers de cris de : « A bas le uhlan! Vive la France! Vive la République! » A la sortie de la gare, la clameur avait pris une telle intensité que le désarroi se mit dans le défilé, dont les organisateurs avaient perdu la tête. Ils envoyaient des ordres contradictoires et, la musique militaire s'étant mise à jouer dans ce brouhaha, on ne s'entendit plus du tout. Tous les arrivants, menacés d'un écrasement général, montèrent pêle-mêle dans les voitures qui partirent à une allure de fuite.

De ma fenêtre, je ne perdais pas un des incidents de cette algarade et je riais à me tordre. Rien n'était plus suggestif que ce cortège passant comme un ouragan à travers les rues, sous les lazzis de vingt mille personnes. Jamais chefs d'Etat ne s'étaient rendu visite dans des conditions aussi anormales. De la gare du Nord à l'ambassade d'Espagne, située rue Saint-Dominique, le convoi, qu'on aurait pu appeler funèbre, n'avait pas mis dix minutes.

Le jeune roi, furieux et surtout décontenancé, tortillait fébrilement ses moustaches pendant cette conduite de Grenoble et voulait immédiatement repartir pour Madrid. Il finit cependant par se rendre aux supplications de Jules Ferry et de Challemel-Lacour, qui lui demandaient avec instance de ne pas reprendre le train sans être allé à l'Elysée.

Il y alla en effet, par des rues détournées, dans une modeste voiture, et, après une entrevue de cinq minutes, revint à l'ambassade en changeant d'itinéraire. Il repartit le lendemain et, quelques années plus tard, dut emporter dans la tombe un assez lugubre souvenir des sentiments des Français à son égard.

Mais, et c'est en quoi cette réception peu cordiale se rattache à mes aventures, sous prétexte que j'avais été aperçu à la croisée d'un petit restaurant au moment de cette galopade désespérée, Ferry, au lieu de s'en prendre à lui-même et à ses collègues des déboires de cette journée, n'eut-il pas l'idée imbécile de m'accuser de l'avoir préparée par une sorte de complot formé entre les chefs socialistes et moi!

Furieux de l'aventure espagnole, et ne voulant pas avouer que c'était à son absence complète de perspicacité qu'il la devait, Ferry la mettait sur le compte de mon révolutionnarisme.

J'ignorais les noms, âges et professions de ceux qui avaient accompagné de coups de sifflet les cris mille fois répétés de : « A bas le uhlan ! », mais je savais qu'on avait crié et que les ministres devaient prévoir qu'on crierait. Puisque Ferry avait la prétention de gouverner, sa première science était de connaître le tempérament de la nation qu'il gouvernait. Or, il fallait être obtus, comme le sont d'ailleurs la plupart des présidents du conseil, pour s'imaginer qu'un homme élevé la veille au grade de colonel d'un régiment de uhlans qui, en 1870, avait ravagé notre pays avec une fureur toute particulière, ferait, sans protestations des Parisiens, son entrée dans Paris.

Le gouvernement objectait que le roi Alphonse avait reçu cette distinction sans l'avoir sollicitée et qu'un refus de sa part aurait gravement froissé l'empereur d'Allemagne. Il ne se doutait même pas, affirmaient les journaux officieux, que le régiment à la tête duquel on venait de le placer à titre honoraire tînt précisément garnison à Strasbourg. Le peuple n'avait pas eu le loisir de débrouiller ces complications. Le roi d'Espagne avait-il accepté du vieux Guillaume les épaulettes de colonel de uhlans ? Oui. C'était plus que suffisant pour ameuter les faubourgs.

Conséquemment, lorsque Ferry affirmait à l'ambassadeur duc de Fernand Nunez et à Grévy lui-même que le fils de la reine Isabelle serait reçu chez nous avec toutes sortes de marques de respect et de sympathie, il faisait preuve d'un aveuglement voisin de l'imbécillité. S'il avait seulement soupçonné ce qui était évident pour tout le monde, ou il aurait pris des précautions policières spéciales pour le transport de ce souverain comme pour celui d'un prisonnier politique; ou, s'inspirant de la maxime du vaudevilliste Scribe, qui constatait que ce qu'on coupe n'est jamais sifflé, Ferry eût fait avertir le trop confiant monarque du danger auquel il exposait non sa personne, mais sa dignité en se montrant, en plein jour, dans une ville fumante encore du souvenir des Prussiens. Et il l'eût, avec les plus délicates circonlocutions, engagé à regagner son royaume sans passer par notre République.

Malheureusement les taies qui obscurcissent généralement la vue des ministres revêtent une épaisseur particulière. Ils se présentent comme doués d'un de ces coups d'œil dont les aigles passent pour avoir la spécialité. Puis, quand l'heure est venue d'exhiber leur discernement, ils n'hésitent pas à prédire à leur entourage tout le contraire de ce qui arrive.

Or, quand un directeur de théâtre croit au succès d'une pièce et qu'elle tombe à plat, c'est à lui-même qu'il doit s'en prendre et non au public qui a réclamé la toile.

Seulement Ferry, qui n'avait rien vu ni rien prévu, déversait dans les feuilles les plus réactionnaires les fureurs de sa déconvenue. Il y faisait traiter couramment les siffleurs de « voyous », de « souteneurs » et même « d'anarchistes », qualificatif d'autant plus niais que l'anarchisme ne reconnaît pas la patrie.

Puis, dans un conseil des ministres, présidé par le vieux Grévy en personne, on délibéra sur la question de savoir si on ne m'arrêterait pas immédiatement comme promoteur, inspirateur et organisateur de la manifestation anti-alphonsiste. Si j'avais été un passionné de popularité, aucune mesure ne pouvait m'être plus profitable. Challemel-Lacour, que toutes les répressions enthousiasmaient, appuya énergiquement cette motion, sortie du cerveau de Ferry. Le ministre Martin-Feuillée, m'assura-t-on, s'y opposa formellement.

« Vous trouvez qu'il n'a pas encore été assez acclamé? fit-il observer à ses collègues. Vous tenez à ce qu'il soit porté en triomphe à sa sortie de prison? »

Ferry renonça à regret à mon arrestation préventive, mais il opina au moins pour des poursuites correctionnelles qui seraient intentées à plusieurs journaux pour manque de respect au chef d'une nation amie.

Nous serions tous sortis du prétoire sous de nouveaux cris de : « A bas le roi Uhlan ! » et le gouvernement, en nous épargnant ces intempestives poursuites, s'épargna à lui-même de nouveaux embarras.

Seulement, n'osant s'en prendre ni à la presse, ni au peuple, Jules Ferry s'en prit au général Thibaudin, dont l'abstention à la réception du roi Alphonse nous avait mis l'Espagne à dos, assurait-il, et il exigea la démission du ministre de la guerre qui, seul, avait protesté contre l'abaissement de la France devant l'Allemagne représentée par un de ses colonels.

Cependant, malgré les promesses de Challemel-Lacour, qui, la main sur son cœur malade, avait donné sa parole d'honneur que la Chine n'interviendrait pas au Tonkin, elle y intervenait si bien que, dans les préoccupations publiques, les Pavillons-Noirs avaient été remplacés par les Pavillons-Jaunes. Le Livre, jaune aussi, en faisait l'aveu, et nous en étions également à rire jaune, comme résultat définitif de cette politique jonquille.

Cette couleur, du reste, étant celle des gens trompés, nous convenait d'autant mieux que nous n'avions jamais cessé de l'être. Mais, tout en nous acheminant vers le désastre de Langson, Ferry, qui avait besoin de s'emparer d'un certain nombre de terrains soi-disant miniers pour les faire revendre ou exploiter par des parents à lui tombés en déconfiture, avait fait voter par la Chambre et le Sénat des tas de millions pour permettre l'équipement de nouvelles troupes destinées à marcher sur Bac-Ninh. Il avait annoncé à sa bestiale majorité que la prise de Bac-Ninh était indispensable, et pas un seul de ses nègres, esclaves, mamelucks, chaouchs, laveurs de vaisselle et brosseurs parlementaires n'avait seulement songé à lui demander :

« Pourquoi faut-il prendre Bac-Ninh? »

Sans comprendre, selon leur habitude, un mot de ce qu'il leur avait raconté, ils avaient crié : « A Bac-Ninh! à Bac-Ninh! » comme autrefois : « A Berlin! » Car, sous d'autres noms, c'étaient les mêmes idiots et les mêmes aigrefins qui avaient déjà concouru, de toutes leurs forces, au démembrement de la patrie.

Il eût donc été oiseux de tenter de leur expliquer que plus nous prendrions Bac-Ninh, plus nous aurions à dépenser d'hommes et d'argent pour le garder.

La mort du commandant Rivière, tué dans une imprudente sortie, combla le vœu des coloniaux du Parlement qui organisèrent la « promenade du cadavre » sous les cris de : « Vengeons nos soldats! » Cette vengeance nous coûta d'abord cinq millions, puis dix, puis cent, puis cinq cents. Ferry fit distribuer à la Chambre une carte du Tonkin en travers de laquelle s'étalait en lettres gigantesques cette réclame d'arracheur de dents : *Grosses pépites d'or.*

Il y en avait ainsi pour tout le monde; pour ceux qui tenaient à venger le commandant Rivière et pour ceux qui tenaient à faire fortune.

La mort du comte de Chambord, en changeant l'ordre de succession à un trône brûlé en 1871 en même temps que le palais qui le contenait, occupa pendant quelques jours l'opinion publique, façonnée par douze siècles de monarchie au souvenir des rois, même quand ils sont en exil.

A la nouvelle de la maladie de ce souverain prétendant dûment légitime, bien que, pour les Valois, les Bourbons représentassent, eux aussi, la branche cadette, toute la France catholique s'épuisa en messes, en neuvaines et en prières. Le *Figaro* annonça que, dans une seule matinée, soixante dames du monde avaient communié en l'honneur du malade, qui ne paraissait pas en avoir ressenti un mieux sensible.

On ne peut même se lasser d'admirer cette persistance des fidèles à absorber des hosties pour le rétablissement de gens qui ne se rétablissent pas. Depuis le temps que les légitimistes en étaient pour leurs frais de cérémonies religieuses, il semblait pourtant qu'ils auraient dû ouvrir les yeux sur leur inutilité.

Ils avaient fait dire des messes pour la prolongation de l'existence de Louis XVIII, qui n'en était pas moins décédé dans les bras de sa maîtresse. Ils en avaient fait dire aussi pour le maintien sur le trône de France du roi Charles X, qui en avait été tout de même chassé à coups de baïonnette dans les reins. Ils avaient supplié leur Dieu de conjurer l'effet du coup de couteau de Louvel dans la gorge du duc de Berry, qui expirait après douze heures d'agonie. Les messes qu'ils avaient célébrées par centaines pour la conservation du chef de la branche aînée, quand il avait déjà un pied dans la tombe, ne l'avaient pas empêché d'y mettre l'autre.

A une époque d'expérimentation comme la nôtre, où on n'est plus guère disposé à admettre que ce qu'on touche et ce qu'on voit, nous regardons comme singulièrement imprudent, de la part des croyants, de s'exposer ainsi à donner raison aux sceptiques. En effet, si, tant qu'on dit des messes pour un souverain, il restait à l'abri de la mort, nous comprendrions qu'on en commandât dans toutes les églises de Paris et de province ; mais, puisqu'il rend le dernier soupir ni plus ni moins que si l'on n'en disait pas, à quoi bon ces appels à Dieu, qui s'obstine à ne pas les entendre ?

Après le décès du comte de Chambord, l'Église nous raconta que le Très-Haut était résolu à le rappeler à lui, et que les prières des catholiques n'avaient pas eu le pouvoir nécessaire pour lui faire changer de résolution. En ce cas, à quoi servent ces fameuses messes, sinon à mettre un certain nombre de pièces de vingt francs dans la poche de ceux qui les disent ? Quand une malheureuse vient déclarer à son confesseur qu'elle a fait célébrer quinze messes pour la guérison de son enfant malade et qu'il est mort tout de même, le prêtre lui répond généralement :

« Il fallait en faire célébrer vingt-cinq, et votre enfant eût été sauvé. »

Mais le cas du comte de Chambord était tout autre : c'étaient toutes les paroisses de France qui marchaient pour lui. Il était impossible d'en mettre en mouvement une quantité plus considérable. S'il en était réchappé, les dévots auraient eu, dans une certaine mesure, le droit d'attribuer le miracle à l'efficacité de leurs génuflexions. En revanche, puisque, malgré tant de communions et de *Domine salvum fac regem*, il était allé rejoindre son grand-père, mort comme lui à l'étranger, il fallait bien reconnaître que l'autorité des messes en était fortement entamée.

Comme il y a longtemps qu'on eût fait ces réflexions si simples, si la religion était chez nous — et ailleurs — autre chose que la sœur aînée de la politique! On pense si les gros bonnets du parti légitimiste comptaient le moins du monde sur ces niaiseries pour le sauvetage de leur roi; mais, la messe faisant partie de leur système gouvernemental, ils s'empressaient de saisir cette nouvelle occasion d'en jouer.

Je causais un jour avec la veuve d'un pauvre pêcheur du Tréport, noyé dans une des dernières tempêtes, et cette infortunée me montrait la croix élevée au pied de la falaise et auprès de laquelle elle allait prier tous les jours pour que son mari lui revînt sain et sauf.

— Comment! lui dis-je, votre Dieu sait que la mort de votre homme vous laisserait sans ressources avec vos quatre enfants, vous prenez la peine d'aller le prier tous les jours de vous épargner cet effroyable malheur, et pour vous remercier de votre confiance en lui il noie votre mari sans pitié! Mais ce Dieu-là, c'est le dernier des gredins!

— Oh! monsieur, fit-elle d'un air effrayé, vous ne pensez pas ce que vous dites!

— En effet, repris-je; car on n'a pas le droit d'en vouloir à ce qui n'existe pas.

Les messes commandées en l'honneur du comte de Chambord n'avaient pas plus ajourné son dernier soupir que celles dont l'aumônier de la Roquette fait hommage aux condamnés à mort ne retardent leur exécution. Le ténébreux Campi, l'assassin d'un vieil avocat et de sa sœur, venait précisément d'en faire l'épreuve. On n'a probablement pas oublié — car en France on se souvient plus des criminels que des hommes d'Etat — que ce malfaiteur refusa de donner à la justice son véritable nom et mourut sans avoir mis personne dans le secret de son identité, excepté son avocat.

Celui-ci était un très jeune homme, nommé Georges Laguerre, avec qui j'avais, pendant le procès Roustan, échangé quelques mots à l'audience. Il m'a raconté qu'il y avait eu de sa part quelque mérite à rester enfermé seul dans une cellule avec l'espèce de bête fauve dont il avait accepté la défense. D'autant que le pseudo-Campi, ne s'illusionnant pas le moins du monde sur son sort, ne risquait pas davantage en s'offrant comme supplément une troisième victime ! Argument d'ailleurs décisif contre la peine de mort, puisque le criminel qui aurait égorgé cinq cents personnes ne pourrait pas être plus guillotiné que s'il en avait tué une. La peine capitale est donc le comble de l'inégalité devant la loi.

Cependant celui que, faute de son vrai nom, on appelait l'assassin de la rue du Regard, tint à montrer à Laguerre qu'il n'était pas aussi illettré que la vulgarité de son crime le laissait soupçonner et, sans se démasquer encore, lui prouva qu'il s'était tenu au courant du mouvement intellectuel et politique.

— J'ai perdu. Je paierai, lui dit-il dès la première entrevue.

Et comme Laguerre lui faisait observer qu'on doit toujours essayer de sauver sa tête, que même, s'ils sont à perpétuité, les travaux forcés ne durent pas éternellement, qu'il y a malgré tout, pour le condamné à vie, un espoir d'évasion, Campi lui répondit :

— On a rarement, comme M. Rochefort, un Edmond Adam pour vous aider.

Ce fut seulement au bout de quelques jours que, délabré par l'ordinaire de la prison, il se décida à confier son état civil à son défenseur qui, naturellement, ne l'a jamais trahi, mais qui m'a donné des détails étranges sur la famille honnête et bourgeoise de cet être qu'on aurait plutôt supposé né dans une caverne.

Un matin, il pria Laguerre d'aller trouver ses deux sœurs qui habitaient Paris, où elles vivaient modestement mais convenablement, et de leur demander de vouloir bien déposer pour leur frère, au greffe de Mazas, quelque argent qui lui permît de renforcer un peu la nourriture de la maison.

L'avocat se rendit à l'adresse indiquée et fut reçu dans un petit logement très propre par deux jeunes femmes qu'il commença par intéresser en mettant la conversation sur leur frère.

— Savez-vous au juste ce qu'il est devenu? leur demanda-t-il.

— Non, répondit l'une des sœurs de Campi. Il avait de mauvais instincts. Il s'est, croyons-nous, engagé, a déserté et doit être actuellement en Belgique.

Laguerre vit alors ouvert sur une table un numéro du *Petit Journal* relatant le crime.

— Vous connaissez cette affaire atroce? interrogea-t-il.

Et comme les deux pauvres femmes, dans l'innocence de leur âme, commentaient ce double assassinat, Laguerre jugea le moment venu de remplir la terrible mission dont il était chargé auprès d'elles. Il leur apprit que le faux Campi n'était autre que leur frère qui, dans sa détresse, se recommandait à elles.

Les deux infortunées tombèrent dans d'affreuses attaques de nerfs. Laguerre les engagea à garder à jamais leur incognito que lui-même n'a dévoilé à personne, pas plus à moi qu'à d'autres, et que le condamné — il faut quand même lui en tenir compte — a eu la générosité d'ensevelir avec lui, à ses risques et périls, car ce silence obstiné devait inévitablement fermer la porte à tout espoir de commutation.

Mais ce qui ressortait de ce procès, c'est le peu de compte qu'il y a à tenir de ces dépositions de prétendus témoins qui ne se font aucun scrupule d'envoyer un homme à l'échafaud pour la seule satisfaction de voir leurs noms imprimés dans les journaux ou d'occuper une place dans le prétoire pendant les débats d'une affaire passionnante.

Campi fut reconnu par vingt personnes : d'abord par une domestique, Jeanne Pichon, qui le signala comme un Italien nommé Joseph Buci. Elle le connaissait on ne peut mieux, le frère de l'assassin l'ayant demandée en mariage.

Huit jours après cette déposition qui ne laissait aucun doute, Joseph Buci fut retrouvé. Deux anciens officiers de don Carlos le désignèrent comme un Espagnol du nom de José Rivas, brave soldat qu'ils n'auraient jamais supposé capable d'un crime odieux, ayant le vol pour mobile ; puis, à son manque total d'accent péninsulaire, ils finirent par constater leur erreur.

D'autres l'avaient vu à Sidi-bel-Abbès, en Algérie ; d'autres encore l'avaient beaucoup fréquenté en Hollande.

Campi, qui n'avait plus rien de son passé à cacher à Laguerre, l'avait mis au courant d'un emprisonnement qu'il subissait au mois d'avril qui avait précédé le crime.

Un témoin, qui s'intitulait sculpteur, n'en était pas moins venu déclarer que, pendant ce même mois d'avril, il avait vu rôder l'accusé autour de la maison de M. Ducros de Sixt et qu'il le reconnaissait d'autant mieux que par profession, ajoutait-il prétentieusement, les sculpteurs sont tenus d'être particulièrement physionomistes.

Après cet artiste dont les bustes devaient pécher par la ressemblance, deux petites filles de douze ans étaient venues affirmer avoir vu Campi, la veille de l'assassinat, causant, sous la porte cochère de la maison des deux victimes, en compagnie d'un individu qu'on supposa immédiatement lui avoir servi d'intermédiaire.

Or Campi, qui avait naturellement tout intérêt à atténuer en partie son forfait en le mettant pour moitié sur le dos d'un autre, a constamment soutenu à son avocat et au jury qu'il avait été seul à faire le coup, assumant ainsi toute entière une responsabilité qu'il lui eût été si facile de partager.

Il était donc bien évident, et que le sculpteur s'était trompé, et que les petites filles n'avaient aperçu ni Campi ni son prétendu complice.

Notez que si on avait arrêté un homme soupçonné d'être cet indicateur fantastique, il se fût trouvé, sans aucun doute, trois ou quatre personnes pour le reconnaître, comme il s'en était trouvé pour reconnaître Campi.

L'instruction avait tout de suite conclu de ces témoignages erronés que la malheureuse bonne — dont l'avocat général avait flétri la conduite légère — pouvait parfaitement avoir eu pour amant l'associé de Campi, à qui il avait pu ainsi donner des indications précises sur la topographie de l'appartement habité par les Ducros.

Il est vrai que ce que le ministère avait paru reprocher spécialement à cette domestique, c'était d'avoir eu un enfant, qu'elle élevait, au lieu de l'avoir jeté dans les cabinets, comme la chose se produit si souvent.

Si elle s'en était débarrassée après un accouchement clandestin, elle eût peut-être été couronnée rosière. Elle l'avait gardé avec elle : on la traitait de débauchée et on l'accusait, à mots couverts, de profiter de l'absence de ses maîtres pour recevoir des assassins dans sa cuisine.

Campi avait été arrêté sur le fait; mais supposons qu'il fût parvenu à s'échapper et que M. Macé eût mis la main sur un innocent, ne fût-ce que pour ne pas avouer qu'il avait laissé échapper le coupable, il est probable que les deux petites filles auraient cru avoir vu rôder celui-là, comme elles croyaient avoir vu rôder l'autre, et que le sculpteur lui-même se serait, pour l'un comme pour l'autre, trompé de physionomie.

Par vantardise ou par illusion d'optique, un voisin racontait dans le quartier qu'il était bien sûr d'avoir vu, la veille du crime, l'assassin inspecter l'immeuble dans lequel il l'avait ensuite commis. On citait ce bavard chez le juge d'instruction, on le confrontait avec le prévenu, et, plutôt que de se déjuger ou de passer pour un jocrisse, il persistait à le reconnaître et s'imaginait, en effet, l'avoir reconnu.

Dans la plupart des affaires criminelles, les choses se passent de cette façon. Aussi, devant tant d'incertitudes, on se demande combien de malheureux, dont l'innocence est absolue, expient au bagne ou dans les prisons l'aveuglement ou la vanité bête des témoins trop physionomistes.

Au cours de sa plaidoirie, Laguerre avait donné à entendre que cet homme, assis sur le banc des assises pour un forfait dont les causes restaient inexpliquées, ne pouvait avoir obéi à des mobiles absolument abjects, appartenant lui-même à une famille honorable dont un membre occupait dans l'armée une assez brillante situation.

Eh bien! cette confidence, qui n'avait d'autre but que d'attendrir les jurés, ne fut-elle pas, pendant la période boulangiste, rappelée par les drôles impudents de l'opportunisme qui donnèrent à entendre que Campi était le propre frère du général Boulanger!

Cette bourde était d'autant plus inepte que le général Boulanger était fils unique, ce qui supprimait toute discussion; qu'en second lieu il était blond comme un homme du Nord, tandis que la figure bestiale de Campi, d'un brun d'Afrique, l'avait d'abord fait prendre pour un Espagnol ou un Italien qu'il était peut-être.

Joseph Reinach, le gendre du corrupteur panamiste qui se suicida pour éviter une condamnation infamante, ne poussa-t-il pas l'effronterie sémite jusqu'à publier en tête de la *République française* un article qui se terminait par cette invocation à Campi:

« L'arrêt de mort, le bourreau, les ciseaux grinçant sur le col de la chemise, l'échafaud, tout cela n'est rien. Être le frère d'un tel homme, ô Campi, voilà le châtiment! »

De sorte que c'était l'assassin de la rue du Regard qu'il plaignait de sa prétendue parenté avec l'ancien ministre de la guerre. Quand la mauvaise foi atteint cette profondeur d'imbécilité, elle continue à être méprisable, mais elle cesse d'être dangereuse.

Le farouche meurtrier, dont Georges Laguerre connaît seul le nom, mourut assez crânement, se contentant de dire, quand on vint lui annoncer que son heure était venue :

— Ce sont les journalistes qui m'ont mené là.

Car la prétention de la plupart des assassins est d'avoir le droit d'interdire à la presse de parler de leurs crimes. Ils s'imaginent que, si on avait la discrétion de n'en rien dire dans les journaux, l'opinion publique ne s'ameuterait pas contre eux et, conséquemment, n'obligerait pas le jury à les condamner à mort.

Comme ses confrères en égorgement, Campi oubliait complètement ses responsabilités pour les rejeter sur les journalistes. Il aurait dû cependant comprendre qu'on n'assomme pas à coups de marteau un ancien avocat et sa sœur sans que l'aventure fasse quelque bruit. Ce qui l'avait « mené là », c'était le double assassinat de la rue du Regard.

Mais ce sanglant méfait dont l'espoir du vol était vraisemblablement l'unique mobile, plusieurs imaginatifs l'attribuèrent à des motifs tellement cachés qu'aucun d'eux n'arriva à les découvrir. On alla jusqu'à supposer que le criminel était, non pas le frère du général Boulanger, comme le prétendait le véridique Joseph Reinach, mais le fils naturel de M. Ducros de Sixte, de l'abandon duquel il voulait se venger.

Et beaucoup plaignirent cet étrange supplicié. D'ailleurs, ce qu'il y a d'inconséquent et de révoltant dans la peine de mort, c'est qu'à un moment donné — celui de l'exécution — le criminel devient nécessairement la victime. De la plate-forme de son échafaud, le mystérieux Campi aurait eu le droit de jeter ce dernier anathème à ses juges, à ses bourreaux et même au prêtre qui cherchait à l'effrayer avec le jugement de Dieu, comme si celui de la cour d'assises n'avait pas été suffisant :

— Je suis un assassin, c'est vrai, puisque j'ai tué, mais vous êtes des assassins comme moi, puisque vous me tuez à votre tour. En outre, vous êtes des lâches, attendu que vous vous mettez trois cents contre un seul homme, dont vous jugez encore à propos de ligotter les bras et les jambes avant de l'égorger. Moi, du moins, j'étais seul contre ceux que j'ai frappés et, avant de me jeter sur eux, je n'avais pas pris la précaution de leur attacher les mains derrière le dos.

Si on lisait dans un journal quelconque que vingt-cinq malfaiteurs se sont réunis pour établir, dans un appartement loué par eux, un instrument composé de deux portants surmontés d'un couperet glissant dans deux rainures; que ces misérables, après avoir attiré les passants dans leur repaire, les saisissaient par le milieu du corps, les bouclaient sur une planche toute préparée et, faisant tomber rapidement le couteau, leur abattaient la tête qui roulait dans un panier plein de son;

Si, de plus, par un incroyable raffinement de férocité, ces monstres, avant de saigner leurs victimes, les obligeaient à se confesser à un ecclésiastique spécialement chargé de leur démontrer que les couper en deux comme un morceau de gîte à la noix constitue un sacrifice humain particulièrement agréable à Jésus-Christ;

Vous vous diriez en poussant des cris d'horreur :

— Est-il possible que de pareils bandits promènent leur scélératesse sous le soleil qui nous éclaire!

Eh bien! ce que les escarpes les plus éhontés n'oseraient pas faire, la société le fait, et la majorité des Français trouve que cette conduite n'a rien que de très humain! Il est cependant évident que le parti des guillotineurs va absolument contre son but, qui est probablement de montrer les conséquences d'un meurtre et de faire haïr le meurtrier. Lorsqu'on voit cet homme, qu'on mène à l'abattoir, conduit comme le bœuf gras par des sacrificateurs tant en veston qu'en soutane, il devient, ne fût-ce qu'un quart d'heure, intéressant au même degré que le taureau amené dans l'arène sous les piques, les banderilles et finalement l'épée de toute une escouade de picadores. Avec cette différence pourtant que le taureau peut se défendre dans une certaine mesure et qu'avant d'expirer, il a au moins la consolation d'éventrer deux ou trois chevaux et, quelquefois, deux ou trois hommes.

On a beau invoquer le salut commun : le spectacle d'un individu mis hors d'état de résister à une foule acharnée contre lui est à la fois répugnant et immoral, et, s'il effraie quelques-uns, il est certain qu'il indigne le plus grand nombre.

Il suffirait, pour le démontrer, de rappeler que tous les légistes ont présenté les exécutions capitales comme un exemple pour le peuple, et qu'elles ont cessé d'être publiques, tant on a reconnu qu'elles étaient peu exemplaires. L'échafaud de Cinq-Mars était élevé de deux étages; celui de Campi était au ras du sol.

Si la section du cou d'un criminel est un acte conservateur et réparateur, à quoi bon se cacher pour le commettre? Et s'il est simplement ignoble, comme on semble aujourd'hui en convenir, pourquoi le commet-on?

On ne peut forcer la société à être généreuse, intelligente et brave; mais on a le droit de lui demander d'être logique.

Une question palpitante et sur laquelle on bataillait depuis des années, celle du divorce, reçut à cette époque sa solution. Alfred Naquet l'avait poursuivie avec une persévérance qu'aucun obstacle n'avait arrêtée, et accomplit ainsi l'unique réforme que la République, proclamée en 1870, ait eu jusqu'ici le droit de revendiquer. Mais, jusqu'à la dernière minute, le parti catholique se démena furieusement contre cet échec au mariage qu'il proclamait indissoluble, comme étant un sacrement.

Car l'Église, ayant transformé en sacrements presque tous les actes de la vie, s'en attribue ainsi la direction exclusive. La majorité sénatoriale, qui, alors qu'elle se proclame libre-penseuse, est cléricale tout de même, délibéra des semaines avant d'adopter le projet voté par la Chambre.

On chercha si scrupuleusement la petite bête dans la loi Naquet que l'élément comique ne tarda pas à se mêler aux débats.

Dans un accès d'enthousiasme égalitaire, les calvities du Sénat avaient décidé qu'au point de vue de la séparation définitive des deux conjoints, l'adultère du mari aurait les mêmes effets que celui de la femme, c'est-à-dire que, pour être traîné devant les juges, un homme n'avait plus besoin d'entretenir une concubine dans le domicile conjugal, et qu'il lui suffisait d'être pincé dans une voiture aux stores baissés, en compagnie d'une jeunesse quelque peu décoiffée, pour que la justice fût saisie de l'affaire.

Le société française et même étrangère est basée sur un si prodigieux amoncellement d'inepties qu'une de plus ou une de moins ne pouvait guère modifier la construction de cette pyramide. Cependant, même au point de vue où se placent les imbéciles qui ont imposé à tout un siècle leur religion et leur morale, l'assimilation absolue de l'adultère masculin et de l'adultère féminin constituait une absurdité dont la démonstration saute aux yeux.

Il est évident que ce qui donne à l'inconduite de la femme une importance particulière, c'est l'introduction, dans le ménage, d'enfants qui n'y arriveraient pas si le mari seul avait eu voix au chapitre. Le dévergondage de l'époux, allant chercher dans des maisons difficiles à décrire des satisfactions plus pimentées que celles dont on l'abreuve au domicile conjugal, a peut-être des inconvénients, mais à coup sûr beaucoup moindres que ceux auxquels les dérèglements de l'épouse exposent la famille et aussi la propriété.

En outre, bien que les femmes aient à la jalousie le même penchant que les hommes, le flagrant délit est infiniment plus difficile à constater chez ces derniers. Nombre d'entre eux sont par profession obligés à un contact presque continuel, quoique parfaitement innocent, avec des êtres d'un sexe différent du leur. Tous les jours le peintre le plus légitimement marié s'enferme des heures entières avec des demoiselles qui lui servent de modèles et avec lesquelles, en l'absence de tout vêtement, rien ne l'empêche de commettre quotidiennement un ou plusieurs adultères.

Un tailleur pour dames, un costumier de théâtre, un médecin se trouvent constamment en tête-à-tête avec des nudités ou quasi-nudités qui ne regardent, en quoi que ce soit, le commissaire de police. En revanche, si votre femme met le verrou à la chambre où elle est en conversation avec un monsieur, votre affaire est claire et votre malheur indéniable.

Le nécessité de constater l'entretien de la concubine au foyer conjugal était une garantie contre les égarements de certaines tigresses qui deviennent plus ombrageuses à mesure qu'elles vieillissent. Du moment où une simple causette dans un endroit quelque peu écarté eût suffi pour établir le délit, j'eusse plaint sincèrement les magistrats.

Ce qu'ils auraient eu de besogne !

En outre, beaucoup de maris, fussent-ils sûrs de leur fait, ne tiennent pas à l'ébruiter, Molière ayant pris un malin plaisir à ridiculiser les infortunes de cette nature.

Les femmes trompées étant au contraire considérées comme des victimes n'eussent éprouvé aucun embarras à étaler, aux yeux d'un public apitoyé, leurs misères matrimoniales. Sans compter que toutes celles qui ne cherchaient qu'un prétexte pour bénéficier du rétablissement du divorce auraient vu une connivence adultérine dans la moindre parole un peu bienveillante que leurs maris eussent adressée à leurs bonnes.

Cet amendement, qui eût encore aggravé les enfers conjugaux, fut rejeté, mais le consentement mutuel, adopté au Palais-Bourbon et qui aurait si utilement simplifié la procédure, fut repoussé au Luxembourg.

L'annonce du vote définitif du divorce n'en fut pas moins accueillie par des milliers de ménages comme une délivrance ; au point que Naquet, à qui on devait cette victoire, fut inondé de lettres de remerciements où des Andromèdes attachées depuis des années au rocher matrimonial le qualifiaient de sauveur du monde, — *salvator mundi*. — Les signataires de ces adresses enthousiastes, dont il m'a montré un certain nombre, y jetaient des cris de négresses affranchies, comme s'il venait d'abolir l'esclavage.

Il me mit notamment sous les yeux une très belle photographie d'Adelina Patti, devenue, grâce à lui, Mme Nicolini, et portant cette dédicace :

« A notre libérateur. »

Mais toutes les préoccupations politiques et sociales s'effacèrent subitement devant l'émoi produit par les dépêches du Tonkin relatant le désastre de Langson. J'en eus la première nouvelle par Edmond Veil-Picard que j'avais fortuitement rencontré au Bois de Boulogne et qui, je crois, avait appris par Rothschild l'événement que Jules Ferry essaya d'abord de cacher. Mais la dégringolade de la Bourse en avait dit suffisamment long et il devint impossible de nier la défaite.

On l'atténua même si peu qu'on l'exagéra. Ferry, dont la confiance en lui-même semblait ne pas connaître de bornes, perdit cette fois totalement la tête et rendit ses armes avant même qu'on lui eût demandé de les rendre. Les hommes ont souvent beaucoup de peine à modifier les événements, mais il est extraordinaire à quel point les événements arrivent à changer les hommes.

Quelques semaines auparavant, Clovis Hugues, ayant qualifié d' « insolent » le président du conseil, avait été rappelé à l'ordre par le président de la Chambre, puis frappé de cette peine afflictive, quoique non infamante, intitulée : la censure, enfin expulsé du Palais-Bourbon et privé de son traitement pendant quinze jours.

Quand je pris place à la Chambre dans la tribune des anciens députés, ce n'était plus « insolent » que j'entendis appeler Jules Ferry, c'était « traître, assassin, menteur, faussaire ! » Et le président Brisson ne requérait aucune peine disciplinaire contre les distributeurs de ces aménités.

Et Ferry lui-même, éperdu et verdâtre, ayant laissé au vestiaire toute son outrecuidance, recevait, avec la résignation d'un Christ déjà couronné d'épines, les anathèmes qui l'assaillaient sous les formes les plus diverses.

— Laissez parler l'accusé! disait Paul de Cassagnac aux interrupteurs.

— Si je suis ici... répétait Ferry à la tribune.

— Si vous êtes ici, c'est que vous n'êtes pas encore à Mazas, lui cria un député.

Et le ministre écrasé se contentait d'adresser à ses insulteurs des regards à attendrir des blocs de glace.

Une proposition de mise en accusation du ministère fut immédiatement déposée, mais la Chambre tenait à être éclairée complètement sur l'étendue de nos malheurs, et l'urgence réclamée fut repoussée. Mais le lâchage du cabinet n'en devint pas moins général. Toutefois, malgré les conseils de M. Ribot et de M. Develle, Ferry s'était refusé à donner sa démission et, tout en larmoyant, avait demandé la parole pour le dépôt d'une modeste proposition : un crédit de deux cent millions destinés à réparer nos pertes.

La présentation de cette nouvelle et effroyable carte à payer fut reçue par des huées auxquelles une foule énorme, massée sur le quai et tenue au courant des moindres incidents de la séance, répondait par des cris furieux qui pénétraient jusque dans la salle.

Le public des galeries se mêle à la discussion ou plutôt à l'exécution, et c'est sous une véritable avalanche d'imprécations que Jules Ferry, abattu et chancelant, descend de la tribune où il ne devait plus remonter comme ministre.

Clémenceau, dans un discours terrible, lui donna

en effet le coup de grâce. Ce réquisitoire commençait par cette constatation écrasante :

— Je ne viens pas répondre à M. le président du conseil. J'estime qu'à l'heure actuelle aucun débat ne peut s'établir entre le cabinet qui est sur ces bancs et un député républicain.

Et il continuait :

— Nous ne vous connaissons plus. Nous ne voulons plus vous connaître. Ce ne sont plus des ministres que j'ai devant moi : ce sont des accusés.

Le tonnerre d'applaudissements qui accueillit ces virulences révéla au cabinet qu'il était définitivement condamné. Ferry et Raynal affectèrent alors de prendre gaiement leur sort et, devant les apostrophes de Clémenceau, se mirent à ricaner. Ce rire cynique porta au maximum l'indignation de la Chambre et M. Ribot lui-même, dont le modérantisme était notoire, monta à la tribune pour leur signifier leur congé.

— Vous devez vous retirer, dit-il avec véhémence. Vous le devez à la Chambre que vous avez entraînée à votre suite, sans lui dire où vous la conduisiez. Vous le devez à la République à laquelle vous venez d'infliger la première de ses humiliations. Vous le devez enfin à la France qui est prête à faire tous les sacrifices, mais à qui, après le langage que vous avez tenu, vous ne pouvez les demander avec autorité..

J'ai cité cette apostrophe, parce que, faute d'arguments pour défendre leur patron, les ferrystes ont plus tard accusé les républicains socialistes et moi notamment d'avoir machiné la chute et ruiné la carrière politique de Jules Ferry. On peut constater par le récit écourté de cette séance décisive qu'il a été renversé par toutes les fractions parlementaires et que le seul concours que nous ayons apporté à ce dénouement a consisté dans les prédictions que nous n'avions cessé d'émettre au sujet des résultats probables de l'aventure tonkinoise.

Il avait, à ce moment, réuni tout le monde contre lui et les plus indulgents n'admettaient pas qu'ils eussent le droit de lui pardonner ce qu'ils appelaient ses fautes, que d'autres qualifiaient plus énergiquement. Et comme, ce jour-là, il descendait du pouvoir pour n'y plus remonter, il est impossible de prétendre qu'il ait jamais réparé les dommages dont nous avons payé si cher la note.

A quoi ses anciens partisans ont-ils reconnu plus tard qu'il méritait le titre « d'éminent homme d'Etat » qu'ils lui décernent volontiers aujourd'hui? C'était à ce moment qu'il eût été utile, pour lui-même et pour sa mémoire, de nous révéler ses mérites. Mais puisqu'il n'a jamais depuis lors repris le timon de l'Etat et qu'il était tombé sous la malédiction générale, comment a-t-il eu l'occasion de démontrer à ces enthousiasmes posthumes qu'il était homme d'Etat et homme d'Etat éminent?

Après le rejet de la demande du modeste crédit de deux cent millions, Ferry comprit enfin que la partie était perdue, et je le vis prendre la tête du convoi ministériel, suivi par ses collègues qui lui emboîtaient le pas au milieu d'un vacarme étourdissant.

Je quittai la Chambre à ce moment et me trouvai bientôt sur le quai, entouré d'une foule dont les clameurs n'avait plus rien d'humain. La catastrophe de Langson était importante, mais le peu de précision des dépêches en grossissait encore la gravité, et la population, s'imaginant que, selon son habitude, le gouvernement n'avouait qu'une partie de la vérité, s'agitait dans les suppositions les plus terrifiantes.

— Que se passe-t-il, citoyen Rochefort? me criait-on de tous les points cardinaux.

— Ça y est! dis-je. Ferry est à bas!

Un hourra et des battements de mains formidables accueillirent cette communication, et je me rappelle un homme très correctement mis disant à côté de moi :

— J'ai un fils au Tonkin. S'il a été tué dans la déroute, je vous jure que je brûle la cervelle à Ferry!

C'est à ce diapason que la colère publique était montée. Les cris : « A bas Ferry! A mort! à l'eau, le traître! » s'entre-croisaient frénétiquement.

Si Jules Ferry avait eu l'audace de tenter de traverser le quai ou seulement d'apparaître à la grille de la cour du Palais-Bourbon, aucune puissance ni aucune éloquence humaine ne l'eussent sauvé d'un écharpement vengeur.

Je crois même lui avoir inconsciemment rendu, en annonçant sa culbute aux manifestants, un très réel service. Au moment où je me présentai à eux, la grille extérieure était déjà secouée d'importance, et il est possible que, s'ils n'avaient pas connu le vote au moment même où il venait d'être proclamé, la Chambre eût été envahie comme au 4 Septembre. Ferry y eût alors sans aucun doute passé son plus vilain quart d'heure.

Un immense cri de soulagement sortit de toutes les poitrines aux premiers mots que je lançai à la foule, et l'exaspération se fondit en applaudissements presque joyeux.

Dans ces moments d'éclipse politique, c'est toujours une étude amusante que celle des fonctionnaires se demandant vers quel astre ils vont être appelés à se tourner. Les sergents de ville ne savaient plus quelle contenance tenir vis-à-vis de cette multitude débordante. Trois ou quatre prirent cependant une résolution subite et se mirent à crier avec tout le monde :

— A bas Ferry !

Peut-être s'en trouvait-il parmi eux qui, quelques mois auparavant, sur l'ordre du même Ferry, avaient arrêté Louise Michel.

Par une coïncidence on ne peut plus fâcheuse pour le renversé de l'après-midi, on jouait le soir, au théâtre du Château-d'Eau, une pièce militaire dont le titre était : *les Français au Tonkin*. Elle se terminait nécessairement, comme tout bon drame patriotique, par notre victoire et l'écrasement des Chinois.

A ce moment, les écrasés c'étaient nous, et chaque engagement entre le drapeau tricolore et les Pavillons-Jaunes était émaillé des cris de : « Vive la France ! » et « A bas Ferry ! » La représentation fut une sorte de répétition des scènes de la Chambre des députés.

Des légendes plus ou moins abracadabrantes se formèrent sur la façon dont Ferry épouvanté était rentré au ministère des Affaires étrangères pour y faire ses malles ; on parla d'une échelle au haut de laquelle il se serait réfugié, et d'où il aurait pénétré chez lui par la fenêtre. Cette échelle lui fut souvent reprochée. Etait-elle authentique ? Je n'oserais guère l'affirmer que sous bénéfice d'inventaire.

Mais la débâcle politique de Ferry passa bientôt, pour moi, au second plan. J'étais, depuis quelques mois, très inquiet du sort d'Olivier Pain, parti en qualité de correspondant du *Figaro* pour le camp du mahdi, alors en pleine guerre, au Soudan, avec les Anglais.

A la suite de la défaite d'Arabi-Pacha, le patriote

égyptien adversaire des Anglais, j'avais été mis en rapport avec plusieurs officiers de son armée, réfugiés en France. L'un d'eux me présenta un autre proscrit célèbre dans tout l'Islam comme réformateur et révolutionnaire, le cheik Djemal-ed-Din, descendant de Mahomet, et considéré lui-même un peu comme prophète.

Djemal-ed-Din, dont le nom vient d'être remis en lumière à propos de l'assassinat du shah de Perse et qui, j'en ai la conviction, n'y a poussé en quoi que ce soit, si ce n'est par les idées d'affranchissement qu'il a répandues parmi les victimes du despotisme oriental, était alors, c'est-à-dire en 1884, un homme d'environ quarante ans, à la tête d'apôtre qui en brun me rappelait ce que Parnell était en blond.

Ses beaux yeux noirs pleins de douceur et de feu, sa barbe d'un fauve très foncé, qui ruisselait jusque sur sa poitrine, lui imprimaient une majesté singulière. Il représentait le type du dominateur des foules.

Il comprenait à peu près le français qu'il parlait à peine, mais son intelligence toujours en éveil suppléait assez facilement à son ignorance de notre langue. Sous son apparence reposée et sereine, son activité était dévorante; il avait, dès sa toute jeunesse, tenté d'enlever les Indes à la domination anglaise et passait même pour avoir combattu autrefois aux côtés de Nana-Sahib lors de la grande révolte des Cipayes.

Avec sa finesse asiatique, il me disait :

— L'Angleterre a cru faire un grand acte politique en imposant la langue anglaise aux Hindous, musulmans ou idolâtres. Elle a commis une faute énorme. Aujourd'hui, ils comprennent les journaux que publient leurs conquérants et se rendent parfaitement compte de l'état de sujétion auquel ceux-ci les ont réduits.

Et c'est par ballots qu'il envoyait lui-même, jusque dans les plus insignifiantes bourgades du pays qu'il avait longtemps habité, des brochures et des extraits de journaux qui y développaient l'esprit d'insurrection.

Nous nous étions tout de suite fort liés, car j'ai l'âme instinctivement révolutionnaire et tout émancipateur m'attire presque invinciblement. Ce fut à l'occasion des difficultés quasi insurmontables que ne pouvait manquer de rencontrer Olivier Pain pour rejoindre le mahdi que l'énorme puissance de Djemaled-Din sur ses coreligionnaires se manifesta à nos yeux.

Il fit plus que de prier le tout-puissant maître du Soudan, il lui ordonna d'équiper une caravane de faux marchands qui, par le désert, viendraient prendre Olivier Pain aux frontières de la Haute-Egypte et le lui amèneraient.

Les prescriptions de Djemal avaient été exécutées à la lettre. Olivier Pain s'était confié aux envoyés du mahdi et à dos de chameau avait gagné l'armée soudanaise, alors victorieuse et innombrable.

Mais, à partir du moment où mon compagnon d'évasion avait disparu dans les sables, je n'avais plus reçu aucune nouvelle de lui. Ses enfants dont il m'avait confié la garde et moi étions donc fort préoccupés de cette aventure et nous avions raison de l'être, car nous ne le revîmes plus et à cette heure encore un mystère étrange plane sur sa mort.

Djemal m'adressa au sujet de la question afghane une lettre que j'insérai dans l'*Intransigeant*, et où, en constatant la marche en avant des Russes sur Caboul, sa ville natale, il me disait :

A moins que la Russie ne se retire jusqu'à la mer Caspienne, laissant là les Turcomans et Boukhara, il ne peut y avoir de sécurité pour l'Angleterre aux Indes. Or, il est difficile pour les Russes d'opérer actuellement un tel mouvement de retraite.

L'Angleterre avec l'appui des Afghans, des Persans et des Turcs parviendrait plus à le leur imposer, mais il faudrait alors qu'elle abandonnât le Soudan et qu'elle laissât les musulmans arranger entre eux leurs affaires comme ils l'entendent.

Puis il ajoutait :

Vous me demandez aussi, mon cher ami, des nouvelles d'Olivier Pain, à qui j'ai donné jadis des lettres de recommandation pour mon ancien élève à l'université d'El-Azar, aujourd'hui le mahdi. Les journaux anglais ont commis une erreur en annonçant qu'il avait été vu descendant la rive gauche du Nil et que le général anglais avait offert cinquante livres à tout Arabe qui parviendrait à s'emparer de lui.

D'après les dernières nouvelles, Pain était au contraire sur le Nil bleu, dans la région occupée par le mahdi. Ce pays est actuellement dans la saison de la moisson et les soldats s'y consacrent.

Telle est la vérité sur les faits, et je suis heureux de l'occasion qui m'est offerte de pouvoir vous dire ce que je sais.

Salutations de votre ami

DJEMAL-ED-DIN-EL-AFGHAN.

A quelque temps de là, un Autrichien, M. Selikovitch, me demandait une entrevue et nous racontait qu'il revenait de la Haute-Egypte où il tenait d'un chef de bachi-bouzoucks le récit de l'exécution d'Olivier Pain, fusillé sur l'ordre du colonel Kirchener comme agent du mahdi.

Celui que les bachi-bouzoucks ont fusillé est-il Olivier Pain? Jamais nous n'avons été exactement fixés sur ce point. D'autres voyageurs prétendent que, parti déjà malade pour le Soudan, il n'a pu supporter la traversée du désert, et que, tombé en route, il ne s'est plus relevé.

Le fait est que nous ne le revîmes pas et que nous n'avons encore à cette heure aucune preuve évidente de la réalité de sa mort. Si bien qu'il y a peu de temps je fus saisi d'une vive émotion en voyant passer sur le boulevard quelqu'un qui lui ressemblait à tel point que je ne pus m'empêcher de me dire :

— Mais c'est Olivier Pain!

Et que, malgré moi, je m'attends toujours à le voir revenir du camp du mahdi, comme je l'ai déjà vu revenir des bords du Volga au moment où nous désespérions tous de sa vie.

CHAPITRE XXIX

Mort de Victor Hugo. — Les funérailles. — Les élections de 1885. — Mon entrée a la chambre. — Les crédits du Tonkin. — Paul Bert. — Les concessions Bavier-Chauffour. — Les beautés du Tonkin. — Rejet de l'amnistie. — Ma démission. — Cyvoct et l'évêque de Pamiers.

Tout à coup, presque sans avertissement préalable, le bruit d'une autre mort circula dans Paris : celle de Victor Hugo. Depuis quelques temps, l'admirable poète était tombé dans le plus inquiétant état de stupeur. Il n'ouvrait plus la bouche et semblait ne plus rien entendre de ce qui se disait autour de lui. C'était visiblement le commencement de la fin.

A la nouvelle de sa maladie, j'accourus au petit hôtel de l'avenue Victor-Hugo. Personne ne s'y faisait d'illusion. Les prêtres, avertis avant tout le monde, étaient déjà là, rôdant autour de la maison, leur saint-viatique caché sous la soutane.

Ils avaient eu Littré, grâce à des complicités féminines. Ils se remuaient activement, dans l'espérance d'avoir aussi Victor Hugo. C'eût été une proie incomparable à laquelle ils ne pouvaient se décider à renoncer. Ils avaient jugé que, pour la conquérir, ce n'était pas trop de faire donner les plus hautes sommités épiscopales. L'archevêque de Paris écrivit de sa pieuse main à Mme Edouard Lockroy la lettre suivante:

Paris, le 21 mai 1885.

Madame,

Je prends la plus vive part aux souffrances de M. Victor Hugo et aux alarmes de sa famille. J'ai prié au saint sacrifice de la messe pour l'illustre malade. S'il avait le désir de voir un ministre de notre sainte religion, quoique je sois moi-même encore faible et en convalescence d'une maladie qui ressemble beaucoup à la sienne, je me ferais un devoir bien doux d'aller lui porter les secours et les consolations dont on a si grand besoin dans ces cruelles épreuves.

Veuillez bien agréer, madame, l'hommage de mes sentiments les plus respectueux et les plus dévoués.

† J.-Hipp., cardinal GUIBERT,
Archevêque de Paris.

Edouard Lockroy répondit immédiatement :

Paris, le 21 mai 1885.

Monsieur l'archevêque de Paris,

Mme Lockroy, qui ne peut quitter le chevet de son beau-père, me prie de vous remercier des sentiments que vous voulez bien lui exprimer d'une manière si éloquente et si bienveillante à la fois.

Quant à M. Victor Hugo, il a déclaré ces jours-ci encore qu'il ne voulait être assisté pendant sa maladie par aucun prêtre d'aucun culte. Nous manquerions à tous nos devoirs si nous ne respections pas sa volonté.

Veuillez bien agréer, monsieur l'archevêque de Paris, l'expression de mes sentiments les plus respectueux.

EDOUARD LOCKROY,
Député de Paris.

Refuser les oraisons et les saintes huiles d'un archevêque, c'était déjà cruel, mais le qualifier de « monsieur » et non de « monseigneur », c'était lui faire la même injure que quand on appelle une sœur : « mademoiselle ».

Et Mme Lockroy se contenta de s'adresser aux lumières des docteurs Germain Sée et Vulpian.

Mais l'archevêque avait dit sa véritable pensée dans le *post-scriptum* de sa missive en faisant savoir à la famille de Victor Hugo que si l'auteur de l'*Année terrible*, celui-là même qui, après la Commune, avait offert un asile aux proscrits, prenait le parti d'appeler un confesseur, il tenait lui, Guibert, à ne laisser à aucun autre le soin de porter le viatique au grand homme sur le chevet duquel la France tout entière était penchée.

En se remémorant les injures sous lesquelles Louis Veuillot et ses amis essayèrent d'écraser le proscrit de 1851, on eût été en droit de s'étonner de cette sollicitude subite pour l'âme d'un irréligieux auquel ils préparaient, en enfer, une place toute spéciale. Mais le clergé pensait avant tout à sa petite personne. Toute la catholicité comprenait le danger que lui faisait courir le refus, dès longtemps signifié par Victor Hugo, de passer par l'Eglise.

C'était pour cette sainte mère un coup réellement terrible, et elle fit pour l'éviter les plus humiliants sacrifices. Ah! l'homme qui fût parvenu à amener M. Guibert auprès du lit du poète aurait reçu un rude pot-de-vin, et l'épiscopat qui le lui eût offert y aurait encore gagné, car enterrer civilement un Victor Hugo n'était-ce pas enlever par centaines de mille des cercueils aux goupillons qui les attendaient?

Le mouvement libre-penseur avait commencé à se développer en France avec les obsèques non religieuses de Félicien David, qui firent scandale et donnèrent lieu à des manifestations cléricales retentissantes. Le compositeur du *Désert* n'avait pas été enseveli : il avait été enfoui ; et le mot enfouissement devint à la mode. Le préfet Hérold, au moment de mourir, n'en exigea pas moins que son corps fût conduit tout droit au cimetière. Cet exemple d'affranchissement avait encore plus de gravité que l'autre, car Félicien David n'était que membre de l'Institut, tandis qu'Hérold était fonctionnaire. Gambetta compléta la série, mais il eût été téméraire d'espérer une rentrée dans le giron ultramontain de la part d'un ancien chef de cabinet qui se trouvait enchaîné par la fameuse phrase :

« Le cléricalisme, voilà l'ennemi! »

La résolution publiquement annoncée par Victor Hugo de passer devant sa paroisse sans s'y arrêter avait jeté dans les rangs de l'armée dévote un trouble profond. Elle comptait toujours que ce fils de Vendéenne reviendrait tôt ou tard aux croyances de son enfance et elle ne put songer sans effroi aux innombrables imitateurs qu'aurait, par la suite, l'incomparable écrivain qui remplissait le monde de son nom et tous les cerveaux de son génie.

En effet, si Victor Hugo était entré à Notre-Dame, c'eût été pour le clergé ce que pour Louis XVI eût été la reprise de la Bastille. On n'aurait pu chiffrer les âmes sur lesquelles les curés eussent instantanément remis la main.

Mais il n'y entra pas et le commerce religieux s'en ressentit douloureusement, pour l'influence d'abord et ensuite pour la caisse des commerçants.

On sait quelle fut la splendeur de ces obsèques où, comme parrain de Georges, je pris place au milieu de la famille, Georges conduisant le deuil et marchant en avant. Mais rien ne me parut plus majestueusement émouvant et grandiose que l'exposition de cet étroit cercueil sous l'immense voûte de l'arc de Triomphe.

Nous arrivâmes tous exténués au Panthéon, après trois interminables heures d'une sorte de piétinement sur place, au milieu d'un océan de peuple. Au moment où le cortège passait sous les fenêtres de je ne sais plus quel cercle, n'ayant jamais mis les pieds dans aucun, les cléricaux qui faisaient partie de ce club réactionnaire, comme ils le sont tous, parurent sur le balcon le chapeau sur la tête, en manière de protestation contre cet enterrement irréligieux.

Vous figurez-vous le grand Hugo consentant à passer par l'église tout exprès pour faire plaisir à ces joueurs de baccara?

Ce que j'ai également retenu, c'est ce bout de dialogue qu'il me fut donné d'entendre pendant un des nombreux arrêts du corbillard et qui s'échangeait entre deux vieux officiers en bourgeois et portant tous deux la rosette de la Légion d'honneur :

— Combien croyez-vous qu'il faudrait de régiments pour enlever tout ce monde-là?

— Ah! un seul suffirait!

Et un gros rire accompagna cette réponse non moins spirituelle que la demande.

Voilà toutes les réflexions qu'avait inspirées, à ces représentants de cet état d'abrutissement qu'on appelle « l'esprit militaire », l'hommage rendu par la capitale entière au plus grand de nos poètes.

Et si ce n'était pas la faute de la cléricaille, ce n'était pas non plus celle de l'opportunisme si l'enterrement d'Hugo avait revêtu cette splendeur et cette solennité. La Chambre, probablement pour complaire à MM. de Mun et de Baudry d'Asson, avait repoussé une proposition ainsi conçue :

« Le Panthéon est rendu à sa destination première et légale. Le corps de Victor Hugo y sera transporté. »

Alors un avocaton de province qui, nommé député par une des nombreuses aberrations du suffrage universel, s'était par l'intrigue faufilé dans un ministère, le nommé Devès, compromis plus tard dans les plus louches affaires de finance, avait osé crier de son banc :

— Pas de surenchère !

Comme s'il s'imaginait que les admirateurs de Victor Hugo songeaient à trafiquer de son corps avec le cynisme que ce Devès mit à trafiquer de ses votes !

L'opportuniste Allain-Targé, alors ministre de l'intérieur, n'hésita pas, en revanche, à surenchérir dans la honte en suppliant la majorité de ne pas ordonner la discussion immédiate, comme si un cadavre avait le temps d'attendre la nomination et le rapport d'une commission parlementaire !

Aussi, devant l'indignation qui commençait à monter, le père Grévy se hâta-t-il de signer un décret rendant le Panthéon à sa destination primitive et décidant que Victor Hugo y serait transporté. La présidence s'était ainsi montrée plus libérale que la Chambre, ce qui, d'ailleurs, n'était pas beaucoup dire.

Mais un très grave incident n'en faillit pas moins se produire. Le hasard, qui a parfois des ironies spéciales, avait voulu que le directeur de l'Académie française, chargé comme tel de prononcer les oraisons funèbres des académiciens frappés pendant l'année 1885, fût le dénonciateur Maxime du Camp, que nous appelions du Camp (de Satory) et dont l'attitude, pendant et après la Semaine sanglante, avait écœuré les plus modérés.

Ce clérical bonapartiste, familier de la princesse Mathilde, était parvenu à se faire adjuger par le « parti des ducs » un fauteuil sous la coupole de l'Institut, et c'était ce sanglant semainier qui avait à faire publiquement l'éloge du poète, qui, dans l'*Année terrible*, avait, en vers admirables, protesté contre les horreurs de la Semaine sanglante.

Par un accès de fanfaronnade qui heureusement tomba vite, l'auteur des *Convulsions de Paris* avait annoncé qu'il acceptait cette tâche et que, quoi qu'il dût en arriver, il accompagnerait à pied et tête nue le cercueil sur lequel il prononcerait le discours réglementaire.

Le commensal de Compiègne, l'ami des proscripteurs de l'Empire, le pourvoyeur du poteau d'exécution marchant au milieu des revenants de la Commune, alignés derrière le char mortuaire, pour prendre ensuite la parole sur le corps de l'ancien proscrit du coup d'Etat, c'était là plus qu'il ne nous était possible d'en tolérer. Alors, pourquoi le préfet Pastoureau ne serait-il pas allé en personne porter des fleurs sur la tombe de Martin Bidauré, qu'il avait fait fusiller deux fois?

Tandis que Victor Hugo ouvrait, à Bruxelles, sa porte aux réfugiés, l'académicien du Camp s'efforçait de leur faire ouvrir les prisons et de les faire refermer sur eux. On se demandait par quels procédés oratoires ce représentant des quarante parviendrait à tracer le panégyrique d'un écrivain dont la vie avait été aussi complètement opposée à la sienne.

Chacun des actes de Victor Hugo étant la condamnation de ceux auxquels Maxime du Camp devait sa triste notoriété, celui-ci n'aurait pu risquer le moindre éloge de son illustre collègue sans paraître faire son *meâ culpâ* et se désigner lui-même aux huées et aux trognons de choux que, malgré le grandiose de la cérémonie, il n'eût certainement pas évités.

Victor Hugo ayant secouru de ses deniers les enfants dont Maxime du Camp et ses amis avaient fait des orphelins, il eût été par trop révoltant que le vivant qui avait commis les crimes félicitât le mort d'avoir tenté de les réparer.

Aussi, malgré les défis qu'il avait outrageusement portés à l'opinion, l'orateur de la troupe académique fit-il annoncer au dernier moment qu'il se sentait indisposé au point de se voir hors d'état de suivre le convoi de Victor Hugo, et il céda son tour de parole à Emile Augier.

Notre illustre ami le député italien Cavallotti, encore souffrant d'un grave coup de sabre qu'il avait reçu quelques jours auparavant dans un duel où, pour la douzième fois, il soutenait les armes à la main ses convictions démocratiques, m'adressa cette magnifique lettre, bien faite pour consoler des discours possibles des proscripteurs genre Maxime du Camp :

Milan, 24 mai 1885.

Cher citoyen Henri Rochefort,

Cloué au lit depuis près de deux mois par une blessure, j'en ressens la douleur bien vivement aujourd'hui, puisqu'elle m'empêche d'accourir aux funérailles de Victor Hugo.

A la France dont j'embrassais il y a trois ans, à Rome, les nobles fils fraternisant avec la douleur italienne, le jour où l'*Idée humaine* fut frappée dans son héros, j'aurais voulu pouvoir apporter au delà des Alpes la voix émue de ma patrie; j'aurais voulu déposer sa couronne de fleurs sur le cercueil du grand poète humain.

Car ils étaient bien à eux deux l'humanité entière, combattante et aimante, son épée et sa parole, hymne et éclair. Nul siècle n'avait vu une synthèse aussi prodigieuse.

Et à vous, que je vis à Milan, près du vieux général,

appelé par un de nos tristes souvenirs, j'aurais voulu dire qu'il semble à nos cœurs italiens écouter encore ce dialogue sublime entre deux écueils — Caprera-Guernesey — qui, aux jours de nos malheurs, passait dans l'air comme une voix de l'espérance; j'aurais voulu vous dire que nos cœurs ne l'ont pas oubliée, ne l'oublieront jamais, cette voix suave comme une prière de femme, retentissante comme la trompette d'un archange, que la brise de la mer apportait de Guernesey à Caprera, couvrant le râle de nos mourants et le bruit des chaînes et des pleurs, annonçant dans les cieux les aubes libératrices, les châtiments des rois et la justice des peuples.

Aujourd'hui qu'elle se tait, cette grande voix du poète consolateur, le vent apporte à son cercueil le souvenir reconnaissant de tous ceux qu'il a consolés.

Demain, sous l'Arc de Triomphe, la gloire de l'apothéose et l'hommage de tous les peuples au génie qui fut l'orgueil de la France et de son siècle. Aujourd'hui, au lit de mort, agenouillée dans le deuil domestique, l'Italie embrasse la France, sa sœur; et les deux orphelines pleurent ensemble.

Veuillez me regarder comme présent aux funérailles, avec toute mon âme.

Felice Cavallotti.

Paris s'emplit des portraits du maître dont le sculpteur Dalou avait reproduit en quelques instants le puissant masque, immédiatement après la mort. Il achevait sa rapide ébauche comme j'entrais dans la chambre où Victor Hugo venait d'expirer.

Beaucoup de journaux, notamment l'*Intransigeant*, parurent encadrés de noir, et Clovis Hugues nous adressa une saisissante poésie où il comparait la gloire du grand tueur qu'avait été Napoléon avec celle du consolateur qu'avait été Hugo.

Le morceau se terminait par ces strophes :

. . . .
Or, voici qu'à présent, vous dormez tous deux, sire !
Mais il fut doux et juste, et lui seul a vécu ;
C'est lui seul qu'on bénit, c'est lui seul qu'on admire !
Le poëte du Glaive au soldat de la Lyre
    A murmuré : « Tu m'as vaincu ! »

Puis, dressant gravement sa tête impériale
Au-dessus de Paris formidable et béant,
César a dit : « Prenez mon arche triomphale !
Emplissez-la de gloire au-dessus du front pâle
    De ce mort qui fut un géant ! »

Alors, devant la nue éclatante et sereine,
Sous l'immense granit noyé d'ombre et de jour,
On a vu se lever, vision surhumaine,
Napoléon Premier, le génie et la haine !
    Hugo, le génie et l'amour !

Et maintenant, en marche, ô France ! Plus de crainte !
Codes, transformez-vous ! Disparais, échafaud !
Emporte, ô vent des cieux, l'universelle plainte !
Bonaparte est moins grand, la patrie est plus sainte,
    Et l'Arc de Triomphe est plus haut !

Les élections générales ayant été fixées au mois d'octobre 1885, il fallut s'entendre sur une liste commune pour Paris et sa banlieue, car, à peine le danger gambettiste passé, le scrutin d'arrondissement avait été aboli. Clémenceau forma un comité radical-socialiste, moins socialiste que radical, avec les principales notoriétés de la presse politique. Chacun de nous proposait ses candidats, sur les noms desquels on votait ensuite et qui étaient acceptés ou rejetés.

J'avais présenté Basly, le mineur d'Anzin, et Clémenceau Camélinat, comme candidats de la classe ouvrière. Tous deux avaient été admis ; mais je tenais par-dessus tout à faire inscrire sur cette liste Vaillant et Eudes, anciens membres de la Commune, qui eussent été à la Chambre les porte-parole du parti blanquiste.

J'avais considéré l'union des journalistes républicains de toute nuance comme une espèce de pique-nique où chacun de nous devait apporter son plat, c'est-à-dire ses candidatures. Nous partions ainsi de ce qu'on aurait pu appeler la droite de l'extrême-gauche pour aller jusqu'aux révolutionnaires purs. Le suffrage universel aurait bien vite compris d'où venaient les noms sur lesquels il allait avoir à se prononcer.

Il y avait entre tous les représentants de la presse une sorte de contrat en vertu duquel les uns s'engageaient à accepter ce candidat-ci, pourvu que les autres acceptassent ce candidat-là.

Mon plat à moi, je l'avais composé des noms de Vaillant et Emile Eudes, et, moyennant leur adoption, je souscrivais même à celui du radical modéré Floquet, mis en avant par plusieurs membres de la coalition.

Or, quand j'eus mon assiette pleine des mets variés que m'avaient servis mes collègues, ceux-ci refusèrent les miens, sous prétexte qu'ils étaient par trop pimentés et que leurs estomacs trop délicats ne les digéreraient pas. Je me décidai donc à quitter la table.

Il est vrai que, si Eudes et Vaillant avaient voulu souscrire aux conditions qu'on leur posait et qui consistaient dans un *meâ culpâ* pour leur passé et une promesse de sagesse pour l'avenir, on leur eût peut-être fait une place — sur un strapontin.

Quand je leur portai cet ultimatum, ils me demandèrent pourquoi la déclaration qu'on exigeait d'eux, républicains considérés comme trop avancés, on ne la demandait pas dans le sens contraire à des candidats suspects de tiédeur.

En vain je bataillai pour arriver à faire inscrire sans condition aucune sur la liste commune mes deux coreligionnaires politiques, à l'admission desquels je bornais mes prétentions. La rupture se fit sur ce point et je remportai mes candidats.

L'*Intransigeant*, qu'aucun traité ne liait plus envers ses confrères en journalisme, profita de cette scission pour opérer, sur sa liste à lui, des radiations qui la différencièrent assez sensiblement de celle qu'avait dressée le comité dont j'avais cessé de faire partie.

Mais il résulta de ce manque d'entente une certaine hésitation parmi les électeurs, dont les uns prirent parti pour la liste de Clémenceau et les autres pour la mienne, si bien qu'il sortit du scrutin dans un assez mauvais rang et que je fus, quant à moi, nommé le dernier, tandis que ni Eudes, ni Granger, ni Vaillant ne passaient.

Peut-être aussi y eut-il, à mon égard, de la part du corps électoral, un souvenir de mon peu de goût pour l'électorat. A la fin de l'Empire, je m'étais, au bout de deux mois de mandat législatif, fait emprisonner à Sainte-Pélagie.

Membre du gouvernement de la Défense nationale, j'avais tiré ma révérence à Trochu et à Jules Favre au bout de sept semaines de pouvoir, après avoir constaté qu'ils se jouaient impudemment de la confiance et de la crédulité publiques.

Enfin, nommé député de Paris, après la proclamation de la République, j'avais secoué la poussière de mes bottines sur le seuil de l'Assemblée de malheur plutôt que de participer à la monstrueuse paix de Bordeaux.

Ces états de services parlementaires n'étaient pas de nature à beaucoup rallier autour de moi les électeurs qui s'attendaient, et avaient raison de s'attendre, à ce que je leur fisse quelque jour faux-bond.

Le coup le plus désastreux des élections de 1885 fut l'entrée de plus de cent cinquante monarchistes à la Chambre. Nous devions incontestablement à l'expédition tonkinoise cette recrudescence de succès réactionnaires. Les paysans, effrayés des énormes sacrifices que leur coûtait déjà en hommes et en argent la politique coloniale, avaient accusé la République de leur misère, et, en désespoir de cause, s'étaient jetés dans les bras du parti clérical.

Cependant, comme la majorité, radicaux et opportunistes compris, était encore à peu près républicaine, ce fut à M. Brisson qu'échut la présidence du conseil. Aussi, du jour au lendemain, son radicalisme fondit-il comme du beurre à la poêle. Il s'opposa à l'amnistie, à la séparation de l'Eglise et de l'État, à l'évacuation du Tonkin. Il s'opposa à tout.

Probablement obéissait-il à la nécessité de ménager tous les groupes parlementaires, dans l'espoir de s'ouvrir un jour les portes de l'Elysée, car il semblait avoir alors, comme il l'a peut-être encore aujourd'hui, la monomanie présidentielle. Cette idée fixe, dans laquelle il s'absorbait depuis si longtemps, lui avait évidemment mis le cerveau dans un état spécial, et il paraissait convaincu que, s'il prenait un parti quelconque, il compromettrait à jamais sa problématique présidence.

Je compris tout de suite qu'un cabinet ministériel aussi foncièrement résolu à ne rien faire ne tarderait pas à rentrer dans le néant. Pour parler avec une entière franchise, je n'avais accepté d'entrer à la Chambre que dans le but de tâcher d'y faire voter l'amnistie dont je m'étais engagé à déposer immédiatement la proposition.

En effet, s'il n'y avait pas un seul monarchiste dans les maisons de détention, on y comptait de nombreux républicains. Les différentes affaires de Montceau-les-Mines en avaient fourni des stocks considérables. Berezowski, après dix-huit ans, subissait encore le bagne pour un coup de pistolet tiré sur un empereur, et qui n'avait blessé qu'un cheval. Nourrit, qu'un fait de guerre civile avait envoyé pour la vie aux travaux forcés en 1848, n'en était pas encore revenu en 1885.

C'est tout ce passé ténébreux qu'il était important de liquider. Il était temps d'en finir avec les catégories arbitraires qu'avaient déterminées, selon leur bon plaisir, les gouvernements chargés d'appliquer les lois d'amnistie. Le Code ne spécifiant pas qu'une peine est ou non politique, ils avaient beau jeu pour réserver tout ce qu'il leur convenait de qualifier droit commun.

Ainsi les juges avaient eu bien soin de stipuler que Louise Michel était condamnée à six ans de réclusion pour pillage et non pour excitation à la guerre civile. L'arrêt qui vouait Cyvoct à l'échafaud mentionnait que le coupable était condamné pour excitation au crime d'assassinat; mais il était resté muet sur ce fait pourtant capital que l'excitation avait eu lieu par la voie d'un journal que le malheureux Cyvoct s'était contenté de signer comme gérant, sans même probablement en avoir lu les articles.

Cette façon de tourmenter et même de falsifier les textes avait été inaugurée par les conseils de guerre de 1871, qui condamnaient leurs accusés, tantôt aux travaux forcés, réputés peine de droit commun, tantôt à la déportation, supposée peine politique, sans que rien ne marquât la différence entre les actes dont les uns et les autres étaient déclarés responsables. Il avait bien fallu, en 1880, lors de la première amnistie, reconnaître que les condamnés n'étaient pas plus coupables les uns que les autres, et aller chercher au bagne les forçats, en même temps que les déportés à l'île des Pins.

Il était encore une catégorie d'infortunés qu'on semblait avoir oubliés dans les geôles où un si grand nombre d'entre eux étaient morts qu'on présumait sans doute qu'il n'en restait plus. C'étaient les Arabes condamnés à la suite de l'insurrection de 1871, en Algérie, insurrection fomentée par ce qu'on appelle là-bas le parti Doineau, furieux de voir le gouvernement militaire, où il dominait, remplacé par le gouvernement civil, à la suite de la révolution du 4 Septembre.

On avait persuadé aux cheiks et aux caïds que les juifs affranchis et devenus électeurs par la protection de Crémieux allaient leur enlever leurs biens en argent, en bestiaux et en terres; et les Arabes, affolés, avaient pris les armes pour les défendre. Chose monstrueuse : beaucoup de ceux qui avaient poussé à la révolte afin de montrer l'impuissance du gouvernement civil, avaient été chargés de la réprimer. J'ai connu en prison le cheik Tahar-ben-Resguy, dont le père avait été aide de camp du duc d'Aumale en Afrique, et qui se demandait pourquoi il était traité avec cette férocité par la France qu'il avait toujours servie. Il était encore, à ce moment, dans les silos de la Nouvelle-Calédonie, attendant toujours sa délivrance et continuant à ne rien comprendre à sa condamnation.

Beaucoup d'autres, victimes comme lui de la politique des bureaux arabes, étaient depuis quinze ans soit déportés, soit internés en Corse où on leur refusait jusqu'au morceau de pain auquel ils avaient droit. Cette vendetta scandaleuse devait cesser, bien que nous ne sachions que trop pourquoi on les retenait impitoyablement loin de leur patrie. La plupart d'entre eux étaient riches : on leur avait illégalement confisqué, après leur condamnation, tout ce qu'ils possédaient. Et on les gardait en otages, de peur d'être obligé de leur rendre les biens sequestrés, le jour où ils rentreraient chez eux.

Mais avant de trouver le moment de déposer ma proposition d'amnistie, j'avais pendant assez longtemps encore à respirer des microbes de députés réactionnaires. Le ministère Brisson, ayant adhéré à l'expédition tonkinoise, demanda d'urgence à la Chambre soixante-dix-neuf millions pour la continuer.

La commission de trente-trois membres nommée pour discuter ces crédits fut, sauf cinq ou six, tout entière hostile à leur adoption. C'était la fin de l'aventure et le rapatriement de nos soldats. La Chambre, pour accentuer sa volonté d'en finir, m'avait élu commissaire, moi qui avais depuis un an tonné sans répit contre cette campagne ruineuse. Je fus nommé en concurrence avec Paul Bert qui s'était présenté contre moi, comptant sur sa situation d'ancien ministre de l'Instruction publique pour l'emporter sur un socialiste révolutionnaire aussi mal noté que je l'étais dans le parti modéré.

Personne, à la proclamation des noms des membres de la commission, ne douta que nous ne dussions revenir de là-bas dans le plus bref délai, et nous y sommes encore.

M. Casimir-Perier, également élu commissaire,

mais comme partisan de la politique coloniale et opposé à l'évacuation, m'apparut dès la première séance comme le type du réactionnaire. On devinait, sous cette enveloppe d'homme sûr de la prépondérance que donnent les millions, une âme de politicien inaccessible à des considérations autres que l'intérêt de sa caste. Les misères de nos troupes, le surmenage des contribuables, le creusement du gouffre du déficit, je sentis tout de suite que ces quantités négligeables ne pèseraient pas une once dans ses résolutions.

Paul Bert n'avait que difficilement digéré son échec auquel il était à cent lieues de s'attendre. Il avait, dans le deuxième bureau dont j'étais, apporté une grande carte probablement dressée de chic et qu'il étalait, en nous indiquant avec des allures de stratégiste par quel défilé il suffisait de passer pour surprendre l'ennemi.

Ce cours de haute tonkinerie était tellement ridicule que je ne pus m'empêcher de lui demander où il avait fait la guerre de montagnes pour la connaître à ce point. Il s'emporta presque et me répondit que ce n'était pas ainsi qu'on discutait avec un collègue.

Je lui fis observer qu'il s'était assez moqué de nous avec ses démonstrations géographiques et militaires pour que j'eusse le droit de lui rendre un peu la pareille. Et j'ajoutai même ces mots qui eurent peut-être une influence sur sa carrière :

— Puisque vous connaissez si bien ce pays, vous devriez vous y faire envoyer en qualité de gouverneur.

A quoi il riposta :

— Qui vous dit que je n'y songe pas ? »

Et, en effet, il obtint d'y aller deux ans plus tard. Il tint même à me faire savoir que mon conseil n'avait pas été étranger à sa résolution, et demanda à mon ami Hector Crémieux, qu'il connaissait de longue date, de nous réunir à sa table avant son départ pour l'Extrême-Orient.

Nous dînâmes ensemble. Il m'expliqua ses projets tant de conquête que de colonisation. Il s'embarqua la semaine suivante et je ne le revis plus.

La commission, avant de se prononcer, procéda à l'interrogatoire de M. Brisson, et de ses communications il résulta clairement pour moi que les grosses pépites promises allaient être remplacées par de gros impôts. Tous les fonctionnaires ayant visité ces parages inhospitaliers, consuls, militaires, marins, défilèrent devant nous, les uns conseillant le retrait, les autres le maintien des troupes.

Le général Brière de l'Isle, l'ex-commandant en chef remplacé après la retraite de Langson, essaya de nous prouver qu'avec six mille hommes nous réduirions tout le pays. Camille Pelletan lui mit alors sous les yeux une dépêche signée de lui, et où il se déclarait hors d'état d'occuper le Tonkin si on ne lui expédiait pas soixante mille hommes.

A cet argument gênant, le général Brière de l'Isle ne trouva que cette réponse ultrafantaisiste :

— C'était une boutade !

Je lui fis alors observer que ses boutades pouvaient nous coûter cher, attendu que, si on avait pris celle-là au sérieux, nos dépenses en eussent été augmentées de près d'un milliard.

La déposition de M. Lemaire, un des rares chinoisants de nos consulats — c'est-à-dire parlant la langue chinoise — et ancien résident à Hué où il avait négocié le traité avec l'Annam, fut l'occasion d'un incident particulièrement instructif au point de vue de la moralité comme des causes réelles de l'expédition. Le voici d'après le compte rendu de la commission :

AUDITION DE M. LEMAIRE.

M. ROCHEFORT. — Les organisateurs de l'expédition du Tonkin n'avaient-ils pas en vue des opérations financières ? On a parlé à Paris de la formation d'un syndicat financier, chargé d'acheter les terrains houillers.

Nous avons même trouvé dans la collection des dépêches militaires un télégramme du général de Courcy, assez explicite, et une dépêche du général Campenon, des plus catégoriques.

Voici, d'ailleurs, ces dépêches, qui ont été lues par M. HUBBARD :

Général de Courcy à ministre de la re.

Reçois lettre ministre de la marine signée Rousseau. Il demande explications à propos des concessions de terrains à Queb-Do et du bassin houiller de Hong-Gay à Bavier-Chauffour. Je refuse de me mêler à ces tripotages. Tout me paraît annulé, roi précédent et ministres prévaricateurs enfuis ou déportés.

Général Campenon à général de Courcy.

Je partage vos opinions sur l'affaire Bavier-Chauffour.

M. LEMAIRE dit qu'il a trouvé M. Bavier-Chauffour à Hué où il avait déjà traité avec le gouvernement annamite.

Il nie qu'il ait été patronné par le gouvernement et dit qu'il a refusé de légaliser son traité.

M. Lemaire ajoute qu'il a refusé d'emmener M. Bavier-Chauffour sur la canonnière qui le reconduisait à Hanoï, et que le cousin de Ferry a dû se débrouiller et revenir à bord d'une jonque chinoise.

J'avais tenu à poser cette question à M. Lemaire parce que l'*Intransigeant*, ayant révélé les concessions accordées par Jules Ferry à M. Bavier-Chauffour, son cousin, celui-ci m'avait adressé une rectification sous la forme inusitée et tout à fait étrange d'une interview qu'il avait rédigée et où il feignait de répondre à des questions qu'il se posait à lui-même.

J'avais naturellement refusé de me prêter à cette plaisanterie, et M. Bavier-Chauffour, très inquiet de nos attaques, avait, dans l'espoir de les faire cesser, émis la prétention d'exiger soit la publication de sa fausse interview, soit une réparation par les armes, un duel mettant d'ordinaire fin aux polémiques.

Je refusai de lui tendre cette double perche, et, faute de trouver satisfaction chez nous, il alla porter sa pseudo-interview dans un autre journal, qui l'inséra. La dépêche du général de Courcy, commandant en chef du corps expéditionnaire, tranchait nettement le débat.

La déposition de l'amiral Duperré fut écrasante pour les organisateurs de l'expédition et me donnait tellement raison que je ne peux résister à la satisfaction vaniteuse d'en publier ici une partie que je prends également dans le compte rendu, afin de couper court à toute contestation :

DÉPOSITION DE M. L'AMIRAL DUPERRÉ.

M. L'AMIRAL DUPERRÉ se déclare prêt à répondre aux questions qui lui seront adressées, mais il demande à être très réservé par suite de la publicité donnée aux débats de la commission ; il est fonctionnaire du gouvernement, et il a des devoirs hiérarchiques auxquels il ne veut pas manquer.

Le *Livre jaune* distribué l'année dernière a fait connaître, dit-il, quel a été, dès le début, mon avis sur l'aventure tonkinoise : elle est détestable et inexécutable.

J'ai fait ce que j'ai pu pour l'empêcher ; un instant j'ai cru avoir réussi. Dès 1877, j'avais demandé au duc Decazes le retrait de nos garnisons consulaires du Tonkin, qui ont été la source de toutes les difficultés. La dénonciation des traités, réclamée par moi, a été refusée. J'ai vu avec douleur les événements qui se sont passés. Je crois très difficile de développer ma pensée, de dire tout ce que je pense d'une situation que j'ai toujours déplorée ; elle tient à un brusque revirement dans la politique du gouvernement qui, autrefois, ne voulait pas de l'annexion ou de l'occupation et qui subitement les a ordonnées.

M. Pichon. — Que pensez-vous des événements qui se passeraient en Cochinchine en cas d'évacuation du Tonkin ?

M. Duperré. — Il n'y a absolument rien à craindre pour la Cochinchine du côté de l'Annam ; mais, que l'on évacue ou non, la direction donnée au gouvernement de la Cochinchine depuis quelques années a provoqué un tel mécontentement et une telle désaffection qu'une insurrection est possible.

Dans tous les cas, ce ne serait pas l'évacuation qui la provoquerait ; on a manqué de parole à ces populations ; on les a pressurées, accablées d'impôts : ce serait la cause véritable d'une insurrection si elle éclatait. Je crois néanmoins que des mesures préventives en cas d'évacuation peuvent empêcher toute conséquence désastreuse en Cochinchine.

M. Casimir-Perier. — Et au Tonkin ?

M. Duperré. — Vous avez vu que l'occupation n'empêche ni les massacres ni l'insurrection ; je ne vois pas ce que l'évacuation pourrait produire de pire que ce qui s'est passé dans ces derniers temps.

La vérité est qu'il faut négocier à nouveau et que la cour d'Annam négocierait très volontiers dans d'excellentes conditions, à la suite de la satisfaction qu'elle éprouverait de l'évacuation. Si l'on renonçait à l'évacuation et au protectorat du Tonkin, la cour de Hué pourrait revenir sur le traité qui a été fait et on obtiendrait sans difficultés le renouvellement de l'ancien traité Patenôtre qui nous donnait la province de Bin-Thuan. Il y a là une base de négociations offrant toute espèce de sécurité. Le dernier traité avec l'Annam est très mauvais.

M. DE DOMPIERRE-D'HORNOY. — L'évacuation peut-elle se faire tout de suite?

M. DUPERRÉ. — Je ne le crois pas.

M. DE DOMPIERRE-D'HORNOY. — Ne faudrait-il pas ne pas parler de l'évacuation jusqu'à ce qu'un nouveau traité fût possible?

M. DUPERRÉ. Si le Parlement décide qu'il y a lieu de reviser les traités existants, il s'écoulera un temps plus ou moins considérable, pendant lequel les troupes resteront sur les bords de la mer. C'est une question très grave. Un agent diplomatique pourrait, s'il était habile, modifier sans peine les traités anciens; et la satisfaction serait si grande à Pékin et à Hué qu'un nouveau traité serait facilement consenti.

La Chine ouvrirait le commerce du Yunnam et permettrait même, peut-être, le séjour des étrangers. Il faut avant tout un bon diplomate à Pékin et à Hué. La renonciation à l'occupation et au protectorat permettrait, en revanche, à la Chine d'ouvrir ses ports au commerce européen. Les chrétiens pourraient avoir la liberté et le droit de résidence. Je crois tout cela très acceptable et facile. Ce serait, selon moi, la meilleure des solutions. Le protectorat du Tonkin, c'est le protectorat de l'Annam et du Tonkin. C'est très difficile.

Comment l'exercerez-vous? Il faudra une quantité énorme de représentants, des fonctionnaires en masse. Le protectorat est facile dans les petites régions : mais dans des contrées aussi étendues il se heurte à des difficultés énormes.

Vous manquez déjà d'administrateurs en Cochinchine. Où en trouverez-vous pour le Tonkin ? Vous n'êtes pas en état de protéger ; vous n'avez qu'une seule porte de sortie : reviser les traités et quitter le Tonkin en vous concentrant en Cochinchine. Si l'on n'avait pas bouleversé cette admirable colonie, si l'on n'y avait pas jeté le désordre, on aurait là un pays qui ne coûterait rien à la métropole et qui ferait l'admiration de l'Europe. La Cochinchine est un établissement militaire, un point de ravitaillement nécessaire. Ce n'est pas une colonie pouvant produire. Voilà comment il faut considérer la question. Mais on a prodigué l'argent en travaux publics inutiles. C'était le contraire de ce qu'il aurait fallu.

Et il ajoutait :

— Quand, en 1844, les Anglais ont fait l'expédition de Chine, quand ils ont exigé l'ouverture de la Chine au commerce européen, est-ce qu'ils ont mis des garnisons dans les villes chinoises ? Nullement. Ils ont seulement stipulé que les villes seraient ouvertes au commerce de l'Europe.

Pourquoi garantirions-nous la sécurité des négociants qui iront au Tonkin ? *Il n'y aura pas un seul négociant français.* Si la France va au Tonkin avec l'occupation, qu'arrivera-t-il ? C'est que les commerçants français qui pourront s'y établir seront simplement les fournisseurs des troupes françaises. Ils leur vendront de mauvaise absinthe et de mauvais vin ; ils empoisonneront nos troupes. Je défie qu'on me cite un Français pouvant gagner au Tonkin, dans l'industrie seulement, de quoi payer son passage pour revenir en France.

Vous travaillez pour les Allemands et les Anglais. Vous avez en Cochinchine un seul commerce d'exportation : celui du riz. Vous n'en avez pas d'autre ; et ce riz est tellement mauvais que personne n'en a jamais vendu en Europe.

L'amiral Duperré avait lu dans l'avenir à livre ouvert. Nous sommes, en effet, allés au Tonkin. C'est nous qui nous y battons et ce sont les Anglais et les Allemands qui y commercent.

Dans la déposition qu'il avait faite devant nous et qui se composait surtout de sa propre défense, agrémentée d'un réquisitoire contre le colonel Herbinger qu'il rendait responsable du désastre de Langson, le général Brière de l'Isle avait accumulé contre cet officier les incriminations les plus odieuses. Il avait été jusqu'à l'accuser d'alcoolisme. Il reçut de trois médecins et de dix amis du colonel les démentis les plus nets, mais Ferry avait besoin de détourner sur une tête quelconque la colère publique, qui grondait sur la sienne et il avait choisi le colonel Herbinger comme victime expiatoire.

Seulement, il résulta de l'enquête ouverte par l'ancien président du conseil que celui que le général Brière de l'Isle qualifiait « d'alcoolique » était un des officiers les plus sobres de l'armée française.

Malgré les intrigues, les racontars, les publications frauduleuses de rapports chapardés dans les cartons ; malgré la campagne anti-évacuatrice entreprise sous la direction du gouvernement et les renseignements demandés par l'étrange Allain-Targé à ses préfets, — ou plutôt à cause de ce remue-ménage, — la question tonkinoise apparut définitivement dans toute sa laideur, et la commission dite des crédits — qu'elle refusait — nomma rapporteur celui de ses membres qui peut-être s'était prononcé avec le plus d'énergie contre cette affreuse et malhonnête aventure.

On avait pourtant fait jouer tous les ressorts de la machine administrative. Seulement, la vérité est une déesse à qui l'absence totale de vêtements permet de se faufiler partout. Les dépositions sur lesquelles le ministère comptait le plus étaient justement celles qui avaient montré le danger de cette ténébreuse affaire et les dessous presque honteux qu'elle dissimulait. Cette fameuse discipline militaire dont on nous parlait toujours y était restée sur le carreau.

Les dépêches que Ferry nous avait lues effrontément à la tribune avaient été rétablies avec toutes les phrases retranchées ou dénaturées. Les mensonges avaient éclaté comme des obus ; et, tout en récitant de leur mieux la leçon qu'on leur avait faite, les infortunés fonctionnaires qui avaient comparu devant la délégation de la Chambre s'étaient vus contraints de mettre à nu bien des plaies qu'on nous avait cachées si longtemps.

Avertie par les pièges qu'on n'avait cessé de dresser sous ses pas, la commission refusait de voter les crédits, bien qu'on nous annonçât des négociations pour mieux nous pincer notre argent, quitte à s'en servir ensuite pour recommencer la bataille. C'est avec des espérances d'arrangement que Ferry aussi nous avait pris les millions qui avaient conduit notre malheureuse armée à Bac-Lé, puis à Langson, où elle avait failli rester tout entière.

Il est si facile, quand on est fermement résolu à reprendre les hostilités, de susciter un incident quelconque, auquel on donne le nom de guet-apens, en attendant que, plus tard, on se décide à le qualifier de malentendu ! Nous aurions livré notre argent pour la conclusion d'un arrangement, et on l'eût employé à des représailles.

Sans compter qu'il n'est pas moins facile de rompre des négociations quand on a le parti pris de n'y pas donner suite. Trois fois les Etats-Unis avaient offert leur médiation entre nous et la Chine, et Ferry avait constamment repoussé ces propositions si acceptables.

pour sauvegarder notre dignité dont on parlait si haut et qu'on s'était fait comme un plaisir de compromettre. Ah! c'est qu'il y avait là une bonne Banque indo-chinoise, tonkinoise, cambodgienne et cochinchinoise, à laquelle on aurait accordé toutes sortes d'autorisations d'émission de papier-monnaie en Extrême-Orient et d'actions de cinq cents francs en Europe! Nos dépenses, c'étaient les contribuables qui les payaient; les bénéfices de l'affaire indo-chinoiso-tonkino-cambodgienne, c'étaient MM. Dietz-Monnin et autres Bozérian qui les auraient palpés.

Aussi Ferry avait-il répondu aux Etats-Unis :

« Qui diable vous prie de nous empêcher, mes amis et moi, de gagner notre pauvre existence? Faire la paix, mais c'est nous retirer le pain de la bouche! »

Tous ces trucs avaient raté. La commission avait vu clair et le pays allait être éclairé.

Mais un faux matériel, perpétré par la bande coloniale, devait avoir raison des décisions de la commission du Tonkin. Camille Pelletan lut son rapport : il était impossible de mettre en lumière d'une façon plus éclatante la folie délirante dont les conséquences avaient été pour la France le déficit, le choléra et la mort de plus de dix mille des nôtres, en attendant d'autres fournées.

Cette odyssée tantôt burlesque, tantôt navrante, était racontée avec un calme et un sang-froid qu'à la place du rapporteur je n'aurais peut-être pas gardés et qui rehaussaient la valeur de ce récit écrasant et irréfutable.

« Qu'allions-nous faire dans cette galère? » était le cri qui, après l'exposé des faits et des documents, s'échappait de toutes les poitrines.

Le gouvernement ou plutôt les gouvernements — car celui du radical Brisson semblait s'être associé pour cette besogne à celui de Ferry — nous avaient trompés sur tous les points : sur le nombre des troupes entretenues là-bas; sur le chiffre des dépenses; sur celui des morts; sur les ressources d'un pays où le riz pousse à la condition expresse que ceux qui le cultivent aient pendant six mois de l'année de l'eau jusqu'aux genoux.

On ne nous avait pas seulement illusionnés par des espérances, on nous avait bernés par de continuelles impostures. Un seul exemple suffisait pour démontrer la bonne foi des gouvernants : tandis que Brisson affirmait qu'avant peu six mille soldats suffiraient pour garder l'Annam et le Tonkin, nous lui avions mis sous les yeux la dépêche du général Brière de l'Isle affirmant que la prise de possession, d'ailleurs problématique, de notre nouvelle conquête, nous coûterait, au bas mot, soixante mille hommes.

Les autres appréciations concernant le prétendu commerce et le rendement des impôts étaient aussi sérieuses que celle-là. Il était clair que tous les témoins, fonctionnaires ou ministres, savaient parfaitement à quoi s'en tenir à cet égard. Aussi n'était-ce pas en réalité du Tonkin qu'il s'agissait, mais de l'absolution de la politique ferryste, dont ils avaient aveuglément pris la suite. Si naïf que pût être le ministre Brisson, il ne l'était certainement pas assez pour s'imaginer qu'engouffrer soixante-dix-neuf nouveaux millions dans cette pasquinade coloniale contribuerait à équilibrer le budget.

Non : c'était afin de ne pas démériter de la bande opportuniste qu'il mettait en péril et notre armée et la défense de notre territoire; son patriotisme consistait en ceci : ne pas se brouiller avec les membres réélus de l'ancienne majorité auxquels il avait avec tant de plaisir accordé la parole quand il était président de la Chambre.

Personne n'accusait Brisson de voir, comme eux, dans l'occupation définitive du Tonkin, une opération financière. Faire des affaires, quand on est ministre, c'est déjà grave; mais compromettre jusqu'à la sécurité de sa patrie pour faire les affaires des autres, voilà ce qui passait toute croyance.

Lorsqu'on en vint au vote, personne ne doutait du rejet des crédits. Aussi l'étonnement fut-il considérable quand le président Floquet déclara qu'il y avait lieu à pointage. Cette opération, dont la longueur parut inusitée, aboutit à une majorité de deux voix en faveur du gouvernement, c'est-à-dire à l'adoption des soixante-dix-neuf millions qu'il demandait.

Comment s'était opéré ce stupéfiant revirement? La séance du lendemain nous l'apprit. En réalité, les crédits avaient été repoussés, mais le groupe colonial, pour qui le Tonkin était une question de vie ou de mort et surtout une question d'argent, s'était décidé à falsifier, gratter et dénaturer un nombre suffisant de bulletins pour faire changer le vote.

On vit tout à coup monter à la tribune, d'abord M. Lacôte, député de la Creuse :

C'est par erreur, dit-il, que j'ai été porté à l'*Officiel* comme m'étant abstenu dans le vote des crédits du Tonkin; j'ai voté *contre*. Grande a donc été ma surprise quand j'ai lu le *Journal officiel*.

J'ai vérifié et j'ai retrouvé le bulletin bleu que j'avais déposé et en même temps un bulletin blanc qui annulait mon vote; ce dernier avait été gratté et mon nom y avait été écrit. C'est là un véritable faux contre lequel je proteste, et je ne suis pas le seul dans cette situation.

Georges Laguerre demanda ensuite la parole :

Au nom d'un ami absent et dans l'intérêt de l'honneur de la Chambre, dit le député de Vaucluse, je viens faire une rectification au procès-verbal de la dernière séance.

Mon ami M. Franconie, député de la Guyane, n'est pas encore revenu de son collège électoral; il est actuellement en mer, et j'ai été fort surpris de trouver son nom parmi ceux des députés qui ont voté les crédits demandés pour le Tonkin.

En mon nom personnel, je constate que dans le dernier scrutin il a été commis une escroquerie et un faux.

A la surprise et à l'indignation croissante de la gauche et du public des galeries, un membre de la droite vint à son tour faire cette rectification :

Je suis une des victimes de l'abus commis par un collègue, dit M. le comte de l'Aigle. Dans le scrutin du 24, il s'est trouvé deux bulletins à mon nom : un bleu que j'avais déposé et un blanc portant une écriture que je ne connais pas. (*Exclamations.*)

Une voix à gauche. — C'est monstrueux !

M. Raoul Duval. — Ce sont là des faux en écriture publique, passibles de la cour d'assises.

M. Jolibois. — Je demande la parole pour un rappel au règlement.

M. le Président. Vous ne pourrez l'avoir qu'après l'adoption du procès-verbal.

M. le comte de l'Aigle. — Je m'explique donc comment, avec ces deux bulletins, je me trouve porté à l'*Officiel* comme m'étant abstenu et je comprends aussi combien vous êtes révoltés de tels faits.

Nouveau venu dans la Chambre, je ne connaissais pas assez les habitudes parlementaires (*Rires à droite*), et je suis profondément surpris, dans mon honnêteté, de voir transformer une Chambre que nous devons tous respecter en une caverne de brigands.

— En vertu du règlement, dit alors M. Jolibois, quand il se commet ici un acte qui donne lieu à l'exercice du pouvoir disciplinaire du président, celui-ci est souverain pour appliquer la peine ; mais le règlement prévoit aussi le cas où il aurait été commis un crime ou un délit de droit commun.

J'entends dire que c'est une dénonciation et qu'il n'y a pas de fait prouvé ; c'est là une erreur manifeste. Le fait est constant, matériellement prouvé, les pièces ont été apportées à la tribune ; il s'agit maintenant de rechercher celui ou ceux qui s'en sont rendus coupables.

En conséquence, j'ai l'honneur de déposer une proposition par laquelle je demande que les bulletins apportés par M. Lacôte et par M. le comte de l'Aigle soient renvoyés au ministre de la justice pour qu'une poursuite soit exercée.

D'autres récriminations se produisirent encore et Laguerre déposa une proposition d'enquête à laquelle personne n'osa s'opposer et que votèrent les faussaires eux-mêmes. Seulement, la commission élue à l'effet d'entreprendre l'instruction du crime ne siégea jamais et, depuis onze ans qu'elle a été nommée, nous attendons toujours son rapport et le dépôt de ses conclusions.

C'est donc à un acte dont les auteurs étaient passibles de la cour d'assises que nous devons le milliard de dépenses que nous coûte la prétendue possession d'une contrée que nous ne possédons pas. Tous se glissèrent mutuellement le nom du faussaire dans l'oreille, mais personne ne se risqua à le dénoncer publiquement et il continua à siéger à la Chambre. Le parlementarisme est pavé de ces lâchetés.

Mais on peut juger, par cet épisode de l'histoire de

l'opportunisme, si j'avais raison de présenter cette bande de requins politiques comme composée des pires malfaiteurs et de la poursuivre sans relâche. Dans cette affaire qui nous mit à deux doigts de la faillite, elle n'en bénéficia pas moins de l'ordonnance de non-lieu qu'elle devait obtenir plus tard pour ses concussions du Panama et des Chemins de fer du Sud.

Et c'est moi qu'on accuse volontiers de violence!

Brisson, bien que vainqueur, comprit qu'il était battu et rendit son portefeuille. Mais cette façon trop commode de tirer son épingle d'un jeu malhonnête ne le lava pas du soupçon d'avoir prêté sinon sa complicité matérielle, au moins sa protection de ministre à des escarpes désignés pour le juge d'instruction et auxquels nous sommes actuellement redevables de l'état à peu près désespéré de nos finances.

A partir de ce jour, j'éprouvai pour le milieu où je me trouvais forcé de vivre une si insurmontable répugnance que je résolus de saisir et au besoin de provoquer l'occasion d'en sortir. J'essayai encore de rendre un service à plusieurs malheureux prisonniers en réclamant pour eux l'amnistie et je remis à quelques jours ma démission de député de Paris.

Le ministère Freycinet, qui succéda au ministère Brisson, contenait des personnalités qui, sans qu'on eût à ce moment aucun motif de le prévoir, devaient à peu de temps de là remplir de leurs noms la France et même l'Europe. Carnot y prit les finances, et ce fut certainement à cette attribution qu'il dut la présidence de la République avec et y compris le coup de poignard qui s'ensuivit.

A Baïhaut, le futur chéquard, qui mit au contraire, tout au moins moralement, le poignard sur la gorge de M. Charles de Lesseps, échurent les travaux publics.

Enfin le général Boulanger entra à la guerre.

Je ne l'avais encore aperçu que l'espace d'un instant au ministère où il occupait les fonctions de directeur de l'infanterie. C'était vers 1883 ou 1884. Mon fils aîné, qui faisait alors son service militaire en Algérie, avait été choisi par le célèbre explorateur Savorgnan de Brazza pour l'accompagner dans sa mission au Congo et j'avais eu à demander son transfert dans la petite troupe qui servait d'escorte à Brazza.

Clémenceau m'offrit, pour cette démarche, de me recommander à Boulanger, son ami, et, me dit-il, je me le rappelle encore, « le seul général vraiment républicain radical de l'armée ».

Je fus frappé de l'aménité et de la courtoisie avec lesquelles le directeur de l'infanterie m'accorda le changement de corps que je lui demandais pour mon fils. Rien dans le jeune général ne donnait cette impression culotte de peau dont les hauts gradés arrivent si difficilement à s'affranchir. Je fus enchanté de sa réception, d'autant que, grâce à lui, toutes les difficultés furent instantanément aplanies.

Je remarquai qu'au moment où nous nous séparâmes il donna à Clémenceau une véritable poignée de main d'intime. Aussi n'éprouvai-je aucune surprise en lisant son nom sur la liste du nouveau cabinet.

Telle avait été ma première entrevue avec l'homme qui fut sacrifié à l'Allemagne que, seul de tous nos généraux, il était parvenu à inquiéter; l'homme que les misérables faussaires du Parlement abreuvèrent de fiel jusqu'à sa mort et poursuivirent jusque dans le tombeau.

Bien que ce nouveau cabinet, dont M. Goblet faisait partie, présentât au point de vue démocratique plus de garantie que les précédents, je faillis le flanquer par terre le jour même de son installation, ce qui me fit dire par un membre de la droite :

— Vous ne pouvez donc pas vous montrer quelque part sans renverser un gouvernement?

Le ministère, se basant sur de prétendues grâces accordées à des détenus sur le point d'avoir fini leur peine, avait annoncé son intention de s'opposer à ma proposition d'amnistie, mais je ne m'étais pas considéré comme battu. Je la rédigeai assez substantiellement pour y comprendre les délits électoraux. C'était m'assurer à bon compte les voix de la droite, attendu que, la majorité étant républicaine, c'était contre les seuls électeurs réactionnaires qu'en vue d'invalidations possibles avaient été dressés des procès-verbaux et prononcées des condamnations pour fraudes ou manœuvres autour du scrutin.

Ainsi, moyennant la remise de peines de vingt, vingt-cinq ou au maximum cinquante francs d'amende, j'obtenais des droitiers qu'ils votassent la mise en liberté des mineurs punis de mois et même d'années de prison pour faits de grève.

Le calcul était supérieur. Plusieurs membres de la droite me promirent que, moyennant cette concession, ils adopteraient ma proposition d'amnistie, et en même temps que je la déposais je demandai l'urgence.

Le gouvernement s'y opposa nettement. On fit passer les urnes et j'entends encore Clémenceau me disant, dans les couloirs où nous nous promenions en attendant le résultat du scrutin :

— Oh! ce sera comme à l'ordinaire ; vous aurez de cent vingt à cent trente voix.

J'en récoltai deux cent soixante-quinze et, à la stupéfaction du ministère et d'une grande partie de la gauche, l'urgence fut déclarée.

Le cabinet Freycinet qui, se croyant sûr de la victoire, s'était engagé à fond, parla de démissionner. Heureusement pour lui et malheureusement pour les condamnés de Montceau-les-Mines, ses prétendus ennemis se chargèrent de son sauvetage.

La vérité est que les chefs et les meneurs de l'extrême-gauche avaient trouvé presque blessant pour eux que j'eusse confectionné ma proposition dans mon coin sans leur demander avis. Ils songèrent à leur influence compromise plutôt qu'aux Arabes et aux mineurs prisonniers. Enfin ils n'admettaient pas que je me fusse affranchi de leur tutelle et de leurs combinaisons. L'idée que la nouvelle amnistie s'appellerait l'amnistie Rochefort leur parut intolérable, et le député Sigismond Lacroix fut délégué pour protester au nom de son groupe contre l'inscription sur ma liste des citoyens coupables de délits attentatoires à la majesté du suffrage universel.

Outré par tant d'hypocrisie, je fis remarquer durement à M. Sigismond Lacroix, qui est d'origine polonaise, qu'il se montrait bien cruel envers son compatriote Berezowski en le maintenant ainsi au bagne d'où j'essayais de le tirer.

La radiation des délits électoraux, c'était en effet la défection de la droite, c'est-à-dire le rejet de l'amnistie. Je tentai encore de sauver Cyvoct que le gouvernement présentait perfidement comme l'auteur de l'explosion du café Bellecour et qui n'avait été condamné que comme gérant d'un journal qu'on déclarait complice du crime par voie d'excitation.

Bien que, par la trahison des politiciens de l'extrême-gauche, la cause de l'amnistie fût irrémédiablement perdue, je remontai à la tribune pour cette réplique à l'orateur du gouvernement :

M. le ministre semble surtout s'être appliqué à démontrer que la condamnation de Cyvoct avait été une condamnation pour un crime de droit commun.

Or, voici le texte des questions qui ont été posées au jury et des réponses qui y ont été faites; vous verrez que, pour l'atteindre, on a été obligé d'introduire dans la loi sur la presse le principe des procès de tendance et de la complicité morale :

Première question : « Antoine-Marie Cyvoct est-il coupable d'avoir volontairement donné la mort? » Réponse : « Non. »

Deuxième question : « Est-il tout au moins coupable, d'avoir, par des machinations ou des artifices coupables (ces mots ont l'air d'être empruntés au *Dictionnaire de la sorcellerie*) (*On rit*), provoqué à un meurtre? » Réponse : « Oui. »

Cela signifie que Cyvoct est reconnu coupable d'avoir provoqué au meurtre par des articles du journal le *Droit social*, qu'il n'avait pu ni écrire ni prévoir, puisque, au moment où ils ont paru, il n'était pas en France.

Troisième question : « ... ou d'avoir donné des instructions pour commettre le meurtre? » Réponse : « Oui. »

Ainsi, c'étaient ces articles qui étaient supposés avoir provoqué au meurtre.

— S'il a été condamné comme complice, je demande le nom de l'assassin, interrompit Clovis Hugues.

Une autre question : « Cyvoct est-il coupable d'avoir procuré des armes ou donné des instructions ou des moyens pour commettre le meurtre? » Réponse : « Non. »

Ainsi, Cyvoct est reconnu n'avoir fourni ni armes, ni instructions, ni moyens pour commettre le meurtre. Il n'est reconnu coupable que pour avoir publié des articles de journal qu'il n'avait même pas écrits.

M. le ministre a ajouté qu'il repoussait l'amnistie pour les délits électoraux. Nous avons cru qu'il y avait utilité à effacer le souvenir des luttes des dernières élections. (*Très bien! très bien! sur divers bancs.*)

Ce qui m'a poussé à inscrire ce prétendu délit dans la demande d'amnistie, c'est que, membre du bureau chargé de vérifier les élections de la Corse, j'ai constaté qu'il y avait eu, de ce chef, des poursuites absolument extraordinaires.

C'est ainsi que, dans une commune de 72 électeurs, 52 personnes ont été poursuivies pour délits électoraux. (*Rires à droite.*) Cela m'a paru excessif, et j'ai pensé que certains fonctionnaires, inquiets peut-être pour l'avenir de la République et probablement aussi pour le leur (*On rit*), avaient essayé de rejeter sur d'autres la responsabilité du résultat des élections. Voilà pourquoi nous avons demandé aussi l'amnistie pour les délits électoraux. (*Applaudissements sur divers bancs.*)

Mais ces applaudissements sur divers bancs n'empêchèrent pas l'amnistie ainsi frauduleusement amputée de subir l'échec définitif. Or je n'étais pas entré à la Chambre pour être appelé « monsieur le député » par les pauvres qui me demandaient des secours. J'avais pensé que les leçons du Tonkin, du déficit et du choléra avaient au moins profité aux radicaux qui, pendant la période électorale, n'avaient parlé que d'ouvrir les prisons pour en faire sortir les condamnés politiques et y fourrer à leur place les concussionnaires tonkinois.

Or, les deux cent soixante-quinze voix qui avaient voté l'urgence s'étaient retrouvées cent vingt pour voter l'amnistie. Tant de versatilité indiquait suffisamment le degré de confiance que méritait une Assemblée où, en huit jours, près de deux cents bulletins blancs s'étaient changés en bulletins bleus.

Je compris que pendant les quatre ans de cette législature personne ne pourrait arriver à un résultat pratique qu'à l'aide de marchandages, d'engagements et de contrats qui, presque tous, se rompraient au dernier moment. Passer sa vie à dire à ses collègues : « Votez ceci, nous voterons cela », me parut une perspective non seulement insupportable, mais presque déshonorante. Le ministère était condamné à ne rien faire, devant vivre constamment dans la peur de tomber à droite ou de tomber à gauche. Et la destinée des cinq cent cinquante-huit membres dont se composait la Chambre était de traîner inutilement leurs guêtres dans les corridors ou d'user leurs coudes sur leurs pupitres.

Ce n'était pas pour ce genre de travail que je me sentais fait. Je me fusse, en outre, quotidiennement reproché de coudoyer les geôliers des détenus qui se voyaient déjà libres et qu'ils venaient de replonger dans les cabanons.

Ces quatre ans de stérilité forcée me semblaient réellement trop durs. Définitivement édifié par le blackboulage de ma proposition d'amnistie, j'allai m'asseoir à une table de la bibliothèque et je rédigeai séance tenante la lettre ci-dessous, que je fis porter à Floquet :

Monsieur le président,

Après l'espèce d'absolution accordée par le Parlement aux spéculateurs qui ont organisé l'expédition du Tonkin, j'avais espéré que l'amnistie s'étendrait aux malheureux qui expient à cette heure les fautes des autres dans les prisons et les bagnes de la République.

J'ai promis l'amnistie à mes électeurs. Il ne m'est pas permis de la leur donner. Je ne suis malheureusement plus d'âge à perdre quatre ans de ma vie dans des luttes où je me vois destiné à être perpétuellement battu.

Je donne ma démission de député de la Seine.

Veuillez agréer, monsieur le président, l'hommage de ma haute considération.

HENRI ROCHEFORT,
député de la Seine.

Ce qui compléta le méfait fut cette chose énorme : un mois après que mes collègues de la gauche eurent fait repousser l'amnistie en en détachant les délits électoraux, le gouvernement la proposa lui-même pour les mêmes délits et M. Sigismond Lacroix, qui avait frémi à la perspective d'absoudre les attentats au suffrage universel, vota la motion gouvernementale sans observation ni embarras.

Si bien que Berezowski et Cyvoct restèrent au bagne, les mineurs de Montceau en prison, et que les condamnés pour fraudes, grattages ou falsifications de bulletins de vote furent exonérés de leurs amendes.

Si j'ai parlé de cet incident, c'est dans l'espoir de faire comprendre au public à quel point il est difficile de marcher droit dans la vie politique, où on se heurte constamment à des ambitions louches ou à des jalousies basses, quand on ne tombe pas dans de véritables guets-apens.

Et la férocité dont on usait envers Cyvoct était d'autant plus scandaleuse qu'au moment même où on lui refusait l'amnistie, l'évêque de Pamiers, ayant publié un mandement injurieux pour M. Goblet, alors ministre de l'instruction publique, avait été déféré « comme d'abus » au conseil d'Etat.

Car, lorsqu'un évêque adresse aux cerveaux affaiblis de son diocèse une de ces lettres qu'on appelle pastorales, bien qu'elles ne rappellent en rien celles de Longus, le ministre des cultes, après avoir constaté que ces communications contiennent les plus grossières injures contre le régime établi, éprouve quelquefois le besoin de rappeler le prélat au respect de nos institutions. Alors, que fait-il, ce ministre des cultes, pour frapper d'une terreur salutaire l'ecclésiastique insurgé? Ah! une chose atroce et dont le récit tirerait des larmes des yeux les plus ordinairement secs : il le défère « comme d'abus » au conseil d'Etat.

Ledit conseil s'assemble, délibère, et, après avoir consulté le Saint-Esprit, comme pour l'élection d'un pape, il déclare qu'en effet il y a abus. C'est ce qui venait d'arriver à l'évêque de Pamiers qui, dans un mandement spécial, avait traîné M. René Goblet et la République dans la boue.

Mais, demande le public dans son ignorance des rapports établis entre l'Eglise et l'Etat, ce « comme d'abus » qui rappelle vaguement le « si j'ose m'exprimer ainsi » de M. Prudhomme, quelle peine corporelle ou pécuniaire entraîne-t-il pour le prêtre qui en est frappé? Celui-ci est-il mis pendant un certain temps dans un petit local ou au moins privé d'une partie de son traitement? Il n'est mis nulle part et il n'est privé de quoi que ce soit.

Il continue à recevoir dans son évêché les cadeaux que les vieilles dévotes lui envoient ; il n'en perd pas une bouchée et n'a pas un sou de moins dans son escarcelle. Sa lettre pastorale même n'est supprimée que moralement et continue à circuler sur tout le territoire du diocèse de cet évêque abusif. Ce serait trop de dire que la pénitence est douce, attendu qu'il n'y a pas de pénitence du tout.

Quand un prélat payé par la République déblatérait contre la République, le conseil d'Etat déclarait qu'il avait abusé. Quand un journaliste, qui n'était payé par personne, imprimait dans une feuille périodique des observations qui déplaisaient au gouvernement, il était, comme Cyvoct, envoyé aux travaux forcés pour le restant de ses jours.

Bizarrerie de la jurisprudence : le « comme d'abus » qui atteignait les évêques n'avait jamais existé pour les laïques comme Louise Michel ou Kropotkine, non plus que pour les écrivains condamnés après la Commune parce qu'ils avaient donné leur opinion à leurs lecteurs, au même titre que les prêtres donnent la leur à leurs fidèles.

Pour avoir écrit, à propos des Versaillais, à peu près ce que M. de Pamiers avait écrit sur M. Goblet, j'avais été déféré, non au conseil d'Etat, mais au conseil de guerre, et les abus que les juges militaires avaient signalés dans mes articles furent réprimés par la déportation perpétuelle dans une enceinte fortifiée.

Ah ! les gens qui vivent de l'Eglise doivent, en constatant de quelle façon on les atteint, rire à s'en tenir le ventre, — qu'ils ont généralement fort rebondi. D'autant que cette pénalité folichonne leur est comptée par les catholiques comme un sacrifice qui les met au rang des plus célèbres martyrs des premiers siècles de la chrétienté. De même qu'on vendait à Rome de la paille du cachot du pape, il est probable que, dans un grand nombre de couvents, les nonnes s'imaginaient que l'évêque de Pamiers avait été supplicié pour la foi par un descendant de Dioclétien nommé Goblet, et que le mot « comme d'abus » signifiait que le saint évêque venait d'être décapité en place de Grève.

De sorte que non seulement il n'avait, du chef de l'Etat, subi aucun préjudice, mais les cadeaux qu'il continuait à recevoir des dévotes étaient beaucoup plus riches qu'auparavant. On croit généralement que ce qu'il y a de plus profitable à un accusé, c'est d'être acquitté. On se trompe : c'est d'être condamné — comme d'abus.

TABLE DES MATIÈRES

DEUXIÈME PARTIE

(*Suite.*)

CHAPITRE XXI

Les îles Sandwich. — Honolulu. — Morale originale. — Chez le roi. — San-Francisco. — Nouvelles de Brest. — Première interview. — Compagnes de voyage. — Les Mormons. — A New-York. — Cuba. — O'Kelly. — Mon article du *New York Herald*. — Un mot de huit colonnes. — Départ pour l'Europe 3

CHAPITRE XXII

Débarquement en Irlande. — Assassin de l'archevêque. — Londres. — Je deviens carliste. — La nouvelle *Lanterne*. — Le condamné diplomate. — Genève. — Duel avorté. — L'officier cambrioleur. — Le coup de grâce. — Courbet. — Vera Zassoulich. 47

CHAPITRE XXIII

Nobiling. — La Constitution de 1875. — Au Grand-Théâtre de Marseille. — Une conspiration. — Gambetta. — Le Mac-Mahonat. — Les *Droits de l'Homme*. — Le mot Opportuniste. — Le cardinal Guibert. — Résistance à la loi sur la presse 95

CHAPITRE XXIV

Olivier Pain à Plevna. — Son emprisonnement. — Sa délivrance. — L'éditeur de la *Vie de César*. — Un portrait proscrit. — Une distribution de prix séditieuse. — *Salvum fac Mac-Mahonem*. — Le proscrit Elisée Reclus. — Le traitement des condamnés politiques. — Provocations réactionnaires. — La mort de Thiers. — Démission de Mac-Mahon. 145

CHAPITRE XXV

L'élection Grévy. — La dictature de Gambetta. — L'amnistie. — Rentrée en France. — A la gare de Lyon. — Projet de plébiscite gambettiste. — Le banquet du lac Saint-Fargeau. — La statue de Thiers. — L'affaire Cissey. 183

CHAPITRE XXVI

L'anniversaire de Mentana. — Visite à Garibaldi. — La mort de Louise. — Le petit local. — Mort et enterrement de Blanqui. — L'attentat de Saint-Pétersbourg. — Les Nihilistes et le Tsar Alexandre II. — Les condamnés. — Sophie Perowskaya. — Les Khroumirs 219

CHAPITRE XXVII

L'affaire tunisienne. — Le « Crédit agricole ». — Le procès Roustan. — Révélation, acquittement. — Prédictions réalisées. — C'est la France qui paye. — La décadence de Gambetta. — La sœur du fusillé. — Les kraks financiers. — *L'Union générale*. — Assommeurs et assommés. — Casse-tête d'honneur. — Mort de Gambetta. — Ferry le sorcier 253

CHAPITRE XXVIII

Le Tonkin. — L'explorateur Dupuis. — La danse des millions. — Le roi uhlan. — L'affaire Campi. — Le rôle des témoins. — La peine de mort. — Le divorce. — Le désastre de Langson. — La chute de Jules Ferry. — Olivier Pain chez le Mahdi. — Djemal-el-Din 307

CHAPITRE XXIX

Pages.

Mort de Victor Hugo. — Les funérailles. — Les élections de 1885. — Mon entrée à la Chambre. — Les crédits du Tonkin. — Paul Bert. — Les concessions Bavier-Chauffour. — Les beautés du Tonkin. — Rejet de l'amnistie. — Ma démission. — Cyvoct et l'évêque de Pamiers....... 349

Paris. — Imp. PAUL DUPONT, 4, Rue du Bouloi (Cl.) 12.6.06.

Extrait du Catalogue
de la
LIBRAIRIE PAUL DUPONT
Paris — 4, Rue du Bouloi, 4 — Paris

La Préparation de la Guerre de Vendée (1789-1793), par Ch.-L. Chassin. Trois forts volumes in-8°. Prix, broché, **30** francs; relié en trois volumes. . . . . **39 fr.**

La Vendée Patriote (1793-1795), par Ch.-L. Chassin (pour faire suite à *La Préparation de la Guerre de Vendée*. Quatre forts volumes in-8°. Prix, broché, **40 fr.**; relié en quatre vol. **52 fr.**

Les Pacifications de l'Ouest (1794-1801), pour faire suite à *La Vendée Patriote* (En préparation).

Gouvernements et Ministères de la IIIe République Française (du 4 septembre 1870 au 1er juillet 1893), par Louis d'Haucour, Rédacteur au Ministère de la Marine, Chevalier de la Légion d'honneur. Un beau volume in-8°. Prix, broché, **6 fr.**; relié. **8 fr. 50**

L'Éloquence Parlementaire pendant la Révolution, par Camille Lacroix, avec portraits littéraires et notices. — Premier volume Constituante et Législative. Un beau vol. in-8° avec gravures. Prix, broché. . . . . **3 fr. 50**

Histoire de la Littérature Française. *Des Origines au milieu du XIXe siècle*, par Pierre Robert, professeur au lycée Condorcet (Deuxième partie). Un beau volume in-12. Prix, broché, **3 fr. 50**; relié . . . . **4 fr.**

Voltaire. — **Histoire de Charles XII**, Roi de Suède, suivie de Notes explicatives, Documents et Commentaires, Cartes, Plans et Gravures, par P. Martine, professeur au lycée Condorcet. Un beau volume in-12, avec nombreuses gravures. Prix, broché, **4 fr.**; relié. **4 fr. 50**

Histoire du Monde Oriental dans l'antiquité. Les Révolutions, les Peuples, les Religions, les Gouvernements, par P. Martine, professeur au lycée Condorcet. Un beau volume in-12, avec gravures inédites. Prix, broché, **3 fr. 50**; relié. . . . . **4 fr.**

Histoire du Monde Grec. Les Mœurs, les Croyances, les Arts, les Révolutions helléniques, par P. Martine, professeur au lycée Condorcet. — Première partie : Des Origines au siècle de Périclès. Un beau volume in-12, avec gravures inédites. Prix, broché, **3 fr. 50**; relié . . . . **4 fr.**

Histoire du Monde Grec. Deuxième Partie. (*En préparation*).

www.ingramcontent.com/pod-product-compliance
Lightning Source LLC
Chambersburg PA
CBHW052038230426
43671CB00011B/1700